外国家庭法及妇女理论研究中心项目
家　事　法　研　究　学　术　文　库
陈　苇 主编

限定继承制度研究

黎乃忠 著

群 众 出 版 社
2017 · 北京

《家事法研究学术文库》顾问

（以姓氏笔画为序）

丛书主编简介

陈苇　女，1987年于西南政法学院民法专业硕士研究生毕业，获法学硕士学位，留该校任教至今。主要研究方向为婚姻家庭继承法、妇女儿童老人权益保护。2003年12月至2004年12月，其受国家留学基金资助公派出国留学，作为访问学者到澳大利亚悉尼大学法学院进修外国家庭法一年。现任西南政法大学外国家庭法及妇女理论研究中心主任、民商法学院教授、博士生导师、婚姻家庭继承法及妇女理论教研室主任，兼任家庭法国际学会执行委员会委员和学术委员会委员、中国法学会婚姻法学研究会副会长，重庆市妇联法律顾问、重庆市渝北区人大代表、重庆市沙坪坝区人民法院“未成年人司法制度研究基地”专家咨询委员会委员。

代表性成果包括：独著、主编、主持翻译的《中国婚姻家庭法立法研究》（第一版、第二版）、《外国婚姻家庭法比较研究》、《当代中国内地与港、澳、台婚姻家庭法比较研究》、《中国大陆与港、澳、台继承法比较研究》、《当代中国民众继承习惯调查实证研究》、《外国继承法比较与中国民法典继承编制定研究》、《改革开放三十年（1978-2008）中国婚姻家庭继承法研究之回顾与展望》、《中国继承法修改热点难点问题研究》、《我国防治家庭暴力情况实证调查研究——以我国六省市被抽样调查地区防治家庭暴力情况为对象》、《加拿大家庭法汇编》、《澳大利亚家庭法（2008年修正）》、《美国家庭法精要》（第五版）、《澳大利亚法律的传统与发展》（第三版）等著作、译作二十余部；在《中国社会科学文摘》、《中国法学》以及International Journal of Law, Policy and the Family, The International Survey of Family Law, US-China Law Review, 21st Century Law Review等中外学术刊物发表中英文学术论文七十余篇。此外，已主编出版《家事法研究》学术论文集刊六卷（2005年卷至2010年卷）和“家事法研究学术文库”丛书著作十五部；应邀与美国、意大利学者合作撰写美国法学院比较家庭法英文教材一部：Practical Global Family Law —— United States, China and Italy（2009年4月在美国出版）。

目　录

附　录

CONTENTS

Appendix

前　言

自 1978 年西南政法学院复办以来，我国著名的婚姻法专家、中国法学会婚姻法学研究会副总干事杨怀英教授担任我校婚姻法研究方向的学科带头人。1985 年 3 月至 7 月，我校承担了司法部委托的全国法律专业婚姻法师资进修班的教学任务。当时全国著名的婚姻法专家巫昌祯、杨大文、王德意、李忠芳、任国钧等教授应邀前来我校，与我校全国著名的婚姻法专家杨怀英教授及胡平等教师共同为来自全国的婚姻法师资进修班学员上课，传授婚姻法学的理论知识和教学经验。如今，该婚姻法师资进修班的学员大部分都成为各高校婚姻法领域的著名专家学者和骨干教师，他们为国家培养了大批优秀的人才。因此，可以说，我校是我国婚姻法学人才培养的摇篮。在科研方面，杨怀英教授先后主编出版：《滇西南边疆少数民族婚姻家庭与法的研究》（法律出版社 1988 年版）；《中国婚姻法论》（重庆出版社 1989 年版，1991 年荣获重庆市社科优秀科研成果三等奖）；《凉山彝族奴隶社会法律制度研究》（四川民族出版社 1994 年版，1996 年荣获四川省社科优秀科研成果二等奖）等专著和教材。1995 年杨怀英教授去世后，由中国法学会婚姻法学研究会常务理事邓宏碧教授担任我校婚姻法研究方向的学科带头人。邓宏碧教授、胡平副教授等学者带领讲授婚姻法课程的教师们，继续努力进行教学和科研工作。尤其值得指出的是，邓宏碧教授主编的《中国少数民族人口政策研究》（国家社会科学“八五”规划重点科研项目，重庆出版社 1998 年版）2001 年荣获重庆市社会科学优秀科研成果一等奖。

我于 1979 年 9 月考入西南政法学院法律系本科学习，1983 年 6 月毕业留校任教一年后，于 1984 年 9 月考入西南政法学院攻读民法专业硕士研究生，师从杨怀英教授，主要研究方向为婚姻家庭继承法，1987 年 7 月硕士研究生毕业后留校任教至今。我在母校学习和从事婚姻家庭继承法的教学和科研工作，至今已有 30 多年。这 30 多年间，在母校各级领导和老师们的辛勤培养下，我由一名学生成长为教授、博士生导师、博士后合作导师；我于 1996 年 5 月担任民法教研室副主任，1999 年 5 月担任民法教研室主任，2003 年 5 月至今担任婚姻家庭继承法教研室主任。在婚姻法学界老一辈专家的辛勤培养下，我于 1996 年 7 月担任中国法学会婚姻法学研究会理事；1999 年 7 月担任中国法学会婚姻法学研究会常务理事；2004 年 7 月至今，担任中国法学会婚姻家庭法学研究会副会长；2011 年 11 月担任家庭法国际学会执行委员会委员；2014 年 10 月至今担任家庭法国际学会执行委员会委员兼学术委员会委员。

2003 年 12 月至 2004 年 12 月，我受国家留学基金资助由教育部公派出国留学，作为访问学者到澳大利亚悉尼大学法学院进修外国家庭法一年。留学回国后，我于 2005 年 1 月向学校提出了建立“西南政法大学外国家庭法及妇女理论研究中心”的书面申请。2005 年 4 月 1 日，西南政法大学校长办公会议批准同意该研究中心成立，任命我为主任。自 2005 年 4 月该研究中心成立以来，我夙夜忧虑，恐负厚望，带领研究中心的教师和研究生组成科研创新团队，勤奋科研，不敢懈怠。近年来，我担任项目负责人，主持完成并公开出版的专著、译著有 10 余部：《外国婚姻家庭法比较研究》（重庆市哲学社会科学“十五”规划项目，2006 年 1 月出版）、《加拿大家庭法汇编》（2006 年 1 月出版）、《中国大陆与港、澳、台继承法比较研究》（重庆市教委人文社科项目，2007 年 1 月出版）、《当代中国民众继承习惯调查实证研究》（国家社科基金项目子课题，2008 年 1 月出版）、《澳大利亚家庭法（2008 年修正）》（重庆市教委人文社科重点项目，2009 年 1 月出版）、《美国家庭法精要（第五版）》（2010 年 3 月出版）、《改革开放三十年（1978～2008）中国婚姻家庭继承法研究之回顾与展望》（西南政法大学重点项目，2010 年 1 月出版）、《中国婚姻家庭法立法研究（第二版）》（2010 年 1 月出版）、《外国继承法比较与中国民法典继承编制定研究》（国家社科基金项目结项成果著作，经专家匿名评审后被鉴定为“优秀”等级，入选 2010 年度《国家哲学社会科学成果文库》，全国哲学社会科学办公室在“出版说明”中指出：入选成果代表当前相关领域学术研究的前沿水平，体现我国哲学社会科学界的学术创造力，按照“统一标识、统一封面、统一版式、统一标准”的总体要求组织出版。该著作于 2011 年 3 月出版）、《澳大利亚法律的传统与发展（第三版）》（2011 年 5 月出版）、《当代中国内地与港、澳、台婚姻家庭法比较研究》（司法部部级科研项目，2012 年 5 月出版）、《中国继承法修改热点难点问题研究》（2013 年 10 月出版）、《我国防治家庭暴力情况实证调查研究——以我国六省市被抽样调查地区防治家庭暴力情况为对象》（中国法学会部级法学研究课题，2014 年 5 月出版）等。此外，我应邀与美国、意大利学者合作撰写美国法学院比较家庭法英文教材 1 部：*Practical Global Family Law——United States, China and Italy*（2009 年 4 月在美国出版）。

为促进婚姻家庭继承法领域的学术研究和学术交流，我于 2005 年起创办《家事法研究》学术论文集刊。自《家事法研究》2006 年首卷面世以来，到 2011 年的六年期间，先后出版了 2005 年卷至 2010 年卷共计六卷，推出了一批具有前沿性的学术论文，培养了一批学术新人，受到学术界同人和实务界人士的肯定和好评，产生了良好的社会影响。为了进一步扩大《家事法研究》的学术影响，经我提出申请，中国法学会婚姻家庭法学研究会常务理事会研究同意，《家事法研究》从2011年卷起转为“中国法学会婚姻家庭法学研究会”的会刊。可以相信，今后在该研究会的精心主办下，《家事法研究》将在法学理论研究与司法实务探索相结合的沃土中更加茁壮成长，枝繁叶茂！

“长江后浪推前浪”。为推出婚姻家庭继承法学研究领域具有前沿性、创新性的学术著作，培养更多的学术新人，自2012年起我主编出版《家事法研究学术文库》丛书。此文库丛书作为学术研究和学术交流的平台，遴选婚姻家庭继承法研究领域具有前沿水平的博士学位论文和学术论著，每年拟出版1～3本。本文库丛书旨在通过婚姻家庭继承法学研究领域最新学术著作的出版，推出一批前沿理论和实务问题研究的新作，促进我国婚姻家庭继承法学研究朝着更深、更广的方向发展，以更多的优秀研究成果为我国民众处理婚姻家庭继承问题提供参考，为国家完善立法、改进司法服务。至2016年年底，本文库丛书已出版14部著作，2017年拟出版以下3部著作：《限定继承制度研究》、《遗产管理制度研究》、《夫妻财产关系法研究》，以飨读者。

最后，对于群众出版社的编辑同志们对本文库丛书的出版所付出的辛勤劳动，我代表全体作者表示衷心的感谢！

陈　苇

2016年10月28日

自 序

古代的继承制度是融身份继承与财产继承于一体的概括继承，且在该继承模式下，身份继承是继承的主要方面，财产继承则居于次要地位，换言之，财产继承不过是身份继承的附属物。因古代的经济不发达，决定了遗产债务很可能不会很多，继承人以其个人所有的全部财产而非仅以所继承的遗产为限，承担被继承人债务的清偿责任，这在实践中并不会引起多大的障碍。但继承人的概括继承是身份继承制度下的产物，随着继承制度由身份继承向财产继承的转变，概括继承的社会基础已经不复存在。况且，随着经济的发展，被继承人所欠债务可能过巨，仍然让继承人负担无限继承责任难免对其不公平。在此背景下，限定继承制度应运而生。限定继承又被称为有限责任继承，它是指继承开始后，继承人在所继承的遗产实际价值范围内负担遗产债务的清偿责任。因该制度实现了在继承人、继承人之债权人及遗产债权人之间的利益平衡而在继承制度中占据着重要的位置。

回顾限定继承产生的历史，反映了身份继承逐步退出历史舞台的过程，因为在身份继承制度下，继承人对被继承人的债务负担概括继承的无限清偿责任，纵然被继承人所遗留的遗产之财产权利远远小于其遗产债务亦是如此，这对继承人来说是不能承受之重，限定继承制度正是为了改变这种概括继承对继承人不公平的状况而产生的。通过回顾继承制度的发展历史，就能深刻理解限定继承制度产生的根本原因。既然限定继承制度自诞生以来就承载着历史的期许，其绝不仅仅是一种单一的制度，继承人在继承开始后必须首先为接受限定继承的意思表示，并按照法律的规定完成遗产清册的制作之后，限定继承方才发生效力。具体而言，其效力表现为继承人责任的限制，继承人财产与遗产的分离及遗产的管理等。尤其是遗产管理制度，又包括了遗产债权的申报公告、遗产债务的清偿及剩余遗产的交付等。可以说，限定继承制度的构建是一项系统的工程亦不为过。

现代主要大陆法系国家的限定继承制度的规定均较为完善，体现出限定继承制度的公平、平等、自由等价值。英美法系国家则实行间接继承制度，在该制度之下，遗产在被继承人死亡后并不直接归继承人所有，而是首先用于清偿遗产债务，若在清偿遗产债务之后仍有剩余，则由遗产管理人将该剩余遗产交付继承人所有。如此，对继承人而言，其不承担对遗产债务以自己的财产偿还之责任，这与大陆法系的限定继承制度有着异曲同工之妙。

然而，我国的限定继承法律制度是随着30年前《中华人民共和国继承法》（以下简称我国《继承法》）的颁布而确立的，虽然该法至今仍然在我国继承实践中发挥着重要的作用，但30年前的社会背景和30年后今日之社会背景已大不相同。回顾30年前，我国的改革开放政策刚刚开始实施不久，经济也正处在从一切生产以指令为主的计划经济时代向以市场为资源主要配置方式的市场经济时代的转型过程中，与改革开始对经济模式所进行的“摸着石头过河”一样，当时我国的继承立法是历史的产物。而且，当时计划经济条件下之生产力水平较为落后，个人所拥有的财富极其有限。这些因素共同决定了被继承人在死亡时留下的遗产数量不会很多，继承立法是否符合公平、效率等价值均不会给继承法律关系造成多大的障碍。在这样的背景之下，我国《继承法》与其说是规范全社会的继承关系，还不如说是具有确认男女继承权平等、抛弃“父债子还”思想而以限定继承代替之宣示意义。当时，该法与其他民事立法所秉承的“宜粗不宜细”的立法指导思想一脉相承，这决定了我国《继承法》颁布之初并不在于解决继承制度是否为一个完善的体系性架构，而是在于解决继承立法有无问题。如此，其对限定继承制度的设计，无论是在立法指导思想、立法技术方面，还是在具体的制度设计方面均存在不足之处。这使得我国目前的无条件限定继承制度往往成为个别继承人借以逃债、欺诈伤害债权人的手段，背离了限定继承制度设计的初衷，尤其是法律对继承人这种借以逃债、欺诈伤害债权人的恶意行为并没有规定相应的惩罚措施，使得对这部分继承人利益的过度保护是以牺牲遗产债权人的利益为代价。

在我国当前根据党的十八大精神正在建设法治国家，正在制定民法典的背景下，继承法律制度的修改和完善被提到了重要的位置，限定继承制度作为继承法的重要内容，也受到了前所未有的关注。而我国《继承法》对限定继承制度的规定粗略，导致实践中继承人与遗产债权人之间的纠纷增多，无法实现限定继承制度设立的初衷。未来应当结合我国的实际，借鉴国外较为先进的相关立法，构建我国的限定继承制度。这也是写作本书的目的，希望以此为契机，为我国限定继承制度立法的拟定提供可资借鉴的参考。其中不足之处，敬请各位专家、学者及同人批评指正。

黎乃忠

2016 年 10 月 15 日

绪　论

一、选题的缘起及意义

（一）选题的缘起

《中华人民共和国继承法》（以下简称《继承法》）是 1985 年颁布实施的，时至今日，该法已经走过了 30 年的历史。虽然该法至今仍然在我国继承实践中发挥着重要的作用，但 30 年前的社会背景和 30 年后今日之社会背景已大不相同。回顾 30 年前，我国的改革开放政策刚刚开始实施不久，经济也正处在从一切生产以指令为主的计划经济时代向以市场为资源主要配置方式的市场经济时代的转型过程中，与改革开始对经济模式所进行的“摸着石头过河”一样，当时我国的继承立法是历史的产物。而且，当时计划经济条件下生产力水平较为落后，个人所拥有的财富极其有限。这些因素共同决定了被继承人在死亡时留下的遗产数量不会很多，继承立法是否符合公平、效率等价值均不会给继承法律关系造成多大的障碍。处在这样的背景之下，我国《继承法》与其说是规范全社会的继承关系，还不如说是具有确认男女继承权平等、抛弃“父债子还”思想而以限定继承代替之宣示意义。当时，该法与其他民事立法所秉承的“宜粗不宜细”的立法指导思想一脉相承，这决定了我国《继承法》颁布之初并不在于解决继承制度是否为一个完善的体系性架构，而是在于解决继承立法有无问题。在这样一种思想指导下的立法，相较于过去无法可依的局面，已经算是一个巨大的进步。但随着我国经济从计划经济向市场经济的成功转变，个人所占有的财产急剧增多，市场交易日趋活跃，当时“宜粗不宜细”立法指导思想下的《继承法》已经完全不能适应社会生活的需要，对其进行的修改完善是时代的呼唤。在当前党的十八大提出建设法治国家的背景下，对《继承法》的修改完善亦符合依法治国的基本方针。

起源于罗马法的限定继承制度，在当时又被称为“遗产清册利益”，近现代大陆法系国家在研习罗马法的过程中对该制度予以继受，并同时辅以限定继承的期间、遗产管理等制度，构建起完善的限定继承制度。可以说，现代大陆法系国家的限定继承制度是有条件的限定继承，当其中任一条件不能满足时，继承人即丧失限定继承利益，转而对其适用无限继承。在法律的这种强制性要求之下，意欲为限定继承的继承人必须按照法律所要求的条件行事，实现继承人、继承人之债权人、遗产债权人利益的平衡保护。然而，我国的限定继承法律制度无论是立法指导思想、立法技术，还是具体的制度设计均存在不足之处。这使得我国目前的无条件限定继承制度往往成为个别继承人借以逃债、欺诈伤害债权人的手段，背离了限定继承制度设计的初衷，尤其是法律对继承人这种借以逃债、欺诈伤害债权人的恶意行为并没有规定相应的惩罚措施，使得对这部分继承人利益的过度保护是以牺牲遗产债权人利益为代价。目前，我国学界对限定继承制度的反思主要是从限定继承的期间、限定继承生效后的遗产管理、限定继承生效后之遗产债务的清偿顺序等提出立法建议。本书在前人研究成果的基础上，试图全面、系统地对限定继承制度进行研究，构建完整的限定继承制度体系。

（二）选题的意义

随着市场经济的发展及由此带来的公民财富的增加，继承纠纷也在不断增长，继承人侵害遗产债权人利益的事情时有发生，故遗产债务清偿及遗产继承不再是可以凭借简单的遗产处理规定即能实现继承法律关系沿着正确的轨道前行。在此背景下，本书的选题意义有以下几个方面：

其一，探寻限定继承制度产生的根源，从而证实其具有强大生命力的原因，构建完善的限定继承制度符合继承发展的一般规律。

其二，总结提炼限定继承制度的主要内容。限定继承制度有一个内生的体系性结构，从继承人作出接受限定继承的意思表示开始，到遗产清册的制作，再到遗产管理人选定之后的公示催告、确定遗产债务的清偿顺序，最后到剩余遗产向继承人交付，限定继承制度是一整套的制度组合，从而实现了限定继承的功能。

其三，论证限定继承制度的价值取向。与其他制度一样，限定继承制度也存在公平、平等、自由等价值取向，本书系统地阐述了限定继承制度的价值取向，以及各种价值取向之间的先后顺序，从而为未来构建完善的限定继承制度提供价值理论支撑。

其四，考察汲取国外有益的立法经验。通过对国外限定继承制度进行详细的分析研究，取他山之石，攻我国限定继承制度之玉，由此，我国限定继承制度的体系性构建既借鉴国外的立法经验，又结合了我国的基本国情，从而使所构建的限定继承制度具有合理性与前瞻性。

其五，构建体系性的限定继承制度。目前，我国民法典的制定正在如火如荼地展开，限定继承制度作为民法典继承编的重要内容之一理应受到重视，本书通过对限定继承的诸多方面进行细致的研究而构建起体系性的限定继承制度，以期为将来民法典继承编的制定提供立法参考。

二、国内外研究现状

对法律制度的研究断然离不开前人的研究成果，如果说一项研究成果取得了巨大的成功，则其一定是基于对已有研究成果的系统梳理、理解掌握，即所谓的“站在前人的肩上”，并最终取长补短从而形成可行的立法建议。

（一）国内研究现状

我国学者对限定继承制度的研究成果主要包括以下方面：

第一，专著方面。目前，我国国内还没有对限定继承制度进行专门研究的专著，但进行综合性研究的书籍中已有不少涉及限定继承制度的研究成果，这其中就包括：［意］彼得罗·彭梵德的《罗马法教科书》（1996）[①]，该书在“死因概括继承”一编中用五个章节介绍罗马法的遗产继承制度，其中介绍了概括继承及限定继承，概括继承是以身份继承为主要的继承内容，当时遗产继承的目的是为了最高权力的转移而非财产的转移服务，继承关系的发生就等于继承人接替了被继承人的法律地位。后来，这种无限的概括继承表现出对继承人及第三人的严重不公平，罗马法早期的解决办法是由各个继承人按份负担遗产债务，以及由裁判官允许自家继承人通过放弃继承权的方式不负担遗产债务的清偿，但这仍然没有完全解决对继承人不公平的问题。为了解决这个问题，在优士丁尼时期，通过将遗产与继承人财产的分离，确立财产清单照顾制度，限定继承制度由此正式确立，并为大陆法系国家所继受。周枏的《罗马法原论》（2001）[②]，在第四编以整编的篇幅介绍了罗马法的继承制度，其中介绍了罗马法从身份继承到财产继承、从概括继承到限定继承的演进，限定继承制度出现以前也曾经有继承人限定责任的尝试，但在强大的家族及家父权力之上的理念下，个人仅对自己的债务负责清偿的理念终究没有成为被继承人死亡之后债务清偿的原则。随着身份继承为财产继承所取代，概括继承存在的基础已经消失，最终罗马法在531年确立了限定继承制度。费安玲的《罗马继承法研究》（2000）[③]，是对罗马继承制度专门研究的成果，

---

① ［意］彼得罗·彭梵德：《罗马法教科书》，黄风译，中国政法大学出版社1996年版。

② 周枏：《罗马法原论》，商务印书馆2001年版。

③ 费安玲：《罗马继承法研究》，中国政法大学出版社2000年版。

其中引用了大量的罗马原始文献，从源头上论述罗马古代的继承制度是如何发生与发展变化的，这或许能够解释罗马人为什么在继承之初实行概括继承，而后来又逐步发展到限定继承。还有［英］巴里·尼古拉斯的《罗马法概论》(2004)①、［古罗马］盖尤斯的《法学阶梯》(1996)②、［意］桑德罗·斯奇巴尼的《遗产继承》(1995)③，［意］朱塞佩·格罗索的《罗马法史》(1994)④、［罗马］查士丁尼的《法学总论——法学阶梯》(1989)⑤、周枏的《罗马法提要》(1988)⑥、曲可伸的《罗马法原理》(1988)⑦。其中查士丁尼的《法学总论——法学阶梯》、盖尤斯的《法学阶梯》及桑德罗·斯奇巴尼的《遗产继承》是研究罗马限定继承制度较有价值的原始文献。程维荣的《中国继承制度史》(2006)⑧，刘素萍的《继承法》(1988)⑨，详细阐述了中国从原始社会继承的萌芽开始，到中华人民共和国继承制度的演进，但在清朝末年以前各朝的继承法律制度总是以宗法和宗族为基础的概括继承，直到清末民初才开始借鉴西方的继承理念，确立起限定继承制度。

涉及现代社会的限定继承制度研究的学术专著有：陈苇主编的《外国继承法比较与中国民法典继承编制定研究》(2011)⑩，薛宁

---

① ［英］巴里·尼古拉斯：《罗马法概论》(第二版)，黄风译，法律出版社2004年版。

② ［古罗马］盖尤斯：《法学阶梯》，中国政法大学出版社1996年版。

③ ［意］桑德罗·斯奇巴尼：《遗产继承》，中国政法大学出版社1995年版。

④ ［意］朱塞佩·格罗索：《罗马法史》，黄风译，中国政法大学出版社1994年版。

⑤ ［罗马］查士丁尼：《法学总论——法学阶梯》，张企泰译，商务印书馆1989年版。

⑥ 周枏：《罗马法提要》，法律出版社1988年版。

⑦ 曲可伸：《罗马法原理》，南开大学出版社1988年版。

⑧ 程维荣：《中国继承制度史》，东方出版中心2006年版。

⑨ 刘素萍：《继承法》，中国人民大学出版社1988年版。

⑩ 陈苇主编：《外国继承法比较与中国民法典继承编制定研究》，北京大学出版社2011年版。

兰、金玉珍主编的《亲属与继承法》(2009)[①]，陈苇主编的《当代中国民众继承习惯调查实证研究》(2008)[②]，陈苇、宋豫主编的《中国大陆与港、澳、台继承法比较研究》(2007)[③]，马俊驹、余延满的《民法原论》(2007)[④]，杨立新、朱呈义的《继承法专论》(2006)[⑤]，杨遂全主编的《亲属与继承法论》(2005)[⑥]，郭明瑞、房绍坤、关涛的《继承法研究》(2003)[⑦]，史尚宽的《继承法论》(2000)[⑧]，夏吟兰主编的《婚姻家庭与继承法学原理》(1999)[⑨]，张玉敏的《继承法律制度研究》(1999)[⑩]，龙翼飞的《比较继承法》(1996)[⑪]，信春鹰、李湘如的《台湾亲属和继承法》(1991)[⑫]，刘春茂的《中国民法学·财产继承》(1990)[⑬]，陈棋炎、黄宗乐、郭振恭的《民法亲属新论》(1987)[⑭]，刘春茂、刘文的《继承法通论》(1985)[⑮]。这些学术著作都对限定继承制度作了部分论述。尤其是史尚宽的《继承法论》对限定继承制度进行了体系性介绍；张玉敏的《继承法律制度研究》对限定继承制度的论述颇具个人见解；刘春茂的《中国民法学·财产继承》是第一本较为全面地

---

① 薛宁兰、金玉珍主编：《亲属与继承法》，社会科学出版社 2009 年版。

② 陈苇主编：《当代中国民众继承习惯调查实证研究》，群众出版社 2008 年版。

③ 陈苇、宋豫主编：《中国大陆与港、澳、台继承法比较研究》，群众出版社 2007 年版。

④ 马俊驹、余延满：《民法原论》(下册)，法律出版社 2007 年版。

⑤ 杨立新、朱呈义：《继承法专论》，高等教育出版社 2006 年版。

⑥ 杨遂全主编：《亲属与继承法论》，四川大学出版社 2005 年版。

⑦ 郭明瑞、房绍坤、关涛：《继承法研究》，中国人民大学出版社 2003 年版。

⑧ 史尚宽：《继承法论》，中国政法大学出版社 2000 年版。

⑨ 夏吟兰主编：《婚姻家庭与继承法学原理》，中国政法大学出版社 1999 年版。

⑩ 张玉敏：《继承法律制度研究》，法律出版社 1999 年版。

⑪ 龙翼飞：《比较继承法》，吉林人民出版社 1996 年版。

⑫ 信春鹰、李湘如：《台湾亲属和继承法》，中国对外经济贸易出版社 1991 年版。

⑬ 刘春茂：《中国民法学·财产继承》，中国人民公安大学出版社 1990 年版。

⑭ 陈棋炎、黄宗乐、郭振恭：《民法亲属新论》，三民书局 1987 年版。

⑮ 刘春茂、刘文：《继承法通论》，四川人民出版社 1985 年版。

介绍国外财产继承制度的论著；陈苇的《外国继承法比较与中国民法典继承编制定研究》对包括英美法系的继承制度在内的国外继承制度进行了全方位的比较研究，并提出我国继承制度的不足与完善；陈苇、宋豫的《中国大陆与港、澳、台继承法比较研究》较为全面地研究比较了我国两大法系四大法域的继承制度。这些书籍对本书的写作颇具参考价值。

第二，论文方面。目前，在中国知网查到的涉及研究限定继承制度的硕士学位论文有50篇左右，与限定继承制度相关的博士论文较少，仅有杜江涌的《遗产债务制度研究》（2006），其遗产债务制度中有一部分涉及限定继承制度下的遗产债务清偿问题。涉及限定继承制度研究的期刊论文成果主要有陈汉的《限定继承刍议》[①]，冯乐坤的《限定继承的悖理与我国〈继承法〉的修正》[②]，房绍坤的《关于继承法修改的三点建议》[③]，吴国平的《遗产继承中债权人利益保护问题研究》[④]，李铁的《继承程序的立法完善》[⑤]，谭启平、冯乐坤的《遗产处理制度的反思与重构》[⑥]，王丽丽的《财产继承中债权人利益保护问题的法律思考》[⑦]，孙毅的《继承法修正中的理论变革与制度创新——对〈继承法修正草案建议稿〉的展开》[⑧]，陈苇的《我国遗产债务清偿顺序的立法构

---

① 陈汉：《限定继承刍议》，载《苏州大学学报》（法学版）2014年第4期。

② 冯乐坤：《限定继承的悖理与我国〈继承法〉的修正》，载《政法论丛》2014年第5期。

③ 房绍坤：《关于继承法修改的三点建议》，载《法学论坛》2013年第2期。

④ 吴国平：《遗产继承中债权人利益保护问题研究》，载《政法论丛》2013年第2期。

⑤ 李铁：《继承程序的立法完善》，载《法学论坛》2013年第2期。

⑥ 谭启平、冯乐坤：《遗产处理制度的反思与重构》，载《法学家》2013年第4期。

⑦ 王丽丽：《财产继承中债权人利益保护问题的法律思考》，载《宁夏社会科学》2012年第5期。

⑧ 孙毅：《继承法修正中的理论变革与制度创新——对〈继承法修正草案建议稿〉的展开》，载《北方法学》2012年第5期。

建》[①]，付翠英的《遗产管理制度的设立基础和体系架构》[②]，王丽萍的《债权人与继承人利益的协调与平衡》[③]，邓宏光的《论我国〈民法典〉对限定继承之制度选择》[④]，张义华的《财产继承中债权人权利的保护》[⑤]，许勤、魏嶷的《概括继承、限定继承及其他——关于财产继承制度的经济分析》[⑥]，齐树洁、林兴登的《论继承法对债权人利益的保护》[⑦]，张玉敏的《财产继承中债权人利益的保护》[⑧]，张玉敏的《论限定继承制度》[⑨] 等。其中，对遗产清册制度进行论述的代表性期刊论文是陈汉的《限定继承刍议》，其主张构建完善的遗产目录清单制度；对遗产管理制度进行论述有代表性的期刊论文是王丽萍的《债权人与继承人利益的协调与平衡》，文章建议采取有条件的限定继承制度，即建立相应的遗产管理制度、遗产清册制度和遗产债权公告制度，以实现对继承人利益的保护；对限定继承制度之条件进行论述有代表性的期刊论文是邓宏光的《论我国〈民法典〉对限定继承之制度选择》，其主张严格限定继承的条件，改无条件的限定继承为有条件的限定继承；较早对限定继承制度的国外立法进行比较研究的有代表性的期刊论文是张玉敏的《论限定继承制度》，该文章较早、较全面地提出了借鉴国外的相关制度构建我国的限定继承制度，尤其是该文章所论述的

① 陈苇：《我国遗产债务清偿顺序的立法构建》，载《法学》2012 年第 8 期。

② 付翠英：《遗产管理制度的设立基础和体系架构》，载《法学》2012 年第 8 期。

③ 王丽萍：《债权人与继承人利益的协调与平衡》，载《法学家》2008 年第 6 期。

④ 邓宏光：《论我国〈民法典〉对限定继承之制度选择》，载《社会科学家》2005 年第 6 期。

⑤ 张义华：《财产继承中债权人权利的保护》，载《法律适用》2004 年第 5 期。

⑥ 许勤、魏嶷：《概括继承、限定继承及其他——关于财产继承制度的经济分析》，载《学术月刊》2001 年第 8 期。

⑦ 齐树洁、林兴登的《论继承法对债权人利益的保护》，载《厦门大学学报》（哲学社会科学版）1998 年第 3 期。

⑧ 张玉敏：《财产继承中债权人利益的保护》，载《现代法学》1997 年第 2 期。

⑨ 张玉敏：《论限定继承制度》，载《中外法学》1993 年 2 期。

英美法系间接继承制度下的遗产管理与大陆法系的限定继承制度如出一辙的观点，对开拓我们的思维具有重要的启发作用。此外，对限定继承制度进行颠覆性论述或跨学科研究的有代表性的期刊论文包括：冯乐坤的《限定继承的悖理与我国〈继承法〉的修正》，其对限定继承与遗产范围的悖理进行分析，主张借鉴英美法系的遗产管理制度而废除限定继承制度。其文章立论的基础是将遗产界定为财产权利，并在此情形下得出了该界定与限定继承制度相矛盾的结论，从而认为我国应当废除限定继承制度；谭启平、冯乐坤的《遗产处理制度的反思与重构》，主张我国被继承人死亡后的遗产事实上既未归属继承人所有，也未归属遗产债权人所有，继承人取得的遗产实际上是清偿债务后的剩余财产，如此，处理被继承人死亡后的遗产相关事务的遗产处理制度与各类企业解散后进行的企业清算制度本质上具有一致性，遗产处理制度应当借鉴企业清算制度，设计为遗产清算制度。该文论述的遗产清算实际上是英美法系间接继承制度下的遗产管理，该文章的观点具有一定的借鉴意义。

（二）国外研究现状

现代主要大陆法系国家借鉴了罗马法的限定继承制度，并在遗产清册的基础上构建了较为系统完善的限定继承制度，其对限定继承制度研究的学术专著和学术论文主要有：Alison Clark & Paul Kohler, *Property Law: Commentary and Materials* (2005);[①] David D. Friedman, *What Economics Has To Do With Law and Why It Matters* (2004);[②] Joseph Biancalana, *The Fee Tail and the Common Recovery in Medieval England* (2001);[③] Andrew Iwobi, *Essential Succession*

① Alison Clark & Paul Kohler, *Property Law: Commentary and Materials*, Cambridge: Cambridge University Press, 2005.

② David D. *Friedman*, *What Economics Has To Do With Law and Why It Matters*. California: Sanra Clara Press, 2004.

③ Joseph Biancalana, *The Fee Tail and the Common Recovery in Medieval England*, Cambridge: Cambridge University Press, 2001.

(second edition) (2001);[1] Gareth Miller, *International Aspects of Succession* (2000);[2] Marijan Pavcnid and Louis E. Wolcher, *A Dialogue on Legal Theory Between a European Legal Philosopher and His American Friend* (2000);[3] Andrew Halkyard, *Hong Kong Estate Duty: A Brueprint For Reform* (2000);[4] David A. Thomas, *Anglo – American Land Law: Diverging Developments From A Shared History* (1999);[5] GL. Certoma, *The Law of Suecession in New South Wales, (third edition)* (1997);[6] John H. Langbein, *The Contractarian Basis of the Law of Trusts* (1995);[7] Richard A. Posner, *Economic Analysis of Law* (1992);[8] Osborne M. J. and A. Rubinstein, *Bargaining and Markets* (1990);[9] Jesse Dukeminier, Robert H. Sitkoff, James Lindgren, *Wills, Trusts, And Estates* (1987);[10] R. Dworkin, *Taking Rights se-*

---

① Andrew Iwobi, *Essential Succession* (*second edition*), London: Cavendish Publishing Limited, 2001.

② Gareth Miller, *International Aspects of Succession*, Ashgate, 2000.

③ Marijan Pavcnid and Louis E. Wolcher, *A Dialogue on Legal Theory between a European Legal Philosopher and His American Friend*, Texas International Law Journal, Vol. 35, No. 3, 2000.

④ Andrew Halkyard, *Hong Kong Estate Duty: A Brueprint For Reform*, Hong Kong Law Journal 2000.

⑤ David A. Thomas, *Anglo – American Land Law: Diverging Developments From A Shared History*, Probate and Trust Journal 143, 1999, Spring.

⑥ GL. Certoma, *The Law of Suecession in New South Wales*, (*third edition*), New South Wales: LB. C. Information services, 1997.

⑦ John H. Langbein, *The Contractarian Basis of the Law of Trusts*, 105 Yale Law Journal L (1995), 625.

⑧ Richard A. Posner, *Economic Analysis of Law*, New York: Little, Brown and ComPany, 1992.

⑨ Osborne M. J. and A. Rubinstein, *Bargaining and Markets*, San Diego: Academic Press, 1990.

⑩ Jesse Dukeminier, Robert H. Sitkoff, James Lindgren, *Wills, Trusts, And Estates*, Boston: Harvard University Press, 1987.

riously (revised edtion) (1987);[①] William B. stoebuck, Dale A. Whitman, *The law of Property* (1982);[②] C. Perelman Justice, *Law and Argument* (1980);[③] Charles Donahue, Jr., *What Causes Fundamental Legal Ideas—Marital Property in England and France in the Thirteenth Century* (1979 - 1980);[④] P. S. Cohen, *The Modern Social Theory* (1968);[⑤] Hans Kelsen, *General Theory of Law and State* (1949);[⑥] Joseph Dainow, *Forced Heirship in French Law* (1940)。[⑦] 其中比较有代表性的是：Andrew Iwobi, *Essential Succession* (*second edition*) (2001)，简单介绍了英国的继承法律制度，为我们了解英国的继承制度提供了素材；Jesse Dukeminier, Robert H. Sitkoff, James Lindgren: *Wills, Trusts, And Estates* (1987)，以案例的形式介绍了美国的继承判例法及美国继承法律制度之成文法在实践中的运用；David A. Thomas 的 *Anglo - American Land Law: Diverging Developments From A Shared History* (1999) 及 Charles Donahue, Jr. 的 *What Causes Fundamental Legal Ideas—Marital Property in England and France in the Thirteenth Century* (1979 - 1980) 介绍了中世纪在欧洲大陆盛行继承制度的发展及其特定继承原则存在的原因。Osborne MJ. 和 A. Rubinstein 的 *Bargaining* 和 *Markets* (1990) 论述了是经济的发展与繁荣造就了继承制度从概括继承转向限定继承的原因。这些对限定继承制度的研究最终都反映在其法典中，即当今主要大陆法系国家均设计了较为系统完善的限定继承制度，充分照顾遗产相关人的

---

① R. Dworkin, *Taking Rights seriously* (*revised edtion*), Boston: Harvard University Press, 1987.

② William B. Stoebuck, Dale A. Whitman, *The Law of Property*, Oxford: Oxford University press, 1982.

③ C. Perelman Justice, *Law and Argument*, London: D Reidel Publishing Company, 1980.

④ Charles Donahue, Jr., *What Causes Fundamental Legal Ideas—Marital Property in England and France in the Thirteenth Century*, 78 Mich. L. Rev. 59, 1979 - 1980.

⑤ P. S. Cohen, *The Modern Social Theory*, London: London Press, 1968.

⑥ Hans Kelsen, *General Theory of Law and State*, Cambridge, Cambridge Press, 1949.

⑦ Joseph Dainow, *Forced Heirship in French Law*, Louisiana Law Review, Vol. 2 (1940).

利益，以保证限定继承制度符合公平等的价值取向。

三、研究思路和方法

（一）研究思路

继承法律制度并非仅规范继承人对遗产的继承关系，也同时规范遗产债务的清偿关系。遗产债务的清偿制度自古就是继承法律制度关注的重点，只是在限定继承制度出现以前，继承人对遗产债务承担无限清偿责任，其理由无非是基于被继承人死亡之后的人格在继承人身上的延续。随着身份继承逐渐为财产继承所取代，法律开始关注继承人的独立性人格，这也就意味着，继承人利益的保护开始被提到重要的位置。为此，限定继承制度开始登上历史的舞台，本书的研究也就此展开：

1. 从继承制度的历史中考察限定继承的起源及立法目的。了解历史并非单纯地讲述历史，而是从这样的演变中找到限定继承制度存在的依据，以及相应的发展规律。如此，才能更好地将其与现代的立法理念、时代背景结合起来。

2. 从各个相关具体制度中总结限定继承制度的主要内容。从历史中走来的限定继承制度并非仅仅是以继承人利益作为保护对象的逻辑起点，而是实现继承人、遗产债权人等遗产相关方之利益保护的平衡，其实现此目的的手段就是与限定继承有关的一系列制度。进而言之，这些制度都是限定继承制度的有机组成部分，将其归纳为限定继承制度的主要内容可以更好地厘定限定继承制度所涵盖的应然范围，这也是本书尝试首次对限定继承制度之主要内容进行论述而构建体系化制度的努力。

3. 从价值取向和功能上分析限定继承制度存在的价值与意义。在进行体系化构建过程中，本书不仅要从历史的维度加以思考，更要从价值取向上加以度量，以使限定继承制度不会偏离人们对价值取向的基本认知。本书拟论述的价值取向包括公平价值、平等价值、自由价值、秩序价值及效率价值，并确定各价值取向在限定继承制度中的优先顺位。限定继承制度的发展规律预示着其产生是历史的必然，其具有如此强大的生命力，说明该制度之于社会实践的价值和意义。

4. 从比较中汲取国外的立法经验。现代主要大陆法系国家均对限定继承制度进行了详细的规范，有鉴于此，本书拟运用比较的方法，介绍国外的限定继承或与限定继承类似的相关制度，以期我国的限定继承制度能够在总结国外限定继承或与限定继承类似的相关制度的基础上，构建出符合我国国情的限定继承制度体系。

（二）研究方法

在限定继承制度的研究方法上，本书主要包括以下几种：

其一，历史分析法。限定继承制度的产生归因于古代概括继承制度的种种弊端，通过了解古代继承制度的历史，尤其是了解奴隶社会、封建社会之概括继承制度史，就能从源头上探寻限定继承制度产生的历史原因，特别是随着社会的发展，限定继承制度的重要作用越发凸显，本书追根溯源的运用历史分析法，探究限定继承制度发生、发展之规律，以期在现代语境下能更好地把握该制度的实质性内涵。

其二，价值分析法。每一个法律制度的构建必定有其基本的价值取向，这既是立法的指导思想，也是修改、补充和完善立法的依据。本书运用价值分析法，确立限定继承制度价值取向的先后顺序，为限定继承的制度构建提供价值上的理论依据。

其三，比较分析法。在当今日益融合的社会中，任何一个国家都不可能在与世隔绝的状态下构建自己的法律制度。本书运用比较分析法，通过介绍大陆法系的法国、德国、意大利、瑞士及英美法系的美国、英国、澳大利亚等国外的限定继承或与限定继承类似的相关制度，总结国外的立法经验为我所用。而且，将限定继承的某些制度与诸如企业破产等制度进行类比，从多角度、多层次中把握限定继承构建的应然状态。

其四，逻辑分析法。注重法律之间的逻辑结构是现代大陆法系法律构建中的典型特征，这决定了在论述限定继承相关制度是否合理时，也应当符合相应的逻辑，因而，本书也较多地运用逻辑分析法，为限定继承制度的体系化构建进行逻辑证成。

其五，文献研究法。通过对诸如民法典立法建议稿及继承法立法建议稿等现有的限定继承制度文献进行研究，尤其是对现有的民法典继承编之相关制度的专家建议稿进行研究，吸收前人研究成果，为提出限定继承立法的合理化建议提供依据。

四、主要创新点

本书的创新尝试主要有以下几个方面：

一、剖析限定继承制度产生的根本原因，从历史的角度考察继承法之立法理念及立法目的的变化，阐述从概括继承制度发展到限定继承制度是历史的必然，这也能解释为何限定继承制度自产生以来具有如此强大生命力的原因。

二、本书对限定继承制度进行较为全面、系统的研究，第一次试图系统归纳限定继承制度应当涵盖的主要内容。在此之前，国内还没有对限定继承制度进行专门研究的专著和博士论文，从这个意义上来说，本书开创了限定继承制度系统研究的先河。

三、本书第一次从价值论的角度详细阐释限定继承制度的公平、平等、自由、秩序、效率等价值取向，为立法、司法之价值判断提供参考。

四、较为系统、全面地比较分析大陆法系国家的限定继承制度，并提出英美法系间接继承制度下的遗产管理等与大陆法系的限定继承制度异曲同工。我国未来立法的修改与完善宜从中国实际出发，借鉴国外的相关制度，构建符合我国国情的限定继承制度。

五、较为全面系统地分析我国继承立法的不足，有针对性地提出完善相关立法的修改建议。

囿于笔者自身研究能力及文献资料的限制，尤其是国外相关文献的限制，本书对限定继承制度的研究可能存在某些不足、不当之处，敬请读者批评指正。

第一章　限定继承制度产生的历史脉络

“继承”一词的含义较为广泛，既可以是某种精神的传承，也可以是物质财富从已故亲属手中的转移。具体而言，继承可以分为三层含义：第一层含义，从最广泛意义上来说，继承是指子孙后代作为一个整体对前代所创造的一切精神财富和物质财富的传承，如继承儒家的传统文化，继承国家主权范围内的一切事务，继承艰苦奋斗的精神等。从这个意义上，与其说是社会精神财富和物质财富的一种继承，还不如说就是一种承袭。其中，对于精神财富的承袭大多数是一种自然而然的发生过程，一般不需要通常意义上的某种登记、仪式等，它共同构成一个民族或群体特定的品质。第二层含义比第一层含义的范围有所限缩，即为现代社会所称的广泛意义上的继承，它是指继承人继承被继承人的法律地位，[①] 由此，继承人将统一承受被继承人所有的权利义务关系，这种继承也以可说是泛指一切将某种客体完成从前辈转移到后辈的承受。[②] 其中，被继承

① 当然，采用广泛意义上继承概念的学说中，继承人是否继承被继承人的法律地位有很大的争议：第一种观点认为继承人所继承的是被继承人的权利义务；第二种观点认为继承人所继承的是被继承人的财产和权利义务；第三种观点认为继承人所继承的是被继承人的法律地位；第四种观点认为继承人由继承被继承人的法律地位演变为继承被继承人的财产。参见费安玲：《罗马继承法研究》，中国政法大学出版社 2000 年版，第 29 ~ 32 页。

② 程维荣：《中国继承制度史》，东方出版中心 2006 年版，第 3 页。

人的权利或者说某种客体一般包括财产性权利和身份性权利，财产性权利如对家族财产的占有使用权，身份性权利如官爵、家长权力等。相对于第一层次之抽象性的继承含义而言，这一层次的继承含义要更为具体，并且没有包含精神财富的继承内容。第三层含义比第二层含义又有所限缩，即为现代社会所称的狭义上的继承，它专指继承人对被继承人财产的继承。这其中的财产是广义上的财产，不仅包括了财产性权利，也包括了财产性义务。正因被继承人的财产中既包括了财产性权利，也包括了财产性义务，现代社会在继承制度上才有了限定继承制度，即在一定条件下，继承人以继承的积极财产为限，承担消极财产的义务。

因限定继承制度是在古代概括继承制度的基础上发展起来的，通过考察古代的继承制度，尤其是在考察古代概括继承制度下，继承人以自己的财产承担遗产债务的清偿责任所造成继承人的人格不独立而对其不公平现象的发生，[①] 才能厘清此乃限定继承制度产生的根本原因。本章在内容编排上，也主要是从各个历史阶段论述继承制度的起源与发展变化，包括原始社会和奴隶社会的继承制度、封建社会的继承制度。资本主义时期开始的限定继承制度主要是现代大陆法系国家在研究罗马法的基础上制定的民法典中所规定的限定继承制度，主要放在第四章中论述。

第一节　原始社会继承制度的萌芽

本章所探讨的限定继承制度是从继承制度发展而来，因而，在论述限定继承制度的源流上，必须首先厘定继承制度的发生与发展。

---

① 杜江涌：《解读与重构：继承中的财产转移机制研究》，载《云南行政学院学报》2006 年第 3 期。

一、我国原始社会之继承制度的萌芽[①]

一般认为，继承制度的起源是伴随着私有制出现之社会发展到一定历史阶段的产物，因此，在原始社会早期是不存在继承制度的。其理由亦较容易理解，因为在原始社会早期，人们的生活还处于食不果腹、衣不蔽体的地步。共同生活的某一部分群体一起采集、打猎等，所得来的食物也随即予以吃掉充饥而无剩余。在当时的条件下，食物是人们唯一关注的对象，食物之外的棍棒、石器等生产、生活工具根本不被当成财富。[②] 正是由于原始社会早期的人们所唯一关注的食物根本没有剩余，而食物之外的其他物质均未被作为财产对待，“皮之不存，毛将焉附”，因此，原始社会早期也就不存在所谓的继承制度。

如果说原始社会早期因没有剩余产品的出现而不存在所谓的继承制度的话，则在原始社会中后期，随着生产力的发展，一部分少量剩余产品的出现，为继承制度的产生提供了条件。尤其是母系氏

---

① 其实原始社会的生产力水平低下，社会还未分化为不同的阶级，也没有国家的概念，但为了表达上的方便以及与下文的对应关系，本书使用了我国原始社会之继承制度的萌芽及外国原始社会之继承制度的萌芽的表述。当然，该表述是否恰当还值得进一步探讨。

② 也可以说，当时还远远没有出现现代所称的财富的概念。

族时期，[①] 人们利用和打造工具的能力有了长足的进步，[②] 生产工具的进步带来了原始社会之母系时期生产力水平的提高，并开始出现了剩余产品。但当时剩余产品的数量毕竟不多，该产品也都是保留在了以母系家族为核心的氏族大家庭之内，氏族某个家庭成员的死亡并不会导致剩余产品在氏族家庭成员间的重新分配，因此，也就不存在真正意义上的继承。[③] 即便如此，因死亡的氏族家庭成员的财产（尤其是不易制作的劳动工具）留给本氏族的成员继续使用，也就出现了继承制度的萌芽。[④]

随着生产力水平的进一步发展，氏族也开始分化为更小的生产单位，氏族首领也开始利用手中的权力获得一定的私有财富，并在其死后将该私有财富传递给自己的子女，由此便确立了财产继承制度。从继承制度的发展史能够看出，继承制度最先是从财产开始

---

① 母系氏族时期的原始社会是在世界各地均存在过的历史阶段，我国亦同样存在母系氏族时期的原始社会，“知其母不知其父”即为明证。我国云南省永宁地区的纳西族，在民主改革前还保留着某些母系氏族制的残余，按照母系转移财产（书的原文使用的是“按照母系继承财产”，但这样的表述并不十分精准，因为在母系氏族和父系氏族时期，都是原始社会，还没有阶级的出现，财产也未私有。而继承制度是伴随着私有制的出现而出现的，故使用继承财产的表达应当更正——笔者注）。参见刘素萍：《继承法》，中国人民大学出版社 1988 年版，第 6 页。又如我国云南孟连县的佤族，也还保留着母系社会的某些特点——男子从妻居，在此情况下，若女方先于男方死亡，男子或回到生母家里，或者再婚进入其他家庭。他无权从妻子家里继承任何财产，而夫妻所生子女及共同财产（如房屋），则全部留在妻子生前所在的家庭里，由女系继承，如无儿女，则由母系亲属继承。参见杨怀英、赵勇山等著：《滇西南边疆少数民族婚姻家庭制度与法的研究》，法律出版社 1988 年版，第 202 页，转引自张玉敏主编：《继承法教程》，中国政法大学出版社 1998 年版，第 15 页。

② 李莉：《神话谱系演化与古代社会变迁》，吉林大学 2014 年博士学位论文，第 145 ~ 147 页。

③ 即使勉强认为存在继承，该继承也是公共继承或者集团继承的性质，这是与以氏族为单位的原始社会公有制的生产关系相适应的。从遗产归本氏族共有到遗产归死者较近的亲属所有，经历了一个漫长的历史过程。参见刘素萍：《继承法》，中国人民大学出版社 1988 年版，第 5 页。

④ 程维荣：《中国继承制度史》，东方出版中心，2006 年版，第 2 页。

的，只是在以后的发展中，先辈们相信自己死亡之后仍然需要一定的物质享受，其在死亡之后将自己的财产转移给后辈的同时，当然也希望后辈能够建造祠堂，举行祭祀活动。加之此后所形成家族之家长死亡后，必须由新的家长统领整个家族，进而根据大宗、小宗等亲疏远近的亲属关系确立身份继承等级，便形成了身份继承制度，财产继承制度沦为身份继承制度的附属。又因多方面的原因，现代社会的继承制度将财产继承从身份继承中独立出来，并抛弃了身份继承，回到继承初始之财产继承的本源上。

二、外国原始社会之继承制度的萌芽

外国原始社会之状态的信息获得一般有两个途径，其一是各种的文字记录，但外国关于原始社会的文字记录非常少，无非来自于目前所知的其他三大文明的发源地。其二是各种学说著作。与我国原始社会一样，外国原始社会也存在母系氏族时期。只是母系社会后期，生产力水平有了长足的进步，男人因为身体上的优势，逐步在涉及重要生产部门的领域占据越来越重要的地位，如共同打猎、畜牧等。而与此同时，女人则开始专门司职做饭、照顾孩子等任务。由于在生产中地位的重要性，母系氏族逐渐退居主导地位，家族开始由父系氏族掌管，并逐步取代母系氏族。父系氏族的确立也在一定程度上促进了生产力的更快发展，这样就能够积累起更多的社会财富，为私有制的出现奠定物质基础，并有力地促进以后真正意义上的继承制度的出现。但是，私有制的出现毕竟是后来的事情，原始社会并没有形成所谓的私有，各种生产资料和生活资料都是归属于共同生活的某一类群体。因为母系氏族时期的生产力水平仍然没有发达到开始进行阶级分化的地步，与我国母系氏族时期一样，外国母系氏族时期，氏族成员死亡后的财产仍然会留在本母系氏族之内。

母系氏族时期只是一个历史阶段的产物，它也将被代表更高级的生产力水平的父系氏族社会所取代。正如前文所说，研究古代社会的学者们通过各种学说描绘了外国原始社会的一些特点，该描绘也并非没有根据，一方面各种社会现象和现实具有一定的传承性，另一方面学者们的各种学说著作也有很大的推测成分。例如，从英国现有的文献中可以推知，那个地域的原始社会是按照夫权模型建立起来的社会制度。正像梅因在其《古代法》一书中所指出："最年长的父辈或最年长的尊亲属是家庭的绝对统治者，他们对待子女具有至高无上的绝对权威，甚至包括对子女等卑亲属具有生杀予夺的大权，子女所占有、所有的一切物品都属于父辈的统治者，而作为统治者的父辈所占有、拥有的财产仅仅是以其为代表的家族、大氏族或部落的所有。"① 这种家族、大氏族或部落所有的概念与我们现代社会所理解的个人所有并不相同，因为当今世界是一个个的个人集合体，而原始社会中则是一个个的家族、大氏族或部落所构成的集合体，父辈对其所在的家族、大氏族或部落具有绝对的权威。在父辈死亡之后，其所管领的家族、大氏族或部落财产则在"一等卑亲属"中平均分配，长子有时会分得多于其他人双倍的财产，但这种情况并不多见，最常见的是长子会与其他诸子均分。②但在父辈们死亡之后对其所占有的家族、大氏族或部落财产进行分配到底是不是现代意义上的继承，还有待于进一步考证，毕竟当时的社会是以家族、大氏族或部落为单位，财产作为一个整体也是由家族、大氏族或部落共同所有。而且，在父辈们死亡之后，整个家族、大氏族或部落并没有分崩离析。即使认为父系氏族时期某个家族、大氏族或部落成员的死亡是一种继承制度的萌芽，则所应继承的财产也如母系氏族时期一样而留在父系家族、大氏族或部落之内。

---

① ［英］梅因：《古代法》，沈景一译，商务印书馆 1996 年版，第 65 ~ 71 页。

② 梅因称之为一种荣誉上的优先权。参见［英］梅因：《古代法》，沈景一译，商务印书馆 1996 年版，第 71 页。

第二节 奴隶制社会的继承制度

一、我国奴隶制社会的继承制度

考古学根据史料记载进行推算，我国奴隶制社会应当是随着夏朝的建立而开始的，从原始社会进入奴隶制社会也就标志着以私有制为基础的阶级剥削制度的正式建立，既然私有制已经成为当时社会的经济制度，就必然意味着财产属于私人所有的可能性，不管这种私有是单个个体的私有还是为某一类群体的私有，财产所有权的主体也就有了相应的区分。这导致的直接后果就是继承制度伴随着私有制而发展起来，在某个个体死亡之后，其私人所拥有的财产、荣誉等统统由继承人继承。[①] 尤其是奴隶主贵族阶级不仅希望自己的财产由继承人继承，而且还希望自己的贵族特权身份由后辈们享有，即形成所谓的财产继承与身份继承的统一体。当然，这种财产继承与身份继承只在奴隶主贵族身上发生，其理由是在当时的社会制度下，奴隶根本不被视为权利的主体而是权利的客体，正如牛羊、木棍等生产资料一样，也难怪现代人称当时的奴隶为“会说话的工具”。而且，奴隶主贵族所进行的财产继承与身份继承亦有先后之分，进言之，在奴隶制制度下，身份继承是主要的，只有进行了身份继承，才能相应地继承被继承人的财产，可以毫不夸张地说，奴隶制社会的财产继承不过就是身份继承的“附属物”。

我国奴隶制社会的身份继承方式分为两种：一种是兄死弟及，如夏朝之初禹之子启成为首领意味着禅让制走到了尽头，而在启死

---

① 也有人认为我国的继承自原始社会就已经存在，其发生在原始社会末期，即自母系氏族向父系氏族的转变时期，因氏族财产转移发生了重大变革，才出现了私有财产的继承。参见徐厚朴、张权：《试析中国封建社会继承制度》，载《理论观察》2008 年第 5 期。但这种说法未免过于武断，原始社会财产的私有还没有出现，真正出现财产私有的是奴隶制社会，随着财产的私有也开始出现了阶级分化。

亡之后，其子太康成为了首领，在太康死亡之后，其弟仲康接替太康之位。商朝仍然有兄死弟及的制度，如太丁死亡之后将王位传给了其弟外丙。当然，此种兄死弟及的王位继承制度只是在夏朝及商朝的前期比较盛行。另一种是父死子继，即使是在兄死弟及的夏、商朝，也存在父死子继的情况。而到了商朝后期，兄死弟及的王位继承制度也基本宣告结束，取而代之的是父死子继的身份继承方式。父死子继只是一种概括性的称谓，西周后，身份继承制度日臻完备，嫡长子继承制开始正式确立，嫡长子继承制也是父死子继的形式之一。奴隶制下的继承方式可以把奴隶主贵族的特权永世传承下去，这是奴隶主贵族对身份权力的垄断。由嫡长子继承制可知，在奴隶制社会中，即使是在奴隶主贵族内部，诸子之间的继承权利也是不平等的。且男女的继承权也不平等，如在室女虽然有一定的继承权，但也仅限于在嫁资、妆奁的范围内继承父辈财产，而出嫁女根本无任何的继承权。结合女子结婚之后的财产由夫掌管以及女子无法实现的身份继承可见，奴隶制社会中的女子没有任何实质上的继承权。①

在我国奴隶制社会下，虽然相较于原始社会的生产力水平有了一定的进步，且有了一定的私有财产，但毕竟奴隶制社会的生产力水平仍然不高，剩余财产毕竟有限。而有限的剩余财产也基本上都是为了满足自己或家族的生活需要，这就限制了人们将剩余财产用来交换的存在空间。既然将剩余财产用来交换的频率不高，人们因此对外负债的可能性就大大降低，被继承人死亡后鲜有消极财产之存在。而我国奴隶制社会在继承方式上，仍然为融身份继承与财产继承于一体。之所以这么说，是因为身份继承代表的是一种特权，

---

① 在奴隶制社会，调整奴隶主贵族阶层内部之间的财产继承和身份继承上的依据主要是礼，以礼而行事成为那个时代的显著标志，嫡长子继承制也是重视礼的结果之一。事实上，礼在奴隶制社会中起着相当于法的作用。除礼之外，在涉及一些具体的继承问题上，也有相应的习惯加以调整。

身份继承是一切继承关系的基础性条件，否则就无财产继承的存在，财产继承分属于次要地位。既然如此，财产继承就不是继承人对继承关系的首要关注点，并进而推断，继承财产上是否存在债务也不是继承人最为关注的。并且，在继承人选择了身份继承后，毫无选择地会继承财产的所有权利以及相应的债务。因此，在身份继承的前提下，奴隶制社会在继承制度上仍然可以被认为是概括继承。①

二、外国奴隶制社会的继承制度

世界各国社会形态的发展阶段具有相似性，都经历了从原始社会向奴隶制社会的转变，与中国的奴隶制社会一样，外国的奴隶制社会也存在着继承的问题。但由于外国国家的数量较多，以及外国奴隶制社会所遗留的可供研究的文献较少，本部分仅选取几个有代表性的外国奴隶制国家作为研究对象。

（一）古代巴比伦王国的继承制度

古代巴比伦王国是建立在幼发拉底河和底格里斯河两河流域的世界文明古国，汉穆拉比皇帝统一了两河流域的其他王国后，制定了举世闻名的《汉穆拉比法典》。根据该法典的规定，古代巴比伦王国有权成为继承权主体的是拥有财产的奴隶主（在《汉穆拉比法典》中使用“自由民”② 一词），而奴隶则不具有继承的主体资

① 继承关系的各个具体制度相互之间都具有紧密的逻辑关系，奴隶制社会的继承方式是融身份继承与财产继承为一体的概括继承，概括继承本身不仅是对身份继承与财产继承的概括，也是对身份之上的权利义务及财产之上的权利义务的概括。这也能反映在概括继承制度下，遗产为财产权利与义务的统一体。

② 如《汉穆拉比法典》第173条规定：倘自由民意图离弃曾为之生子之妾，或曾使之有子之不育妇女，则应将此妇女之嫁妆归还，并应给她一部分田园及（动）产，使她能抚养子女。至她已将子女抚养成人，则应就给予其子女的全部财产中，以相当于一继承人之一份给她，而后她得嫁于她喜爱之夫。第168条规定：倘自由民欲逐其子，而告法官云：“我将逐吾子”，则法官应调查其事，如子未犯有足以剥夺其继承权之重大罪过，则父不得剥夺其继承权。参见世界著名法典汉译丛书编委会编著：《汉穆拉比法典》，法律出版社2000年版，第64、77页。

格。即使奴隶主与奴隶共同生育有子女，非经生育子女的该奴隶主的同意，该子女也不具有继承其父亲财产与身份的主体资格。① 虽然女奴所生之子女与配偶所生之子女同为父之子女，但女奴所生之子女的继承地位却因父之是否承认差别巨大，而对配偶之子女，父欲剥夺其继承权应当有充分的依据并应以法官裁判为准。即使《汉穆拉比法典》对女奴及其与奴隶主所生之子女有一定的保护措施，也并不能否定其地位上的不平等。由此可见，配偶所生之子女与女奴所生之子女地位上不平等的根源在于女奴与奴隶主地位上的不平等。而且，古代巴比伦王国已经有了奴隶主在死亡之前可以立遗嘱处分遗产的雏形，如《汉穆拉比法典》第165条之规定，② 由本条进而可以推知，对于父亲财产的平均继承仅仅是在诸兄弟之间进行，这说明，在古代巴比伦时期，男女的继承地位是不平等的。继古代巴比伦王国颁布《汉穆拉比法典》之后，新巴比伦文明时期法律的集大成者是公元前626年前后颁布的《新巴比伦法典》，该法典在涉及继承方面的规定主要是在第8、10、11、12、15条的规定中。例如，第10条规定："如自由民之给他女儿嫁妆，她婚后无子女，一旦她死亡，这些嫁妆应归还她父亲家。"③ 该条规定说明，女子婚后除父亲家的嫁妆之外没有其他财产，婚后的财产全

---

① 《汉穆拉比法典》第170条规定：倘自由民之配偶为之生育子女，其女奴亦为之生育有子女，而父在世之日，称女奴所生之子女为"我之子女"，视之与配偶之子女同列，则父死之后，配偶之子与女奴之子应均分父之家产；当分产时，配偶之子得优先选取其应得之份；第171条规定：倘父于生前未称女奴为之生育之子女为"我之子女"，则父死之后，女奴之子女不得与配偶之子女同分父之家产。女奴及其子女应解放，配偶之子女不得要求将女奴之子女变成奴隶。配偶取得自己之嫁妆及其夫所给且立有遗嘱确定赠与遗孀之赡养费，并居于其夫之住宅，享有此一切以终其身，但不得以之出卖；至她身后，仅归其子女所有。参见世界著名法典汉译丛书编委会编著：《汉穆拉比法典》，法律出版社2000年版，第78、79页。

② 《汉穆拉比法典》规定："倘自由民以田园房屋赠与其所喜爱之继承人，且给他以盖章之文书，则父死之后，兄弟分产之时，此子应取其父之赠物，此外诸兄弟仍应均分父家之财产。"

③ 魏琼：《〈新巴比伦法典〉民事规范源流考》，载《当代法学》2009年第6期。

部由夫所有。而在妻子无子女去世的情况下，丈夫对妻子的嫁妆没有继承权，无子女之妻子死亡后嫁妆归还其父亲家也进一步证实了古代社会财产一般应留于本家族之内的习惯。

（二）古代印度和古代希腊的继承制度

古代印度具有森严的等级制度，按照其《摩奴法典》之规定，印度人分为四个种姓：婆罗门、刹帝利、吠舍和首陀罗。① 由婆罗门到首陀罗的地位依次降低，它是阶级差别的一种形式。因该制度影响深远，古代印度的继承制度也与其相关联，如妻子的种姓不同，所生之子女应获得的继承份额也不相同，② 这种以种族决定遗产继承份额的制度，目的还在于维护古代印度的等级制度，遗产继承的相关规定不过是特权阶级维护其特权的手段而已。在具体的继承方面，古代印度实行嫡出子继承原则，③ 即根据法律规定，“唯有男子的嫡出子才是父亲财产的主人”。当然，这并没有完全排除非嫡出子的财产继承权，特别是妻所生之子也可以从父亲的遗产中分得一小部分，但应当注意的是，其所分得的那一小部分遗产并不

---

① 在原始的四大种姓之外还有一类特殊的人，被称为“贱民”，或叫“不可接触者”，也有人称之为第五种姓。圣雄甘地将其称为“哈里真”（意为神之子），印度独立后统称“达利特”（意为受压迫的人）。他们的社会地位最低，最受歧视，被排斥在社会之外。

② 崔连仲：《古代印度种姓制度》，载《辽宁大学学报》（哲学社会科学版）1987年第1期。婆罗门妇女之子得四份，刹帝利妇女之子得三份，吠舍妇女之子得两份，首陀罗妇女之子只得一份。这是因为高级种姓的男子可以娶低级种姓的女子为妻，婆罗门男子可以依种姓顺序娶四个妻子，刹帝利男子可以在同种姓和吠舍、首陀罗中娶三个妻子，吠舍男子可以娶同种姓和首陀罗中的两个妻子，而首陀罗男子则只能娶首陀罗女子为妻。不过低级种姓的男子是绝对不允许娶高级种姓的女子为妻的，否则其后代就会沦为贱民。参见迭朗善译，马香雪转译：《摩奴法典》，商务印书馆1995年版，第225～226页，第9卷第151条。

③ 古代印度之所以实行嫡出子继承制度，盖因在古代印度，所有职位都有世袭的倾向，并且在性质许可时，这些职位即归属于最老支系的最长成员。即宗法制度不仅是家庭的并且是正职的，它在父亲死亡时不在所有子嗣中分配，而是长子的天生权利。参见［英］梅因：《古代法》，沈景一译，商务印书馆1996年版，第133页。

是其应继份额，而是出于诸如保障妻所生之非嫡出子生存权或与其妻之子身份相匹配的财产地位而已。① 而且，古代印度还规定了代位继承制度，被继承人的儿子先于被继承人去世的，被继承人的孙子可以代位继承其遗产。当然，古代印度以男性为继承权的主体，并不是说女子无任何的继承权。在一定的条件下，女子也可以获得一定的嫁资。且婆罗门之父亲在没有生育儿子的情况下去世的，婆罗门之妻所生育的女儿有继承权。②

与人类早期社会的其他继承制度一样，古希腊继承制度从总体上说，依然为身份与财产概括继承。③ 其继承非注重个人本位的，财产继承的目的是将财产留于本家族之内。这可以从其对遗嘱的限制中得到答案，如古希腊伟大的思想家和哲学家柏拉图就曾以立法者的口吻对请求获得遗嘱权而任意处分自己财产的将死之人说道："你不能决定你的生死，你不过在这个世界临时经过，你能自决这种事情吗？你不是产业的主人，你连你自己的主人也不是。你同你的产业，皆属于你的家族，你的祖先及你的子孙全体。"④ 具体而言，古希腊的继承权由男子享有，父亲死亡后的财产由儿子继承，出嫁女因不属于父亲家族的成员而不具有继承父亲遗产的资格，在

---

① 这些考虑包括为了预防因其他诸子没有获得财产而生出祸端；或者是为了保证其他诸子能够获得一些财产以维持生计；或是嫡出子认为其他诸子比较有德行等。对嫡生子的注重还表现在，如果没有嫡生子或妻生子，其他的儿子可以获得继承权。但是，他们的身份是代表嫡生子，而不是代表自己。参见赵立行：《〈摩奴法典〉中的继承制度探析》，载《复旦大学学报》（社会科学版）2010 年第 6 期。

② 其他种姓所生育的女儿无任何的继承权。参见迭朗善译，马香雪转译：《摩奴法典》，商务印书馆 1995 年版，第 231 页，第 9 卷第 198 条。

③ 谢邦宇主编：《罗马法》，北京大学出版社 1990 年版，第 345 ~ 348 页。

④ ［法］古郎士：《希腊罗马古代社会研究》，李玄伯译，中国政法大学出版社 2005 年版，第 60 页。转引自李宏：《西方遗嘱继承理念变迁及规律》，载《法律科学（西北政法大学学报）》2010 年第 5 期。

室女只能在出嫁时从兄弟处获得相应的嫁资。[①]

（三）古罗马的继承制度

古代罗马法之于继承方面最为显著的特点是其概括继承制度，继承人首先继承被继承人的人格或身份，唯有如此，继承人才同时具有继承被继承人财产的权利。而继承人继承被继承人的人格或身份本身就意味着一并继承该身份之下的义务，该义务不仅仅是指诸如祭祀等身份义务，同时也包含了被继承人生前的财产义务。因此，古罗马时期的概括继承是指继承人于继承开始后继承被继承人人身和财产上的一切权利义务。由此引申出了一个问题：概括继承的概念在罗马法中是否只包括了财产继承的内容而将身份继承的内容排除在外？从现有的学术著作来看，绝大多数都将概括继承界定为除专属于被继承人自身而不可转移的权利义务外，继承人于继承开始后，总括的继承被继承人在财产上的一切权利和义务。[②] 然而，这一观点还值得商榷，罗马法上的继承之发生有赖于继承人资格或身份的取得，即身份继承首先发生，它是财产继承发生的前提和基础，没有身份继承，财产继承就是无源之水。[③] 罗马法时代的身份继承是继承的主要内容，财产继承不过是附属于身份继承而已。在继承人取得了继承资格后，被继承人的所有权利义务关系整

---

① 当死者无子孙时，则由同父的兄弟继承；无同父兄弟的，则由同父的兄弟之子继承。按照这一规则，有资格继承死者遗产的人均为死者之男性后裔。女性后裔，如出嫁女儿及其子女，同母不同父的兄弟及其子女，姐妹的子女，因不属于死者的家族成员而不具有继承的资格。参见张玉敏主编：《继承法教程》，中国政法大学出版社 1998 年版，第 15 页。

② 参见曲可伸：《罗马法原理》，南开大学出版社 1988 年版，第 226 页；张玉敏主编：《继承法教程》，中国政法大学出版社 1998 年版，第 5 页；刘素萍：《继承法》，中国人民大学出版社 1988 年版，第 38 页。

③ 这一论断已经得到了一致的认可，如罗马法学者彭梵德在其《罗马法教科书》中写道：“（概括继承）最内在和最重要的特点是：被继承人的关系仍继续保持，因而那些本不能以其他方式转移的权利也得到继承，而且对于一切被取得的权利来说，被继承人的取得名义仍在继承人身上保持不变。”［意］彼得罗·彭梵德：《罗马法教科书》，黄风译，中国政法大学出版社 1996 年版，第 420 页。

体转移给继承人，由此继承人也就代替了被继承人成为相应法律关系的主体，这就好比被继承人仍然活着一样，继承人不过是被继承人的“替身”，被继承人所拥有的全部权利义务关系在继承人身上得以延续。在这种继承制度下，概括继承并没有将身份继承排除在外。况且，继承一词的本意就是指“继承人在法律上取得被继承人的地位，即继承被继承人的人格，使之得以延续”。①

虽然大多数学者将概括继承的概念限定在财产权利义务的概括承受上，但这一观点并非没有争议。也有学者就认为概括继承中不仅包括了财产上的继承内容，同时也包括了身份上的继承关系。如江平、米健教授在其《罗马法基础》一书中在谈到罗马法时代的继承制度时就指出：“罗马法上的继承首先便是身份或人格的继承，即对被继承人的社会地位和权利能力以及由此发生的人身、财产关系的继承。其结果，继承就成了包括一切权利义务的概括继承。”② 他们在书中所指的“一切权利义务”并不单指财产的权利义务，还包括了继承被继承人的社会地位等人身关系的内容。很显然，概括继承中应当有身份继承的位置。通过回顾概括继承的产生历史，我们能够发现，在罗马法早期，人们所能创造的物质财富比较有限，除维持基本的生活以外，剩余的财产并不多，继承的主要目的也就集中在了身份继承，以维持罗马奴隶制经济为基础的宗法制度，即其目的在于“绵延家祀于不绝”。③ 除身份继承的这个目的之外，因财产的剩余非常少，分散性的财产所有根本不能最大限度地发挥其功用，因此，一个家庭的所有财产便由家长一个人掌

---

① 周枏：《罗马法原论》（下册），商务印书馆2001年版，第470页。

② 书中的下文继续论述道：在罗马法中，这种概括继承的实际内容就是对家父人格或地位的继承。财产继承只是这种继承的一个从属方面。参见江平、米健：《继承法基础》，中国政法大学出版社2004年版，第384页。

③ 财产继承的目的也是为身份继承服务的，即将财产留在本家族之内以确保家族团体性人格永不消灭。参见王薇：《论市民社会与继承制度的走向》，载《甘肃政法学院学报》2005年第3期。

管。从这一历史背景中，我们能够看出，在罗马奴隶制社会早期，继承人就是宗法社会之家族最高权力的承受者，而古代罗马法之继承的主要目的也就在于将宗法社会之家族的最高权力在被继承人死亡后转移给继承人，“原始的遗产继承是为这种最高权力的转移而不是为财产的转移服务”[①]。由此可以得出的结论是，概括继承的内容便主要是身份继承。

既然古代罗马法概括继承的主要内容是身份继承，那么学界绝大多数的著作中为什么将身份继承排除在概括继承之外呢？究其原因，无非就是身份继承与财产继承逐渐发生分离的结果。特别是共和国末期以来，罗马帝国通过战争积累了大量的财富，促进了经济的繁荣发展，而经济的繁荣又反过来促进了人们继承思想的转变，即家族宗法之身份继承慢慢式微，而财产继承越来越占据了重要的地位，到后来“身份继承就降到了附属地位”。[②] 从这一趋势的发展变化可以看出，在从宗法社会向商业社会过渡的进程中，身份继承逐渐丧失了其存在的社会和经济基础，而财产继承逐步占据了主导地位。即便如此，在罗马法的奴隶制社会时代，人们“绵延家祀于不绝”的身份继承也并未完全消失在历史的长河中，身份继承只不过非为继承的主要方面而已。直到这时，身份继承仍然应当属于概括继承内容的组成部分。当然，随着社会经济的发展，在身份继承与财产彻底分离之后，概括继承的内涵仅存于财产继承之上，即概括继承是指继承人对被继承财产上权利义务的概括承受（专属于被继承人自身的财产权利义务除外）。这就是“著名的学者梅因正是在对罗马法的遗产继承制度进行了详细分析之后提出了极为有名的社会发展是一个‘从身份到契约’过程的结论。”[③]

---

① ［意］彼得罗·彭梵德：《罗马法教科书》，黄风译，中国政法大学出版社 1996 年版，第 421 页。

② 杜江涌：《比较法视野下的遗产范围制度研究》，载《河北法学》2010 年第 4 期。

③ 费安玲：《罗马继承法研究》，中国政法大学出版社 2000 年版，第 3 页。

然而，历史的概念要放在历史的背景中考察，脱离了历史背景的概念界定肯定是不准确的，现代社会所理解的概括继承肯定仅包括财产继承，这一点毫无疑问，因为身份继承已经与现代的经济社会发展以及人格独立的理念不相符合而在现代社会中完全销声匿迹了。绝大多数学者在介绍现代社会语境下的概括继承制度时，都认为其仅指财产之权利义务的概括承受并没有不妥。但问题就在于，当他们在介绍罗马法之概括继承制度的起源和演进时所使用的概念界定上却仅指财产上的权利义务关系的概括承受就显得与事实不符，这也是现代学者在研究历史文献中常犯的错误，我们有必要重新审视罗马法时代的概括继承所应当包含的内容。而对于概括继承应当包括身份继承的内容而非仅指财产继承这一点上来说，我国对罗马法有较深研究的学者费安玲也没有否认，如她在《罗马继承法研究》一书中，就写道："在罗马法遗产继承制度的发展过程中，我们可以发现遗产继承在罗马社会经济发展中由身份与财产的概括转移变为财产转移的演进轨迹"，[1] "身份与财产的概括转移"才是概括继承内涵的本来面目。[2]

而针对概括继承之财产权利义务的统一承受而言，该定义似乎与古罗马时期文献中的定义不相符合，如盖尤斯在《论行省告示》

---

① 费安玲：《罗马继承法研究》，中国政法大学出版社 2000 年版，第 3 页。

② 当今对古罗马时代概括继承的概念界定到此为止也就作罢，但如果再向前一步，更深层次地挖掘概括继承的内涵，我们就会发现另一个非常有趣的问题，那就是在以身份继承为主导的奴隶制社会里，古代罗马法时期所谓的财产继承根本就没有发生，或者说不能称之为财产继承。因为在宗法制度下的财产属于全家族所有，纵然是家长具有管理，甚至决定如何使用它的权利，也并不能改变该财产所有权的归属。既然当时财产的所有权不属于家长，在其死亡之后的财产继承就不存在，整个财产仍然属于整个家族所有而非属于某个家庭成员所有。即使是家长死亡后，由新的家长继承其地位，它也不过是对家族财产的管理权从一个人转移到另一个人手中而已。该观点在此提出，只是为研究古代继承制度提供另一种视角而已，并非本书的论述重点。

第六编中将遗产继承界定为“对已故者的权利之概括承受”，[①] 这里虽然用了“概括承受”一词，但却似乎同时将“概括承受”限定在了“已故者权利”的范围内。然而，该处的“权利”依然是一种概括性的，也应当包括了义务在内，这一论断能够从下文中得到证实：彭波尼在《论库伊特·穆尼》第三编中说道：无疑，“遗产”一词中还包括“消极遗产”在内，因为该词类似于“遗产占有”，是一个法律术语。[②] 由此可见，遗产中包括了消极遗产和积极遗产，而遗产又不仅仅是指财产性的遗产，也同时包括了身份性的遗产。[③] 因此，虽然概括承受的是已故者的权利，但实质上是对已故者所有身份与财产性权利义务的统一继承。[④] 与此解释相同的是，梅因在其《古代法》一书中也指出，“把这些许多财产权、通行权、遗赠权、特种清偿义务、债务、损害赔偿责任——把这样一些法律权利和义务结合在一起而成为一个概括的权利的纽带”，该处的概括性权利不仅包括了财产权、通行权、遗赠权，而且还包括了特种清偿义务、债务、损害赔偿责任等义务，概括的权利应当是一种法律上权利与义务的特指。[⑤]

---

① ［意］桑德罗·斯奇巴尼：《婚姻·家庭和遗产继承》，费安玲译，中国政法大学出版社 2001 年版，第 235 页。

② ［意］桑德罗·斯奇巴尼：《婚姻·家庭和遗产继承》，费安玲译，中国政法大学出版社 2001 年版，第 235、237 页。

③ 因为遗产中也包括了非财产性的内容，如圣物、墓葬、庇护等。［意］彼得罗·彭梵德：《罗马法教科书》，黄风译，中国政法大学出版社 1996 年版，第 425 页。

④ 继承是针对死者所有的可转移的法律关系，也被称作概括继承。参见［意］朱塞佩·格罗索：《罗马法史》，黄风译，中国政法大学出版社 1994 年版，第 118 页。

⑤ 对于该论断，梅因在下文中作了更为明确的阐述，他指出，概括的权利这个用语不是古典的，但法律学有这个观念，应该完全归功于罗马法；同时这个用语也不是完全难以捉摸的。我们应该设法把我们每一个人对世界上其余人的全部法律关系，聚焦在一个概念之下。不论这些法律关系的性质和构成是怎样，这些法律关系在集合起来后，就成为了一个概括的权利；只要我们仔细记着，在这个用语中不但应该包括权利，并且也应该包括义务，则我们对于这个观念就很少有误解的危险。参见［英］梅因：《古代法》，沈景一译，商务印书馆 1996 年版，第 102 页。

在概括继承中，继承人是取代被继承人并成为被继承人一系列法律关系的主体，这一系列法律关系并不是一个个单一的法律关系的单纯叠加由继承人概括承受，而是其作为一个整体按照被继承人原先设立时的状态全部转移给继承人。① 由此，便存在继承人其实是继承了被继承人法律地位的学说，这就等于继承人接替了被继承人的法律外衣，承受被继承人的所有权利义务关系。而由被继承人的权利义务整体转移给继承人享有和负担，可以解释为何概括继承之继承人在继承被继承人所有权利义务关系时不得附有条件或者有选择地部分接受、部分放弃。否则，继承人所谓的继承就不是概括继承，或者继承人只选择对自己有利之部分进行继承而对自己不利的部分予以抛弃。当然，这并不是说在概括继承制度下，被继承人的所有权利义务关系都原封不动地全部转移给继承人，某些权利义务关系是不能通过继承取得的，如必须由被继承人亲自完成的人役权之义务。②

既然是概括继承，就可能出现所应继承的财产权利小于财产义务的情况，在此之下，继承人一般并无拒绝继承遗产的资格。之所以说是继承人在一般情况下没有拒绝继承遗产的资格，是因为罗马

---

① ［意］彼得罗·彭梵德：《罗马法教科书》，黄风译，中国政法大学出版社 1996 年版，第 423 页。

② 这正如意大利罗马法学者彼得罗·彭梵德所言，现代人所使用的词组“继承或接替死者的法律地位”只不过是对上述罗马词组的逐字翻译；但是，现代学者更多地从量的意义上（概括取得，或至少是参与享受所有的权利），而不是从质的意义上（继承人和死者所承担的法律关系完全一致）理解这一表述。参见［意］彼得罗·彭梵德：《罗马法教科书》，黄风译，中国政法大学出版社 1996 年版，第 424 页。

时代的继承人分为自家继承人、必要继承人和家外继承人三种类型。[①] 家外继承人是死者通过遗嘱或者在无自家继承人时，按照法定的规则使死者家族成员以外的人成为继承人，家外继承人具有拒绝接受继承的权利。而自家继承人则是因为继承人处于死者的支配权或夫权之下，于死者死亡之后不需要其意思表示就必然地获得继承人资格的人。自家继承人能够优先从死者的遗产中获得相应的权利，也许这种优先性源自于两个方面：一是从名称上来看，其为“自家人”，与死者的血缘关系更近，二是其为死者的家族成员，

---

① 不同著作中的分类似乎不太相同，如曲可伸在其《罗马法原理》一书中将继承人分为两种类型，即家内继承人和家外继承人。其中，家内继承人又分为两种类型，即正统当然继承人和当然继承人。这种分类方法是以继承人是否属于家庭内成员而作的区分。家内继承人是被继承人的家庭内成员，成为家内继承人的人，在继承开始后必须为继承行为，不得推诿。其中正统当然继承人是指处于死者家父权下，于家父死后变成自权人的人皆为正统当然继承人，如死者的子女和无父的孙子女等。此种继承人于继承开始后，不需其承认，亦不得拒绝继承。当然继承人是指死者以遗嘱解放其努力并指定其为继承人，该奴隶虽不属于正统继承人，但亦不需其承认和不得拒绝继承（之所以将被解放的奴隶作为家内继承人的类型之一，是因为奴隶也是包括在家族之内的，这一点能够从他们在未被解放时被当成家族的“会说话的工具”可以窥见。他们与家子等群体一样，因为在族长的统治之下这个共同的约束而发生了联系。家族成员中，虽然包括了因血缘关系所产生联系之成员，以及因收养关系所产生联系之成员，而且包括了相当于家族财产的奴隶。其实家子以及被收养的人与奴隶一样，都是在家长的统治之下。所不同的是，家子以及被收养之人迟早有一天会从约束中解放出来以行使某种既定的权利，而奴隶却未必如此。但无论如何，他们都属于这个家族的组成部分。特别是奴隶，他们并不会因为地位的低微而被放在家族之外。参见［英］梅因：《古代法》，沈景一译，商务印书馆 1996 年版，第 94 页）。家外继承人是指继承人不属于被继承人家庭内的成员，但由于遗嘱或法律的规定而获得继承权的人。该类继承人有拒绝或接受遗产继承的权利。参见曲可伸：《罗马法原理》，南开大学出版社 1988 年版，第 227 页。周枏在其《罗马法提要》一书中，亦将继承人的类型分为两种：一是当然继承人和必然继承人，二是外来继承人。其中，当然继承人即为处于家父权下的自权人的人。该类继承人其实就是上文中曲可伸书中提到的家内继承人中的正统当然继承人。而必然继承人是指被死者以遗嘱的方式解放而成为继承人的人。其就是曲可伸书中提到的家内继承人中的当然继承人。参见周枏：《罗马法提要》，法律出版社 1988 年版，第 119 页。从前文可以看出，虽然不同的著作中的分类方法不同、名称不同，但其内容是一致的。

那么，死者生前所管理的家族财产在理论上自然也应当有其一定的“份额”，即“他们所继承的财产本来就是他们自己的”。按常理说，处于自家继承人的人应当有权拒绝继承死者的遗产，但因家族不仅仅是一个经济性的组织，而且还是一个政治性的组织，特别是父辈死亡之后还希望能够享受到“血食”，而继承人就是承担这个义务的最佳人选，从而使处于自家继承人的人不得拒绝继承。[①] 同样，因罗马人非常不喜欢在既没有继承人又没有遗嘱的情况下死亡，所以在没有自家继承人时，死者一般会立遗嘱将自己的奴隶解放，并且让被解放的奴隶成为必然继承人，其地位就相当于自家继承人，哪怕是死者的遗产处于资不抵债之破产的境地，必然继承人也不得拒绝接受继承，但其承担的被继承人债务的数额可以以其所继承的遗产为限。

在奴隶制社会，财产继承一直附属于身份继承，只不过财产继承占据了越来越重要的地位。仅之于被继承人的财产方面而言，对于遗产债权人与自家继承人、必然继承人及其债权人而言，由于其不得拒绝继承死者的遗产，由概括继承所带来的种种弊端便会凸显。当遗产严重资不抵债时，会使继承人陷入极其不利的境地，这对继承人来说也不公平；[②] 当遗产充足而继承人负债累累时，因概括继承的发生会使继承人的债权人与遗产债权人争夺遗产，可能使本来可以获得全部清偿的遗产债权人不能获得足额清偿，对遗产债

① 不像罗马之奴隶制社会的继承更多强调继承的义务性，之后的社会发展演变中，继承更多体现的是一种权利属性，因而，继承人具有拒绝继承的权利。从另一个角度讲，自家继承人优先以及当然的继承死者遗产的传统习惯可能被保留了下来，这也许能够解释为什么当今社会相当于古代自家继承人的人具有继承的权利基础。

② 在概括继承之下，继承人不仅获得前辈的全部财产，还有他的义务，继承人有责任承担债务意味着如果遗产不足，继承人必须掏自己的腰包。这种苛刻的规则减少了继承人的弃权或拒绝接受继承人地位的可能性，因为拒绝接受父亲的继承权可能会被视为子女违反孝道。然而，在接受继承时，继承人并不总是清楚遗产是否有偿付债务的能力，因而，由概括继承发展到限定继承似乎是历史的必然。参见金锦城、陈颖彦：《财产继承转移机制研究》，载《行政与法》2002 年第 8 期。

权人不利；当遗产严重资不抵债，而继承人财产充足时，因概括继承的发生会使遗产债权人与继承人的债权人争夺分割继承人财产，可能使本来可以获得全部清偿的继承人的债权人不能获得足额清偿，对继承人的债权人不利。为了缓和由概括继承带来的种种弊端，针对概括继承对继承人不利的局面，至查士丁尼皇帝时期，大法官通过司法实践逐步废除了概括继承制度，转而采用继承人对被继承人财产不足以清偿的债务不负清偿责任的制度。[①] 至优士丁尼时期，继承人通过诚实地将遗产登记造册，享受遗产清册利益，从而可以以所继承的遗产为限承担遗产债务的清偿责任，至此确立限定继承制度的历史地位；针对概括继承对继承人的债权人以及遗产债权人不利的局面，后世发展出了于发生概括继承时，遗产债权人以及继承人的债权人可以申请将遗产与继承人的财产分离，从而避免遗产与继承人的财产混同。在遗产与继承人财产分离的情况下，继承人的债权人对继承人的财产有优先权，只有继承人的债权人就继承人的财产全部获得满足后，才由遗产债权人参与继承人财产的分配。同样，遗产债权人对被继承人的遗产有优先权，只有遗产债权人就被继承人的遗产全部获得满足后，才由继承人的债权人参与遗产的分配。通过建立限定继承制度、遗产清册利益制度、财产分离制度等，后世已经形成兼顾了继承人、遗产债权人、继承人之债权人利益的完善考量。

---

① 具体的办法，一是授予那些有权拒绝继承的继承人以“不参与遗产权”，即继承人在被继承人的遗产状况不好，遗产可能不足以抵偿负债时，可以声明不参与处理遗产，而同意由被继承人的债权人以被继承人的名义出卖遗产，就遗产中的资产来清偿遗产中的负债，不足清偿时，继承人不负责代替被继承人清偿；偿债有余时，剩余部分仍旧归继承人继承；继承人自己所有的财产，则与被继承人的遗产不发生关系。二是授予继承人享有“财产分别利益”，即奴隶被主人立为继承人时，虽不能申请不参与继承，但对家主资产不足抵偿负债的“有损遗产”可以申请以自己的名义把它出卖，以清偿被继承人的债务。不足之数，不另负债。参见周枏：《罗马法原论》，商务印书馆 2001 年版，第 472 页；金锦城、陈颖彦：《财产继承转移机制研究》，载《行政与法》2002 年第 8 期。

第三节　封建社会的继承制度

一、我国封建社会的继承制度

（一）身份继承

大概从春秋战国开始起算我国封建社会的历史，至明清时期，中国的封建社会在我国的历史上存在了两千多年。作为与我国奴隶制社会一脉相承的继承制度，我国封建社会的继承制度首先是指宗祧继承，它是一种身份继承，且在我国的封建社会中特指宗族[①]的身份继承，它是其他财产继承的前提和基础，即获得继承宗族财产的前提是获得了此种宗族身份继承之宗祧继承的资格，宗祧继承在我国封建时代的继承制度中居于主导地位。[②] 在宗祧继承中，“宗”字的含义是指祖先和宗庙，在我国古代，大宗之庙百世不迁，以表示子孙不绝，且对祖先表达尊敬之情，此之谓宗；而“祧”字则是指远祖之庙，在我国古代，小宗之庙，五世则迁，谓之祧。宗与祧合起来之意为祖先与宗庙，即为祭祀之意。我国古代为何将祭祀置于如此高的地位呢？细考其原因，其实我国古代的宗庙是一个象征，表明一个宗族出自于同一个祖宗，以有利于团结整个宗族成员，且以宗祧继承者为首来祭祀祖宗，也表明了宗祧继承者管理家族财产、对家族成员发号施令具有权力的正当性来源。进而言之，宗祧继承实际上就是以获得对祖先的祭祀来表明其在整个家族的特殊地位，且以祭祀祖先的名义所获得权力基础，符合我国古代的孝道文化，能够获得其他家族成员的广泛认可。因此，宗祧继承逐渐发展成为了一种身份的继承标志。只有拥有了这种身份，才能进行相应的财产继承。可以毫不夸张地说，“古代的婚姻家庭制度、政

① 李卓：《中日家族制度比较研究》，人民出版社2004年版，第47～50页。
② 张玉敏主编：《继承法教程》，中国政法大学出版社1998年版，第23页。

治制度与财产制度，在很大程度上是围绕着宗祧继承来实现的”。[①]

既然是一种身份特权的标志，宗祧继承就并不是所有子孙后代都拥有的平等权利。在我国的封建社会中，只有嫡长子才具有该权利。这是因为在我国封建社会时期，整个继承制度的发生主体都是围绕本宗族之内的男性进行，为了尽可能多地生育子孙后代，以使本家族在人丁兴旺的前提下能够更好地祭祀祖宗，封建社会的男性普遍存在多妻现象，一般多妻必然多子。这带来的直接后果就是，诸子女之间可能会为了争夺相应的身份地位以及财产而发生纠纷，引起家庭内部的不和谐，进而可能动摇整个封建统治的根基。为了有效避免诸子女之间争夺身份地位以及财产的继承权，封建社会建立起了一整套完善的继承规则，即实行嫡长子继承制度。嫡长子在家族身份地位和财产的继承中拥有其他诸子女无可比拟的权利。如果深究嫡长子为何拥有如此特权，其实是由其母亲的身份地位所确立的。封建社会的男子虽然多妻，但各妻子之间的地位是不同的。正房的妻子被称为妻，偏房的妻子被称为妾，妻子在妻妾中的地位最高，其所生之子（嫡子）也就拥有了相应的继承地位。[②] 与此同时，嫡子可能不止一位，为了能够在可能诸多嫡子之间确立一个能够继承父祖地位的人，我国封建社会实行了嫡长子继承制度。[③] 即

---

① 程维荣：《中国继承制度史》，东方出版中心 2006 年版，第 37 页。

② 庶子一般是略带有歧视性的称呼，嫡庶之间地位的不同，古代就有“嫡庶之别，所以辨上下，明贵贱”。

③ 值得注意的是，嫡长子继承制度，虽然有助于确定诸子间的名分和权利，缓解家庭内部围绕宗祧继承权的争斗，但也存在明显的副作用。首先，嫡长子继承本身是不合理的一夫多妻制的产物，在父亲与嫡长子、父亲与余子两对关系之间，实际上存在着严重的权利和义务的不平衡性。嫡长子一般得到父亲的刻意栽培，享有各种特权；相对于嫡长子来说，余子，无论是其他的嫡子，还是庶子，都处于受压抑的地位，并没有多少差别。其次，嫡子与庶子之间，人格上迥然不同，民间对所谓的“小老婆生”者往往带有歧视。因此，庶子往往在心目中滋生对嫡子特别是嫡长子的嫉恨情绪。最后，嫡长子容易养成唯我独尊和专断的性格，其智力与平时修养并不一定能够承担起统率家族的任务。参见程维荣：《中国继承制度史》，东方出版中心 2006 年版，第 42 ~ 43 页。

由嫡长子率领诸子共同祭祀祖先，嫡长子由此也便获得了古代宗祧继承制度下的身份继承地位。

应当注意的是，在我国封建社会中，虽然宗祧继承是最重要的身份继承，但并不是唯一的身份继承的内容，除宗祧继承外，身份继承还包括政治身份的继承和社会身份的继承。其中，政治身份的继承包括了爵位和官员身份的承袭。只是爵位和官员身份的继承仅在一定的范围内进行，如封爵只在皇室、贵族、功臣和重臣之间进行,[①] 其他一般的平民或官员等没有世代承袭的资格。这说明我国封建社会的继承制度具有森严的等级观念，特权也只有在一定范围内的人才具有。此外，我国封建社会政治身份的继承与宗祧继承采用了基本一致的继承规则，即以嫡长子继承的方式进行。如春秋时的郑武公夫人武姜虽然想立共叔段继承皇位，但却因与嫡长子继承制度不符而遭到强烈的反对，最终未能成行。汉高祖刘邦欲立他子而非嫡长子亦遇到同样的阻力而作罢。这说明从奴隶制社会走来的嫡长子继承制度在我国封建社会的继承中已经根深蒂固。而且，爵位和官员身份继承与宗祧继承实现了统一，能够继承父辈爵位和官员身份的人，也会继承父辈在家族中诸如宗祧等身份地位。而且，在身份的继承中还包括了社会身份的继承，它是我国封建社会的政府通过严格的户籍制度，将拥有某种技艺的人通过社会身份的承袭，让该家族的成员世代从事某种技艺的行业。例如，我们经常所说的世代中医，或者世代铁匠，就是封建社会这种特殊社会身份承袭的结果。[②] 但因本书探讨的重点是宗祧之身份继承以及财产继承，而非爵位、官员身份和社会身份的继承，因此，本书对爵位、官员身份和社会身份仅作介绍性描述而不再作过多的论述。

---

① 但这种世袭不是永远不变地进行下去，一般予以降等世袭的办法。如按照明代的袭荫制度，正一品官之子以正五品用，从一品官之子以从五品用，依次递降。参见刘素萍：《继承法》，中国人民大学出版社 1988 年版，第 47 页。

② 邢铁：《家产继承史论》，云南大学出版社 2000 年版，第 132 页。

（二）财产继承

我国封建社会的财产关系是按照宗族血缘关系所建立起来的等级结构，一国范围内最大的封建主是皇帝，“普天之下，莫非王土，率土之滨，莫非王臣”即为所指。皇帝之下，大大小小的封建主再按照等级结构以土地所有权为基础形成金字塔式的财产所有权关系。按照等级结构其实就是按照所谓的身份关系决定所占有的财产多寡，封建社会的身份关系就是财产关系的基础和前提，由此决定了封建社会的身份继承就是财产继承的基础和前提。在宗法制度下，既然继承的主要方面为身份继承，也就意味着财产继承在当时并不会受到足够的重视，财产继承不过是身份继承自然而然的结果。既然我国古代继承人不加区分地偿还被继承人的所有债务，在继承人为继承行为时划定遗产债务的范围也意义不大。继承人偿还被继承人的债务是天经地义的事情，这也就是在我国古代长期存在的“父债子还”习惯的原因之所在。该“父债子还”一般是指对被继承人生前债务由继承人进行偿还，因为继承人偿还被继承人生前债务一方面是为了维护父辈们的名声，更重要的是在封建礼仪之下，被继承人死亡之后的事务就是继承人所应当承担的义务，在此之下，区分遗产债务的范围及遗产债务的清偿顺序等没有多大意义，因而在我国封建社会的遗产债务清偿中不存在现代意义上为了遗产债务的清偿与遗产的继承所设计的一系列程序性规定。

二、外国封建社会的继承制度

人类进入封建社会之后，各个国家根据自己国情的需要制定了不同的继承制度，将世界上各个国家的继承制度作为样本研究不太现实，又因现代社会的法律制度是以欧洲的文明为代表，故而，本部分以欧洲中世纪能够代表当时社会共同特征的继承制度作为研究对象。①

（一）外国封建社会的人身继承制度

历史的发展总是具有一定的相似性，我国的封建社会实行长子继承制度，长子在宗族制度下的继承关系首先表现为身份继承，只不过因为一夫多妻制的原因，我国封建社会以嫡长子这种身份继承制度为原则。同样，虽然在欧洲中世纪的身份继承制度并不是完全一致，但当时较为通行的身份继承制度也是长子继承，“长子继承制是典型的身份继承”②。从现有的资料来看，因在罗马法文献中未曾见到长子继承的痕迹，且“在蛮族（日耳曼部落）最初定居于罗马帝国境内时所实行的各种‘习惯’中，并没有‘长子继承制’”，③ 应当认为，在此之前欧洲的继承制度为身份与财产的平等

① 也有观点认为，欧洲中世纪的封建社会的名称起源主要是得益于其当时社会的分封制，故曰“封建社会”，其实质上并不能与奴隶制社会、资本主义社会下的封建社会以及我国从春秋战国开始至清朝这段时间的封建社会具有统一的内涵。参见“中世纪”，来自于百度百科，网址 http://baike. baidu. com/link? url = Y3x1gj - fS-faQ3Wdu9GLhhr Sn2Y - YeGJ5TO5U4vLcwBaj_fAd56FVHiFeigUjT5eT，访问日期：2015 年 4 月 6 日。然而，分封制下的欧洲中世纪就在封建主与被分封者之间建立起了人身依附关系，这与奴隶制下奴隶主对奴隶拥有所有权关系并不相同，人身依附关系而非所有权关系是封建社会的典型特征，因此，可以说，欧洲中世纪是封建社会的历史阶段。这一点能够从封建社会的起源中得到印证，即有一种观点认为欧洲社会的封建制起源于日耳曼部落的随从制（另一种观点认为欧洲社会的封建制起源于罗马帝国晚期的庇护地产制，但伯尔曼认为这两种观点都带有极其强烈的感情色彩。参见［美］哈罗德·J. 伯尔曼：《法律与革命——西方法律传统的形成》，贺卫方等译，中国大百科全书出版社 1993 年版，第 365 页）。此外，虽然大家对封建制见仁见智，但通常都认为它必须包含采邑与附庸两个要素，采邑是指从领主那里得到某块土地或职位的人，为了回报又必须为领主提供某种事先商议好的义务。附庸是指一定土地上的随从与他的领主之间的一种忠诚关系，参见李秀清：《日耳曼法研究》，商务印书馆 2005 年版，第 174 ~ 175 页。无论是随从制、采邑制还是附庸制，都体现出封建社会的这种人身依附关系。

② 陈志坚：《对中世纪英国财产继承制度的考察》，载《首都师范大学学报》（社会科学版）2009 年第 3 期；赵德芹：《中世纪西欧贵族财产实行长子继承制的原因新探》，载《重庆文理学院学报》（社会科学版）2009 年第 2 期。

③ ［英］梅因：《古代法》，沈景一译，商务印书馆 1996 年版，第 130 页。

的概括继承,[①] 而在欧洲大陆上兴起的长子继承制度也只是在欧洲中世纪中后期才流行的。[②] 所谓的长子继承，是指在诸多子女中，只有长子才有资格继承父亲对土地的占有或所有关系，其他诸子女都会被排除在继承人之外。在欧洲封建社会的长子继承制下,[③] 应当明确两点：一是欧洲中世纪为何采用长子继承制度？二是在长子继承制度下，长子的继承是概括继承还是限定继承？

欧洲中世纪为何采用长子继承制度？一个很重要的原因就是，如果一个土地的持有者在死亡之后，将分封的土地由一个继承人继承，要比由多个继承人分割更能保证对封建领主的军役义务。[④] 长子继承制其实也很好理解，一是因为土地之于封建主贵族具有特别重要的意义，与贵族的身份、地位、权威密切联系的就是对土地占有数量的多少；二是因为如果没有长子继承制度的存在，一个封建主所占有的土地就会被他的儿子们分成若干个小部分，儿子的儿子又会不断地分割下去，最后，一大块的土地就会被分割成非常零碎的部分，这无疑将动摇整个封建主贵族统治的社会根基，分家析产

---

① 张中秋、王朋：《中西长子继承制比较研究》，载《南京大学法律评论》，1997年秋季号，第38页。

② 长子继承制不应简单完全地归结为军事封土本身的要求——分割继承会妨碍军役之实现，也不应认为是个人主义原则之胜利，事实上是一种“更古老原则的体现”。即当时封主封臣似乎是一个宗法家庭实行长子继承，由长子代表全族管理财产，则可使家族强大而持久，每个成员均从中得到好处。[英] 梅因：《古代法》，沈景一译，商务印书馆1996年版，第134页。

③ 当然，欧洲中世纪各国的继承制度还是有所差别的，如有的国家就实行幼子继承制，参见张玉敏主编：《继承法教程》，中国政法大学出版社1998年版，第20页。这是因为幼子的兄姐已经成家，并能够独立负担生活。参见刘素萍：《继承法》，中国人民大学出版社1988年版，第52页。

④ See Charles Donahue, Jr., *What Causes Fundamental Legal Ideas—Marital Property in England and France in the Thirteenth Century*, 78 Mich. L. Rev. 59, 1979 - 1980, pp. 81 - 82; David A. Thomas, *Anglo - American Land Law: Diverging Developments From A Shared History*, Probate and Trust Journal, 1999, Spring, p. 170; Matthew Hale, *The History of the Common Law of England*, Chicago and London: the University of Chicago Press, 1971, p. 143.

制度下的贵族将会很快消失，[1] 由此，发展出了封建领地不可分割的理论，在该理论之下，又必须确定土地由其中一个继承人继承，长子无疑是最合适的人选，[2] 即长子以土地占有为基础，担负着贵族家庭的地位、荣誉、家族的延续等义务。论及此，本部分论述的结论已经突显，即外国封建社会的人身继承是长子继承制。[3]

那么，长子继承制是概括继承还是限定继承呢？在目前我们所掌握的资料中，没有见到长子在继承父亲的财产时，是否应当先进行清偿父亲的债务的记载。但是，当我们重新回到欧洲中世纪为什么要实行长子继承制中去，我们也许能够推测事实的真相。在欧洲中世纪，土地是最重要的财产，长子继承制的目的也就是要防止土地的四分五裂，保持一个人或一个家族对土地的占有，就是保持着贵族的所有荣耀。由此可以推断出两个事实：一是既然欧洲中世纪的土地是最重要的财产，且该最重要的财产已经归于长子继承，父辈所欠的债务自然应当由长子这个继承人清偿，于情于理都应如此，否则就会造成长子所继承的都是权利而不承担义务，导致权利义务的不对等。二是长子一人继承所有的土地之目的，是为了防止土地的四分五裂，此防止土地的四分五裂之目的恰恰就在于保证对封建领主的军役义务，这说明欧洲中世纪的封建土地上本身就存在义务，土地上存在的军役义务在长子之继承人继承之时就已经成为

---

① ［美］汤普逊：《中世纪经济社会史》，耿淡如译，商务印书馆 1984 年版，第 343 页；John H. Langbein, *The Contractarian Basis of the Law of Trusts*, 105 Yale Law Journal L (1995) 625, p. 632.

② 既然总有一个人是有优先权的，这个人自然是长子。这个法定优先权必须给予具有完全不可争辩的特质的人。如果把它给予一个有智慧或有胆量的人，那就会引起激烈的争论；但在兄弟中间，谁的年龄最大，这是无可争辩的问题。在初期社会里，高龄受到很大的重视。参见［英］埃德温·坎南编著：《亚当·斯密关于法律、警察、岁入及军备的演讲》，陈福生、陈振骅译，商务印书馆 1997 年版，第 136 页。

③ “家族传下的官职、爵位或政治权利，几乎普遍地根据长子继承权的规定而进行继承”，赵德芹：《中世纪西欧贵族财产实行长子继承制的原因新探》，载《重庆文理学院学报》（社会科学版）2009 年第 2 期。

了其负担，故在欧洲中世纪封建社会的继承也应当是概括继承。

（二）外国封建社会的财产继承制度

因为封建社会的土地具有极其重要的地位，故外国封建社会中作为被继承对象的土地不动产和其他动产在继承制度上区别很大。如在日耳曼法时期，动产的继承顺序为子女、父母、兄弟姐妹，像武器这些在中世纪对于男性具有典型象征意义的物品，一般是由死者的儿子继承，即使没有儿子，也是由其他亲属关系较近的男性亲属继承，而诸如嫁妆等家用品则由女儿或其他亲属关系较近的女性亲属继承。[①] 而且，在当时的社会，女性在财产上的继承地位就不如男性。日耳曼法时期的不动产一般都是由死者的儿子继承，至于上文提到的长子继承制，是后来土地等不动产继承不断发展的结果。到了教会法时期，出现了遗嘱继承的方式，死者在死前可以立遗嘱确定由谁继承遗产及其相应的份额。教会把死者所立的遗嘱看成是一件非常神圣的事情，这样其就能在全方位介入到遗产的分割中找到托词。教会控制遗产的继承是这样发展的，首先对于遗嘱而言，因其神圣性，遗嘱的检验和遗嘱的执行制度都是由教会及在其制定的规则下进行，且严格限制死者遗嘱处分财产的范围，即死者所立的遗嘱继承必须全部发生在动产之上，土地等不动产不得遗嘱继承。因当时的土地是最重要的财产，死者对土地没有遗嘱处分的权利，[②] 教会就等于控制了大部分的财产流动。而对于没有遗嘱而言，继承需要在教会事先制定的规则下进行，即动产的继承由死者

---

① 嫁妆在某种程度上也负担着社会的功能，因为在奉行长子继承制的情况下，嫁妆不仅是对女儿无法继承地产的缓解办法，而且其还是资助新婚夫妇建立家庭，以及双方家庭联姻的物质基础。Joseph Biancalana, *The Fee Tail and the Common Recovery in Medieval England*, Cambridge: Cambridge University Press, 2001, p. 7.

② 不过，后来通过信托制度真正摆脱该限定性规定，最充分尊重土地所有权人处分自己遗产的自由意志，最大限度地在被继承人死亡后的土地流转中实现其个人意愿。马新彦、黄海洲：《英美法遗产信托制度研究——兼论我国遗产继承制度的完善》，载《求是学刊》2014 年第 1 期。

诸子分配，女儿只会得到很少的一部分，不动产由长子继承，保持了教会等封建主对土地的权利。

第四节　小结：限定继承制度产生的历史原因

外国的限定继承萌芽最早产生于罗马法，此于身份继承向财产继承的转变中，通过赋予继承人不参与继承的方式，实现继承人对遗产债务的限制责任。但继承人不对遗产债务负责偿还的权利是以不能对清偿债务后的剩余遗产继承实现的，这难免对继承人不公平。有鉴于此，531 年，优士丁尼皇帝颁布法律，通过继承人如实制作遗产清册的形式，赋予继承人可以所继承的遗产为限承担遗产债务的清偿责任，限定继承制度正式产生。回顾限定继承产生的历史，反映了身份继承逐步退出历史舞台的过程，因为在身份继承制度下，继承人对被继承人的债务负担概括继承的无限清偿责任，纵然被继承人所遗留的遗产之财产权利远远小于其遗产债务亦为如此，这对继承人来说是不能承受之重。限定继承制度正是为了改变这种概括继承对继承人不公平的状况而产生的，换而言之，限定继承制度是在概括继承的基础上产生的，通过回顾继承制度的发展历史，就能深刻理解限定继承制度产生的根本原因。①

而我国限定继承制度的产生相较于世界上其他主要国家的限定继承制度产生较晚，从原始社会存在继承制度的萌芽开始，到奴隶制社会与封建社会之身份继承与财产继承融为一体的概括继承制度，我国的限定继承制度始终没有产生。究其原因，我国无论是原始社会、奴隶制社会，还是封建社会均没有限定继承制度产生的土

① 只不过在封建社会以前，虽然身份继承的重要性在逐渐减弱，但其仍然持续存在，这决定了限定继承制度不可能成为一种主要的或者是常规性的继承方式，限定继承制度在当时远远没有我们现在所想象的那么重要。直到欧洲大陆兴起的罗马法复兴时，大陆法系国家在对罗马法的限定继承制度研究的基础上对该制度予以继受，限定继承制度才在当今的社会中得以发扬光大。

壤。进而言之，限定继承制度的产生有赖于身份继承的逐渐退却，以及财产继承的逐渐凸显，而我国封建社会以前（原始社会自不待言）的继承制度中，始终将身份继承作为继承制度的主要方面，强调因身份继承所产生的权利义务关系，以维护阶级社会统治的需要。君为臣纲、父为子纲、夫为妻纲都是这种强调身份关系的体现。在身份继承之下，“父债子还”也就不足为奇了，而且在我国长期存在并逐步演变为一种习俗，[①] 在父债子还作为遗产债务偿还的唯一制度下，是断然不会出现限定继承制度的。直到清末民初，我国在学习西方法律制度时，才将限定继承制度正式引入。[②] 限定继承制度改变了“父债子还”的传统观念，继承人对接受限定继承还是无限继承拥有了可以选择的权利，它不仅对继承人更加公平，而且彰显了继承人人格的独立。正因如此，我国封建社会以前社会之融身份继承与财产继承于一体的概括继承走向终结是历史的必然，在概括继承的基础上产生或引进限定继承制度也是一种必然的结果。

---

① 甚至这种习俗影响一直持续到现代社会，2005 年在对北京、重庆、山东、武汉四地民众进行的继承习惯调查中，父债子还的传统观念在北京与重庆两地仍然占据被调查者人数的一半左右，这说明该传统观念在我国的影响还持续存在。参见陈苇主编：《当代中国民众继承习惯调查实证研究》，群众出版社 2008 年版，第 65 ~ 66 页。

② 例如，《大清民律草案》第 1462 条规定：“所继人负有债务时，以所继人财产偿还。若继承人愿以自己持有财产认偿者，听。”《民国民律草案》第 1354 条规定：“遗产继承人，自知有应得之遗产继承开始时起，于三个月内，须调查遗产为无限承认或有限承认之意思表示……”第 1361 条第 1 款规定：“遗产继承人欲为有限承认时，得以因继承所得之遗产为限，偿还所继人之债务或遗赠。”第 1362 条规定：“遗产继承人欲为有限承认时，须于第一千三百五十四条所定期限内，开具财产清册及声明意旨书，呈请法院审核。”参见杨立新点校：《大清民律草案·民国民律草案》，吉林人民出版社 2002 年版，第 187、385 ~ 386 页。

第二章　限定继承制度的主要内容

限定继承是指继承开始之后，继承人在所继承的遗产实际价值范围内负担遗产债务的清偿责任的继承方式。① 限定继承制度主要包括接受限定继承的要件、限定继承的效力及限定继承的实施等内容。

第一节　接受限定继承的要件

为了更好地了解接受限定继承的要件，我们有必要探讨继承制度的不同立法例，即根据继承的产生是否需要继承人的意思表示为基础，继承可以分为当然继承主义和承认继承主义。承认继承主义的立法例主张在被继承人死亡之后的遗产并不当然地归属于继承人所有，而是应当以继承人的意思表示为基础决定被继承遗产的归

① 张玉敏：《继承法律制度研究》，法律出版社 1999 年版，第 13 页；周枏：《罗马法原论（下册）》，商务印书馆 1996 年版，第 472 页；林秀雄：《继承法讲义》，元照出版有限公司，2005 年版，第 149 页。

属。承认继承主义又具体细分为无限继承①、限定继承两种类型，但因无限继承不是本书论述的重点，此处不再赘述。而在承认继承主义下，接受限定继承亦不是无条件的，其也需要一定的条件，该条件与下文中当然继承主义制度下的条件并无不同。本部分之所以还要区分当然继承主义和承认继承主义的原因在于，现代社会中，几乎没有以承认继承主义作为继承基本原则的立法例，本书在此顺便提及以防疏漏。当然继承主义是指在被继承人死亡之后的财产权利和义务当然地转移给继承人继承，继承人不仅要继承被继承人的财产权利，也要承担被继承人的财产义务，此继承方式主要是受罗马法早期家长奴隶制宗法社会的影响，继承人完全继承被继承人的人格和财产权利义务，即身份继承和财产继承合二为一的概括继承，且主要是继承被继承人的人格为主。这种继承方式其实为无条

① 无限继承是指继承人明确表示对被继承人的所有债务非以所继承的财产为限负担偿还，其为人类社会早期的继承样态，当时财产继承并未从身份继承的概括继承中解脱出来，出于对维护被继承人死亡之后名声的需要，继承人对被继承人的所有债务负责偿还，不以所继承的财产权利为限进行清偿。加之当时社会生产力水平低下，可供支配的财产并不多，对外所负债务亦有限，以身份继承为主要支配地位的无限继承与当时的社会发展相一致。但随着社会财富的增加，以身份继承为主要继承形态的继承方式逐渐被财产继承所取代，无限继承就容易导致继承人的财产与被继承人遗产的混同，这种继承方式不仅对继承人不利，也对遗产债权人及继承人的债权人不利。对于继承人而言，无限继承因被继承人的对外债务可能远远大于其遗留的财产权利而会使继承人以自己的个人财产承担本应当由被继承人承担的债务，加重继承人的债务责任；对于被继承人的债权人而言，若被继承人遗留的财产权利足以清偿其所负债务时，遗产债权人的债权可以得到完全清偿，但因继承人的无限继承，继承人从被继承人处继承的遗产也会被列为继承人的责任财产，尤其是在继承人出现破产原因时，更是如此。在这种情况下，被继承人的债权人本应得到完全清偿的债权可能会无法得到完全清偿。反之，则继承人的债权人本应得到完全清偿的债权可能因此无法得到完全清偿。此情形难免会对一方不利，故现代大陆法系国家已经几乎没有将无限继承作为主要继承方式的立法例。需要指出的是，在现代社会中无限继承作为一种重要补充的继承样态仍有存在的空间，尤其是继承人自愿以此方式继承被继承人的遗产而对第三人无害之虞时，以及出现某些法定原因强制继承人以无限继承的方式为继承行为时更是如此。

件的当然概括继承主义，因继承人[1]在继承被继承人的身份和财产权利义务中不得拒绝继承，被继承人的财产权利和义务在继承开始后一并当然地转移给了继承人，导致继承人和被继承人在人格上的混同。纵然罗马法律昌明时期的继承中身份继承已经逐渐淡出，但继承人在继承开始后当然地继承被继承人所有财产权利和义务的继承方式并没有发生多大的改变，导致继承人的财产和被继承人的财产混同，使继承人承担了应当由被继承人承担的财产义务而负担过重，难免对继承人的保护不利，无条件的当然概括继承主义的立法也逐渐被有条件的限定继承制度所取代，有条件的限定继承制度之条件分为主观上作出接受限定继承的意思表示，客观上开具遗产清册。

一、主观要件：接受限定继承的意思表示

接受限定继承的意思表示是继承人明确以所继承的遗产为限，承担遗产债务的意思表示。《德国民法典》第 1922 条第 1 款[2]和 1942 条第 1 款[3]规定了遗产的归属，结合其第 1943 ~ 1966 条规定的遗产的拒绝得以明示的方式进行，《德国民法典》采取当然概括继承主义的立法例，其对继承人责任的限制是通过申请遗产管理和遗产破产进行的。这其中又规定了继承人在知道遗产支付不能或负债过度时应当毫不迟疑地开始遗产破产程序，否则应当对遗产债务

---

① 主要是指当然继承人和必然继承人，他们在继承人死亡之后不需要履行接受继承的行为和程序，可以直接取得被继承人的遗产，并且不得拒绝。参见周枏：《罗马法原论》（下册），商务印书馆 2001 年版，第 560 页。

② “某人死亡时（继承开始），其财产（遗产）作为整体转移给一个或一个以上的他人（继承人）。”

③ “在不妨碍拒绝遗产的权利的情况下，遗产转移给有资格的继承人（遗产的归属）。”

负责，继承人在应当知道[①]而未知时亦对全部的遗产债务负责清偿。[②] 虽然日本也是当然概括继承主义的立法例，但通过赋予继承人在一定期间内对遗产进行单纯承认、限定承认与放弃的选择权，特别是限定承认赋予了继承人可以根据遗产的负债情况决定在遗产财产权利范围内的责任承担。[③] 因当然概括继承主义是建立在以身份继承为理论基础之上，随着古代宗法制度的衰落，其种种弊端渐渐显现，尤其是对继承人的保护不力，故后世国家开始重视以保护继承人及遗产债权人利益的有条件承认限定继承主义，不过这种有条件的承认限定继承主义在当然继承主义立法原则下必须首先以继承人为限定继承的意思表示为基础。

（一）接受限定继承意思表示的主体

接受限定继承意思表示的主体在于解决谁有权作出接受限定继承的意思表示的问题，从宏观上说，继承人是作出接受限定继承意思表示的主体，其他任何人均无权作出该意思表示。其实由继承人作出接受限定继承意思表示并不难理解，因为继承人是继承关系最重要的主体之一，其参与继承的主要目的就是希望得到被继承人的遗产以享受所谓的遗产利益。但与此同时，当遗产之上存在债务时，继承人又不希望以自己的个人财产承担该债务的清偿责任，于

---

① 对于“应当知道”，《德国民法典》使用了“过失”一词，参见《德国民法典》第1980条。

② 《日本民法典》第896条规定：“继承人自继承开始时，承受属于被继承人财产的一切权利义务。”与之相对应的是《德国支付不能法》第315~331条规定了遗产支付不能程序，对遗产不能偿还债务者可以申请其破产。在已经废止的1877年的《德国破产法》中被称为遗产的破产，但在1999年1月1日起实施《德国支付不能法》中改称遗产的支付不能，《德国支付不能法》是将《德国破产法》与《德国和解法》并行规定修改为统一规定后的名称，这种处理方法更加能够表现原文概念的性质和特征、更加能够作为上位概念而涵盖破产这一清算型制度和和解这一再建型制度。参见：杜景林、卢谌译：《德国支付不能法》，法律出版社2002年版，“译者前言”部分。

③ 在《日本民法典》规定继承人限定继承的同时，在《日本破产法》第129、130条规定了遗产破产制度，只是名称上被称为继承财产的破产。

是继承人便利用法律所赋予其之"特权"作出接受限定继承的意思表示。从继承人的角度来讲，由其本人作出接受限定继承意思表示与现代社会强调人格独立相符合。而且，每个人都是其最佳利益的判断者，[①] 继承人基于对遗产数额、遗产债务、继承费用等继承关系各个因素的综合考量，作出接受限定继承的意思表示也体现了这一基本的认知。由继承人本人作出接受限定继承的意思表示是任何人都无法代替的，这其中就包括与继承人处于同一继承地位的其他继承人。进言之，接受限定继承意思表示的行为更不适合代理，因为虽然接受限定继承的意思表示也属于民事行为，但该行为的特别之处就在于其不仅仅体现了一种财产上的关系，更是一种身份上的关系，[②] 即继承是继承人基于与被继承人身份上特殊的亲属关系而发生的，既然继承是继承人与被继承人身份关系的体现，接受限定继承意思表示不适合于民事代理行为就不难理解了。

相对于从宏观上由继承人而非继承人以外的第三人作出限定继承之意思表示而言，从微观上说，并不是所有继承人都有权作出限定继承的意思表示。深言之，只有在继承开始后有继承权的继承人才能作出接受限定继承的意思表示。这是因为接受限定继承的意思表示仍然没有超出继承的范围，继承人能够获得被继承人遗产的基础就在于继承人之继承权没有被剥夺，而接受限定继承的意思表示目的之一也是获得被继承人的遗产。既然如此，接受限定继承之意思表示的前提就是继承人应当有继承权，换句话说，被剥夺继承权的继承人不能作出接受限定继承的意思表示。值得注意的是，作出接受限定继承意思表示的继承人有继承权不仅是指其继承权没有被剥夺，还指继承人应遵循继承之顺序的规定，即排在前一顺位的继

① 戴启秀：《从古希腊古罗马神话看德国法律的起源与发展》，载《德国研究》2009 年第 2 期。

② 承认限定继承，为单独行为，此等意思表示为法律行为，非纯粹的身份行为，亦非纯粹的财产行为，实兼有此两性质。史尚宽：《继承法论》，中国政法大学出版社 2000 年版，第 265 页。

承人作出的接受限定继承意思的表示才能生效。否则，次顺序的继承人完全置前一顺序的继承人之继承事实于不顾，其接受限定继承的意思表示亦不生效。[①]

（二）接受限定继承意思表示的对象

接受限定继承意思表示的对象在于解决有权作出接受限定继承的意思表示的主体向谁作出接受限定继承之意思表示的问题。一般而言，法院是接受限定继承意思表示的对象，如《法国民法典》第793条、《德国民法典》第1981条、《意大利民法典》第484条均规定继承人接受限定继承的意思表示必须向法院作出。只是《意大利民法典》除规定继承人向法院作出限定继承的意思表示以外，同时还规定了继承人可以向公证人员作出。而《瑞士民法典》则规定继承人作出限定继承的意思表示是向主管官厅为之。其实，决定接受限定继承之意思表示对象的因素就在于法律所赋予的对继承事务具有一定权限的机构，这个机构可以是法院、公证机关等，主要大陆法系国家通行的做法是向法院作出，但考虑到我国没有专门的家事法院，人民法院现有的工作在没有包括接受限定继承之意思表示的任务时已经超负荷，以法院作为接受限定继承意思表示的对象不太现实，未来可以考虑以公证机关作为接受限定继承意思表示的对象。

（三）接受限定继承意思表示的期间

1. 接受限定继承意思表示期间的规定。在当然概括主义的立法模式下，继承人当然地偿还被继承人生前所欠付的债务，纵然这种债务远远大于财产权利。在这种情况下，如果不赋予继承人接受限定继承的权利，则对继承人极其不公，因为现代继承法已经脱离了以身份继承为主的时代，身份继承在继承法中已经完全消失而难觅踪迹，身份继承的利益已经不复存在，取而代之的是单纯的财产继承。换而言之，继承人无条件承担遗产债务是以身份继承为前提条件下的产物，既然现代社会之身份继承已经不复存在，继承人无

① 史尚宽：《继承法论》，中国政法大学出版社2000年版，第267页。

条件承担遗产债务就没有依据。如果仍然以身份继承为主要继承内容时的继承人对遗产债务无条件承担偿还责任，无疑是退回到了“父债子还”的奴隶制或封建制时代而与现代社会之单纯的财产继承的历史时代及法律精神不符。因此，现代继承法允许继承人接受以继承的遗产为限承担遗产债务之限定继承。但在当然概括继承立法模式下，限定继承并不是继承的基本样态，仅仅是继承的特例而已。这也就意味着，限定继承不是自然而然地发生，如果继承人意欲达到限定继承之目的，还有赖于其在一定期间内为接受限定继承的意思表示。①

接受限定继承的意思表示的期间并不是继承人自己选定的，而是基于法律的规定，在法律规定的期间内继承人为限定继承的意思表示方才有效。大陆法系国家对于该期间的规定有长有短，但一般为三个月左右，如《日本民法典》第915条的规定、我国台湾地区“民法”第1156条的规定等。以接受限定继承意思表示的三个月为例，继承人必须在该期间内明确表示接受限定继承，并且按照法律规定的方式为一定的行为，该限定继承的意思表示方能发生效力。否则，继承人不能享受限定继承的利益。② 我们不禁要追问，为什么许多国家要规定限定继承意思表示的期间呢？其规定的三个月的期间是否合理？事实上，凡是作出法律上的意思表示，当事人一般都要仔细斟酌而作出相关选择，限定继承意思表示作出前，继承人需要斟酌是否应当进行限定继承的意思表示也不例外，既然需

---

① 参见戴炎辉、戴东雄：《中国继承法》，三民书局1957年版，第177页。

② 限定继承对继承人来说是一种利益，因为在限定继承制度下，继承人无须以自己的固有财产承担清偿遗产债务的责任。当然，也有的称之为遗产清册利益，这是因为法律规定，继承人在接受限定继承时，必须制作遗产清册。遗产清册利益最早是优帝一世在531年规定的，如果继承人享受遗产清册利益必须符合以下条件：继承人须于继承开始后两个月内造具被继承人的遗产清册，该遗产清册须有地方议会秘书及见证人在场证明，经继承人签字并宣誓没有伪造或隐匿情事。遗产清册利益至此而得名。参见周枏：《罗马法原论（下册）》，商务印书馆1996年版，第574页。

要继承人的斟酌，就应当给予其一定的斟酌期间。法律一般规定该斟酌的期间为三个月，是因为在被继承人死亡之后债权债务的状况可能并不明朗，继承人这种斟酌需要以遗产与债务的多少而作出相关的意思表示，以决定是概括继承、限定继承还是放弃继承。三个月的时间内，继承人可以尽可能地调查遗产的数量以及遗产债务的数额，继而根据调查的结果决定是否应当进行限定继承的意思表示。

论及此，仍存在的疑问是，既然接受限定继承是一种利益，为什么不充分利用这种法律给予的“特权”，凡是继承均以限定继承的意思表示即可，从而也就根本不需要三个月的接受限定继承的意思表示的期间了。应当说该疑问看到了接受限定继承为继承人带来的利益，然而，法律上的权利义务总是相伴而生，“没有无权利的义务，也没有无义务的权利”，继承人可以在继承一开始就表示接受限定继承。但是，接受限定继承之意思表示的作出也有一定的条件，如如实地将遗产登记造册、暂时的遗产管理等行为相伴于限定继承之意思表示而生。如实地将遗产登记造册也是清点遗产的过程，与上文提到的在限定继承意思表示期间内的调查遗产与债务的多少所耗费的时间和精力可能相差无几，与其这样，还不如直接将遗产与债务的多少大致调查后作出是否接受限定继承的意思表示。详言之，就是如果遗产的数额远远大于债务数额，就没有必要在此期间作出限定继承的意思表示，而直接概括继承在程序上更直接、简单易行，更重要的是不用制作遗产清册呈报法院，可以节约时间和费用；[①] 如果遗产的数额远远小于债务的数额，直接放弃继承即可，亦无须再于限定继承之程序上耗费时间与精力；只有当遗产的数额与遗产债务的数额基本相当而难以辨别孰多孰少，而继承人又不想放弃可能在清偿遗产债务后的继承利益时，方在该期间内作出接受限定继承意思的表示。

再次回到接受限定继承意思表示的期间上，一般将该期间规定

① 史尚宽：《继承法论》，中国政法大学出版社 2000 年版，第 265 页。

为三个月其实是考虑到，如果规定的期间太短，继承人就无法完成对遗产状况的调查、评估，这无疑对继承人之选择不利。而如果规定的期间太长，又会使遗产的继承处于不确定的状态，这无疑对遗产债权人不利。因此，这三个月的期间可以说是充分照顾了各方的利益。当然，也有学者建议继承人限定继承的期间分为两个部分，其一是制作遗产清册的期间，此期间以两个月为宜；其二是接受限定继承之意思表示的考虑期间，此期间以一个月为宜。[①] 其实，学者的这种建议是借鉴了《法国民法典》第 795 条关于接受限定继承之意思表示期间的规定，[②] 然而，《法国民法典》第 795 条的规定是规定在“遗产清册利益、其效果以及享有遗产清册之继承人的义务”一节之下，这就意味着，继承人是首先为接受限定继承之意思表示的，而意欲达到接受限定继承之意思表示的效果必须在三个月内制作遗产清册，也就是说，遗产清册只是接受限定继承之意思表示生效的前提条件，这三个月期间并非接受限定继承之意思表示的考虑期间。在遗产清册制作完成后的四十天也不过是因遗产可能小于债务而对继承人额外的可以放弃继承的“恩赐”而已。因此，认为《法国民法典》规定了两个选择限定继承的期间应当是一种误读，接受限定继承之意思表示的期间应当只有一种，而且在继承人为限定继承之意思表示前并不负担制作遗产清册的义务。

2. 接受限定继承意思表示期间的起算。民法为私法的权利之法，其效力规范的来源一般以当事人的意思表示为基本要素，意思表示亦为民事法律关系产生的逻辑起点。继承法律规范为民事法律

---

① 张义华：《财产继承中债权人权利的保护》，载《法律适用》2004 年第 5 期。

② 即《法国民法典》第 795 条规定：“继承人得自继承开始之日起 3 个月内提出前述遗产清册。此外，继承人得在 40 天期限内考虑是接受继承还是放弃继承；此期限，自为制作遗产清册规定的 3 个月期限届满之日起开始计算，或者如在 3 个月届满前即已完成遗产盘点、做成清册，自盘点结束之日起开始计算。”参见罗结珍译：《法国民法典》，法律出版社 2005 年版，第 605 页。

规范的重要组成部分，当事人的意思表示亦应受到充分的重视。[①]具体到继承制度中，在当然概括继承主义的立法下，如果继承人按照法定的当然概括继承，即不论遗产的多少，均负担遗产债务的清偿责任，则继承人无需意思表示就能产生该继承的效果。在遗产比较充足，能够负担遗产债务时，继承人不作意思表示，完全按照法定的继承原则进行继承，也不会造成其以自己的财产承担遗产债务的后果。但如果遗产不能负担债务，继承人不为意思表示，则按照法定的继承原则，就会出现继承人以自己的财产清偿遗产债务的后果。这可能是继承人所不愿看到的，若继承人不愿以自己的个人财产负担遗产债务，唯有其为接受限定继承的意思表示。

然而，接受限定继承的意思表示并不是任意而为都可以发生法律效力的，这就涉及接受限定继承意思表示何时起算的问题。目前，对于接受限定继承的意思表示的起算按照时间段的不同，分为三种不同的类型：（1）自继承开始时起算继承人接受限定继承的意思表示的期间；（2）自继承人知道或者应当知道其具有继承权时开始起算接受限定继承的意思表示的期间；（3）自遗产清册制作完成时开始起算继承人接受限定继承的意思表示的期间。对于这三种接受限定继承的意思表示的起算点，哪一种更合理，下面一一进行分析。对于第一种类型而言，自继承开始时起算继承人接受限定继承的意思表示的期间简单易行，被继承人死亡是一个能够确定的事实，该事实的出现也是继承关系得以发生的前提，故自继承开始时起算继承人接受限定继承的意思表示的期间符合普通人的认知。而且，自继承开始时起算继承人接受限定继承的意思表示的期间也对遗产债权人较为有利，即遗产债权人可以较为方便地确定如何主张债权以及向谁主张债权。但以此起算继承人接受限定继承的意思表示的期间也存在不足，即继承人可能并不知道被继承人死亡的事

① 张淞纶：《财产权利的对抗力规范——从继承中的财产法规则谈起》，载《政法论坛》2013 年第 1 期。

实，在继承开始后的一段时间内因其对该事实的不知而无法作出是否接受限定继承的意思表示。其产生的后果就是，在继承人不知不觉中就应当对遗产债务承担无限责任的概括继承，这对继承人明显不公，自继承开始时起算继承人接受限定继承的意思表示的期间并不合理。对于第二种类型而言，自继承人知道或者应当知道其具有继承权时开始起算接受限定继承的意思表示的期间就会避免因继承人不知已经开始继承的事实而导致限定继承之意思表示选择权丧失的弊端，但以该起算点也并非完美无瑕，即可能因长时间无法通知继承人而导致继承人是否接受限定继承的状态不明，从而导致继承关系的不确定，这种久拖不决对遗产债权人不利。对于第三种类型而言，自遗产清册制作完成时开始起算继承人接受限定继承的意思表示的期间也是以继承人已经知道继承开始的事实为前提条件的，现实中也可能出现长时间无法联系到继承人的情形而使遗产清册始终无法制作完成，会出现如第二种类型同样的弊端。且该类型也增加了继承人的负担，即无论是否接受限定继承，继承人均须先完成遗产清册的制作，否则，根本就只能被动接受无限继承。这无疑剥夺了继承人继承开始后就表示放弃继承的权利，既然都已经放弃继承，就不享有遗产继承之利益，法律就无权要求继承人必须负担额外的遗产清册制作的义务。相较之下，第二种类型显然更为合理，但仍需寻求弥补该类型之下的制度弊端，即可以规定在继承开始后的一段时间内，继承人下落不明时，推定其为限定继承的意思表示。

（四）接受限定继承意思表示的限制

1. 接受限定继承的意思表示不得附有条件或者期限。接受限定继承的意思表示其实是与接受继承的意思表示一样，不得附有条件或者期限，这一规定源自于罗马法。对于接受限定继承的意思表示不得附有条件，阿富里坎在《论问题》第四编中以此表述：假如有人这样说："如果遗产是有支付能力的遗产，那么我接受继承”，这种接受遗产的表示不产生任何法律效力。[①] 现代大陆法系在研习罗马法的过程中，亦将该规定予以承袭，如《德国民法典》第1947条规定：“遗产的接受或拒绝，不得附条件或期限为之。”我们需要明确的是为什么罗马法规定接受继承的意思表示（包括接受限定继承的意思表示）不得附有条件呢？笔者揣测，限定继承本身是对继承人较为有利，加上遗产清册制度，限定继承之下，继承人和遗产债权人的利益能够达到平衡，如果再允许继承人对接受限定继承的意思表示附有条件，则继承人和遗产债权人的利益平衡就会被打破，难免损害遗产债权人的利益。对于接受限定继承的意思表示不得附有期限与此类似，接受限定继承意思表示的期限法律上都已经作出了规定，如果允许继承人再附有期限，则使得法律给予的期限变得可有可无。因此，接受限定继承的意思表示不得附有条件或者期限。

2. 不得对部分遗产作出接受限定继承的意思表示。不得为对部分遗产接受限定继承的意思表示也是源自于罗马法的规定，保罗在《论萨宾》第二编中所言：“能够获得全部遗产的人，不能将遗产分割开以便于仅接受部分遗产。”乌尔比安在《论萨宾》第四编中也作出了同样的陈述：“如果一个人被指定为同一遗产的若干部分的继承人，他不能部分放弃，部分接受。”[②] 有学者将之称为继承的不可分原则，现代大陆法系国家亦对该规定予以承袭，盖因为遗产是一个整体，遗产中不仅包括了权利，也包括了财产义务。如果允许继承人能够对部分遗产接受限定继承而对部分遗产拒绝继承，则继承人必定趋利避害而选择对遗产权利接受限定继承，对遗产债务拒绝继承或放弃继承，从而损害遗产债权人或其他继承人的

---

① ［意］桑德罗·斯奇巴尼：《遗产继承》，费安玲译，中国政法大学出版社1995年版，第138页。

② ［意］桑德罗·斯奇巴尼：《遗产继承》，费安玲译，中国政法大学出版社1995年版，第137～138页。

利益,[①] 这无疑与继承法的精神相悖。然而，继承人对遗产权利接受限定继承的说法本身就不准确，限定继承就已经意味着继承人无须以自己的财产承担遗产债务，况且对遗产权利就不需要接受限定继承而予以直接继承即可，正确的表述应当是继承人对遗产权利接受继承，而对遗产债务放弃或拒绝继承，这也是现代许多论著中将遗产作为一个整体而非可以部分继承的原因。许多论著所言的继承人趋利避害的这种情况确实存在，但此论著中的这种情况并不能涵盖所有的事实，我们的疑问就在于，继承人可否对部分遗产之财产权利放弃或者拒绝继承，对其他部分遗产（包括财产权利与义务）接受限定继承？如果继承人的这种行为危害到其他人债权的实现，当不予准许时，其他人债权的实现无非就是考虑到继承人之债权人的债权实现，所放弃的财产权利可能能够用于偿还继承人之债权人的债权。但当继承人的这种放弃继承部分财产权利的行为与他人无涉时，我们认为，法律似乎无不许之理，接受限定继承的绝对不可

---

① 参见张玉敏:《继承法律制度研究》，法律出版社 1999 年版，第 113 页。

分就有所动摇，应当分情况予以区别对待。[①]

二、客观要件：制作遗产清册

限定继承的要件除继承人应当按照法律的规定进行限定继承的意思表示这一主观要件之外，还应当包括继承人按照法律规定的方式制作遗产清册之客观要件。

（一）制作遗产清册的作用

531年，随着优士丁尼确定了继承人能够以其继承的遗产为限承担遗产债务的清偿义务，正式确立起限定继承制度。限定继承制度是为了保护继承人的利益，使其避免因“父债子还”而背上沉重的债务负担。但在对继承人利益进行保护的同时，又不能牺牲遗产债权人的利益，法律设计了继承人接受限定继承并不是无条件

---

① 除此之外，我们还需要探讨的是继承人于继承前的所有期限内是否可以表示接受限定继承。在论及这个问题前，我们需要探讨另一个相关的问题，即继承人可以表示接受继承的时间，换而言之，继承人可否在继承开始前表示接受继承？从继承关系发生的前提条件来说，继承关系的发生是随着被继承人的死亡而开始，在被继承人死亡前，其财产并不属于遗产，且在死亡前，被继承人可能以其所拥有的处分财产的权利，将自己所有的财产赠与他人或者以遗嘱的形式确定由其中某一继承人而非全部继承人享有等。也就是说，在被继承人死亡前，继承人接受继承的意思表示可能因其没有继承权等事实而使得接受继承的意思表示无效。从这个意义上说，在被继承人死亡前，继承人无权作出接受继承的意思表示［参见周枏：《罗马法原论（下册）》，商务印书馆1996年版，第565页］。既然在被继承人死亡前，继承人无权作出接受继承的意思表示，其也就理所当然的无权作出限定继承的意思表示了。然而，我们对这种理论仍然持有怀疑态度，继承人没有继承权，只是其在继承开始前所为的接受继承的行为无效而已，并不应因此否定继承人接受继承的意思表示的权利，何况，纵然这种意思表示其后被认定为无效，也不会对其他人的权利造成任何实质性影响。在继承开始前，继承人接受限定继承的意思表示与此类似，所不同的是，如果继承人并不丧失继承权，继承开始后，继承人限定继承的发生还必须按要求制作遗产清册，只是接受限定继承之制作遗产清册的条件在继承开始后生效而已，这并不构成对继承人于继承开始前表示接受限定继承意思表示否定的依据，即继承人可以在继承开始前表示接受限定继承，如果继承人无继承权，则可以视为此意思表示自始不存在；如果继承人有继承权，则继承人按照限定继承之要求制作遗产清册等即可。

的，其应依法对被继承人的遗产造具清册，“遗产清册制度是限定继承制度的配套措施”，[①] 这两个制度的同时存在才能保证限定继承的合理运行。否则，继承人仅承认限定继承，但不造具遗产清册，遗产的多少可能无法查清。而遗产债权人又可能不会第一时间知晓债务人的死亡，最能掌握此信息的就是债务人的继承人。不仅如此，继承人还可能对遗产的多少了如指掌，并对遗产拥有事实上的掌管权，这就难以保证继承人不擅自利用所掌管的遗产作出损害债权人利益的事情。[②] 在债务人死亡后，继承人应当在第一时间造具遗产清册、清点遗产，这是继承人的一项必须为的法定义务，否则继承人接受限定继承的资格将会被取消而改为无限继承。因此，限定继承又被称为“遗产清册利益”，这就是说，继承人在接受限定继承的同时，就负担了制作遗产清册的义务。

其实，从限定继承之界定上也能够看出强制继承人在接受限定继承时制作遗产清册的必要性，即继承人“以继承的遗产为限”这个表述就意味着，限定继承制度要良好地运行，必须首先清楚地知道所继承遗产的多少。遗产清册制度一个很重要的作用在于弄清遗产数量的需要，使法院、继承人及遗产债权人基本了解遗产的多寡。从这个意义上来说，限定继承制度的有效运行必须有遗产清册制度的保障，两者不可分离。基本弄清遗产数量是遗产清册的作用之一，除此之外，遗产清册制度的作用还能对继承人形成心理威慑或者内心强制，即如果其不将所知晓的遗产一一登记造册，将会为此付出不能限定继承的不利后果。因此，遗产清册的作用有二，一是浅层次原因在于明确被继承人的财产权利与义务；二是更深层次的原因是利用遗产清册制度避免继承人的个人财产与被继承人的遗产相混同，从而保持了遗产的独立性。正因为此，采用限定继承的

---

① 王丽丽：《财产继承中债权人利益保护问题的法律思考》，载《宁夏社会科学》2012 年第 5 期。

② 参见李轶：《继承程序的立法完善》，载《法学论坛》2013 年第 2 期。

现代大陆法系国家纷纷将遗产清册制度作为限定继承制度的核心内容之一而置于相当重要的地位。

（二）制作遗产清册的期间

制作遗产清册的期间与限定继承的期间紧密联系，一般应当在接受限定继承意思表示作出后即应当着手制作，期间的起算点也以此时为适当。例如，《法国民法典》第794、795条规定继承人须在接受限定的声明作出之前或之后，并在继承开始后的三个月内忠实、准确地制作遗产清册。[①] 需要指出的是，一般都是在接受限定继承的声明作出之后制作遗产清册，《法国民法典》为何规定在声明作出之前制作遗产清册？其实，因《法国民法典》规定的接受限定继承声明的期限与制作遗产清册的期限一致，都是继承开始后的三个月内，声明的作出与遗产清册的制作并行不悖，继承人可以提前制作遗产清册以便为限定继承的声明做好准备，即着手制作遗产清册就是为接受限定继承服务的，[②] 否则在限定继承的期限即将届满再表示接受限定继承，也就意味着制作遗产清册的期限所剩无几。继承人在接受限定继承的意思表示之前制作遗产清册，乃是赋予继承人的自由，法律没有必要对该行为予以制止。但既然是自由，法律也没有必要再规定在接受限定继承之前制作遗产清册了，只需将该期间分为两个部分即可，一部分是接受限定继承的期间，另一部分是制作遗产清册的期间。

（三）制作遗产清册的内容

遗产清册就是记载被继承人所有权利义务关系的账簿（专属于被继承人自身的权利义务关系除外），遗产清册不仅包括遗产之财产权利，还应当包括遗产之财产义务，如此，对继承人而言，其

---

① 如其第794条规定："只有声明（限定继承的声明——笔者注）提出之前或之后，按照诉讼程序法规定的形式并且在以下规定的期限（继承开始后的三个月内——笔者注）内提出忠实、准确的遗产清册，前项声明始生效力。"

② 因为如果继承人在法律规定是否接受限定继承的期间内表示放弃继承，其就没有制作遗产清册的义务了。

所制作遗产清册的内容一般有两点：其一是所制作的遗产清册应当包括遗产之财产权利。这是因为遗产之财产权利的多少不仅影响遗产债务的清偿，而且还决定了继承人在遗产清偿所有债务后所能够继承的遗产多寡，故继承人在制作遗产清册时应当全面地清点、登记遗产之财产权利的数量。其二是所制作的遗产清册还应当包括遗产之财产义务。遗产清册的作用不仅在于登记遗产之财产权利，而且还应当登记遗产之上存在的债务，如此，方能对遗产之财产权利义务关系有更加全面的了解。因遗产清册的内容所应当涵盖的内容较为明晰，无须对遗产清册的内容做过多的展开论述，重要的是为了保证遗产清册所登记内容的准确性，法律所规定的制作遗产清册的方式值得关注。换句话说，防止继承人作出侵害遗产之财产权利的不当行为，继承人应当忠实、可靠地制作遗产清册，不得为虚假或故意遗漏的行为，否则其将可能丧失遗产清册利益，转而对遗产债务负担无限清偿责任。[①]

（四）制作遗产清册的形式

制作遗产清册的形式是指遗产清册是以书面形式还是口头形式，一般而言，在民事领域，双方当事人达成的协议采用书面和口头形式均可，法律要求尽可能地采取书面形式的目的无非在于保证协议的切实履行，以及在发生纠纷时能够及时、便捷地辨别责任方。而遗产清册的目的在于切实查清遗产之财产权利义务的数量，以及防止继承人故意遗漏遗产之财产权利而侵吞遗产，这就要求遗产清册的制作应当采用书面形式，这也符合遗产清册之“册”字的文义理解。且遗产清册最终都要呈交诸如法院等有关部门，口头

① 遗产清册下的限定继承之责任与无限继承之责任对继承人而言是两种性质不同的责任，即在继承人为接受限定继承之意思表示，并按照法律的规定制作遗产清册后，继承人对遗产债务仅承担限定责任，对继承人而言，该责任为物的责任。此时的遗产正如担保制度下的担保财产一样，纵然担保财产实现担保后的债权仍不能获得足够的清偿，担保财产之所有权人亦不会在担保物之外以自己的其他财产承担偿还责任，继承人所继承的遗产就是对被继承人债务的物的担保。作此类比，并不是要否定继承人在继承开始后继承遗产的全部权利与义务（继承人在继承开始后对遗产权利义务的继承其实是与大陆法系国家实行的直接继承制度有关，在直接继承制度下，遗产的权利义务在继承开始后就归属于继承人所有。但如果遗产之财产权利小于债务，继承人以自己的财产偿还对继承人不公平。为此，法律设计出了限定继承制度，继承人以所继承的遗产为限承担债务的清偿责任。但纯粹的限定继承对遗产债权人也不公平，于是法律又设计出了有条件的限定继承制度予以应对，有条件限定继承之条件的重要内容就是遗产清册制度。而遗产清册制度又包括了制作遗产清册的期间、在该期间内不能完成的延期以及遗漏登记的惩戒措施等内容。与其如此烦琐的程序设计，还不如借鉴英美法系国家的间接继承制度，将遗产先清偿其上之债务，只有在清偿相关债务后的剩余遗产方归继承人所有。既然在间接继承制度下的遗产于继承开始后并不归属于继承人所有，那么继承人对遗产的占有、隐匿等侵害行为就是侵权行为，在此情形下，只需要规定继承人侵权行为的惩戒后果即可），因为继承人仍然继承了遗产之义务，只是以遗产之财产权利为限对遗产债务负物的有限责任而已。从这个意义上说，继承人承担的是一种物的责任。与此相反，当继承人没有按照法律的要求制作遗产清册时，其所负的无限继承其实就是一种人的责任。遗产不足以清偿债务的，继承人以其全部个人财产应当负有清偿义务，这就相当于继承人对遗产债务的人的担保。因此，忠实可靠地制作遗产清册决定着继承人责任的性质是限定继承之物的责任，还是无限继承之人的责任。

形式既不会存在所谓的遗产清册，也达不到移交的目的。因此，遗产清册应当采取书面的形式。

第二节 限定继承的效力

一、责任限制的效力

限定继承对继承人的效力主要表现为继承人对遗产债务的责任限制。[①] 该限制责任主要是对单个的继承人而言，而对于共同继承人则主要表现为，其中某一个继承人为限定继承时，也对其他共同继承人产生限定继承的效力。

（一）单一继承人的限制责任

在罗马法时代，继承人的人格与被继承人的人格是统一的，人格的统一性也就意味着即使被继承人已经死亡，其人格也仍然在继承人身上延续，继承人的继承也就表现为继承被继承人的法律地位。被继承人生前所有的法律关系，包括非专属于被继承人所有的身份关系和财产关系都统一由继承人承继。其中，非专属于被继承人所有的身份关系既有对祖先的祭祀权力，也有对家庭事务、财产支配等家父权之权力；财产关系很重要的一方面就是对外的关系，被继承人生前所欠的债务就是继承人的债务，由继承人负责偿还。在罗马法时代的概括继承制度之下，继承人主要是继承被继承人的身份，财产继承不过是身份继承的必然产物。即使后来的身份继承逐渐从继承制度中淡化，直至完全退出历史的舞台，这种概括继承制度下继承人须继承被继承人所有的权利义务关系的理念也并未消失，只是伴随着身份继承的退出，其仅适用于被继承人的财产权利义务的概括继承而已。

---

① 薛宁兰、金玉珍：《亲属与继承法》，社会科学文献出版社 2009 年版，第 356 页。

然而，概括继承导致了继承人的财产与遗产混同，难以从继承人的财产中区分出遗产，造成了三种可能的不良后果：其一，当遗产数额较大，能够清偿所有遗产债务，而继承人的财产不足以清偿其个人债务时，其财产与遗产的混同就可能导致遗产债权人不能得到足够的清偿，从而损害遗产债权人的利益。产生该后果的原因是遗产本来为遗产债权人之债权的单方担保，而在遗产与继承人财产混同后，遗产实际上为遗产债权人之债权及继承人债权人之债权的双方担保，从而损害了遗产债权人的利益；其二，当遗产不足以清偿遗产债务，而继承人的财产足以清偿其所负债务时，遗产与继承人财产的混同就可能导致继承人之债权人的债权不能得到足够的清偿，从而损害遗产债权人的利益。产生该后果的原因是继承人的财产本来为其债权人的单方担保，而其个人财产与遗产混同后，其个人财产实际上为遗产债权人之债权及继承人债权人之债权的双方担保，从而损害了继承人之债权人的利益；其三，与第二种情况类似，该情况下也可能损害继承人的利益，导致了继承人负担了本不应由其负担的遗产债务。[1] 后世找到了解决上述三个问题的有效办法，其中前两个问题解决是赋予遗产债权人或者继承人的债权人[2]提出财产分离制度，将遗产从继承人的个人财产中分离出来，遗产债权人对遗产具有优先受偿权，继承人的债权人对继承人的个人财产具有优先受偿权。最重要的是，对第三个问题的解决办法之一就

---

① 参见周枏：《罗马法原论》（下册），商务印书馆1996年版，第570页。

② 罗马法中没有赋予继承人的债权人提出财产分离的权利，盖因为继承人概括继承下的遗产与继承人个人财产混同后，主要表现为侵害遗产债权人的利益。否则，在遗产不足以清偿债务，且在继承人有选择限定继承的权利时，继承人为了自身的利益考虑，一般会接受限定继承以避免用自己的个人财产清偿遗产债务。但随着社会经济的发展，许多继承人已经处于资不抵债的破产境地，限定继承或者是概括继承对其产生的法律后果可能并无太大的区别，且在限定继承制度下，其还要负担制作遗产清册的“额外”义务，不能排除继承人可能会作出（包括未在法定期间内作出限定继承意思表示的默示行为）损害其继承人的概括继承行为，故也应当同样赋予继承人之债权人申请遗产分离的权利。

是使继承人拥有限定继承的权利，如此，与继承人在概括继承制度下的无限责任不同，限定继承制度下对继承人的效力就表现为责任的限制。

（二）共同继承人的限制责任

继承人为数人时，其中一个继承人为限定继承人意思表示，其效力也及于其他共同继承人。例如，我国台湾地区的“民法”第1154条的规定，以及《法国民法典》第782条的规定、《瑞士民法典》第580条的规定、《德国民法典》263条的规定。① 共同继承人中的一人为限定继承意思表示的，其效力及于其他共同继承人，此规定的立法考量大概在于避免同一继承关系却因继承人意思表示的不同而产生不同的法律效果，且该不同效果之间可能会产生相互矛盾的情况。②

然而，对该限定继承意思表示的效力“连带”及于其他共同继承人也存在疑问，因为民法实为权利之法，自由观念已经深入人心，对各继承人而言，自身份继承从继承关系中分离并消失以后，更加凸显了各继承人的独立性人格和主体地位。既然现代继承法已经将每一个继承人作为独立的个体，其就能够以自己的名义在继承法律关系中独立地作出意思表示。虽然其中一个继承人已经作出了限定继承的意思表示，但这也不能剥夺其他共同继承人接受无限继承或放弃继承的权利，法律对该限定继承意思表示的“连带性”规定也就显得不尽合理。在其他继承人能够独立地作出意思表示，且各意思表示之间各不相同的情况下，法律之间的矛盾性规定只能

① 例如，我国台湾地区的“民法”第1154条规定：“继承人得限定以因继承所得之遗产，偿还被继承人之债务。继承人有数人，其中一人主张为前项限定之继承时，其他继承人除有下列情形之一者外，视为同为限定之继承：一、于为限定继承前，已为概括继承之表示。二、已逾第一千一百五十六条（接受限定继承之意思表示及制作遗产清册的期间——笔者注）所定期间。为限定之继承者，其对于被继承人之权利、义务，不因继承而消灭。”

② 史尚宽：《继承法论》，中国政法大学出版社2000年版，第276～277页。

说明法律规定自身存在问题，不能以此限制各继承人独立为意思表示的权利。况且，其他继承人可能下落不明，而作出该意思表示的继承人又未按照法律规定制作遗产清册，如果也开始对下落不明的其他共同继承人计算遗产清册的制作期间，就会发生在下落不明的其他继承人毫不知情的情况下已经接受无限继承的法律后果。

应当说该疑问看到各继承人人格独立所蕴含的民法之平等价值的基本理念，该疑问也并非没有道理。然而，当其中一个作出接受限定继承的意思表示后，该限定继承之意思表示的效力及于其他共同继承人，不仅不会对其他共同继承人造成不利益，还能够使未及时作出该限定继承意思表示的共同继承人免于以自己的财产承担遗产债务的清偿责任而获得利益。而且，当共同继承人之一人作出限定继承的意思表示后，其按照法律规定制作的遗产清册也会对其他共同继承人产生效力。这是因为从现实及效率的角度来讲，遗产清册所进行的登记是对已经发生的遗产上之权利义务关系的确认，遗产清册的登记只需进行一次即可，无须所有继承人均单独提出自己的遗产清册。如此，当其中一个继承人进行的限定继承之意思表示及所为的制作遗产清册的行为，对其他继承人也产生责任限制的效力。但为了避免因此限制其他共同继承人作出意思表示的权利，在具体的制度设计中，可以将其他共同继承人的限制责任作为一般情况，即当数位继承人之一人进行限定继承之意思表示后，对其他继承人也产生责任限制的效力，但其他共同继承人作出不一致之意思表示的除外。

二、财产分离的效力[①]

（一）对继承人的效力

在概括继承时，遗产并不会独立于继承人的个人财产之外，而

① 薛宁兰、金玉珍：《亲属与继承法》，社会科学文献出版社 2009 年版，第 356 页。

是两者发生混同，继承人对遗产所享有的债权以及其对遗产所负有的债务都因两者的混同而消灭。但是，当继承人限定继承的意思表示作出后，情况就发生了改变，其产生的直接后果就是继承人的个人财产与遗产发生了分离。对继承人而言，其对被继承人负有债务的，因继承人的个人财产与遗产所发生的分离，不会发生继承人不负责偿还该债务的后果。反之，被继承人对继承人所负有债务的，继承人得以债权人的身份请求以被继承人的遗产清偿。继承人的个人财产与遗产不发生混同的情况在担保中亦同，如继承人可能对被继承的债务提供了担保或者保证，在被继承人死亡之后，继承人所提供的保证仍然存在，纵然其表示接受限定继承，亦不会免除该担保责任。

上述所有的这些情况，均是因继承人的个人财产与遗产发生分离之限定继承的结果。除此之外，继承人为限定继承的意思表示后，第三人对继承人享有债权，而同时对被继承人负有债务时，继承人主张的抵消无效。这是因为遗产在清偿完所有债务之后是否有剩余还未为可知，如此，继承人对遗产并不一定享有实际权利，如果允许继承人可以主张抵消，则无异于遗产在清偿债务前，先由继承人继承。① 其实，这也是继承人在限定继承意思表示作出后，遗产与继承人个人分离的效果。反之，情况就有所不同，当继承人对第三人享有债权，而第三人对被继承人享有债权时，因债权的可处分性，继承人对第三人主张抵消的效力就不是无效了，而是继承人对第三人的债权在抵消之后，可以主张成为遗产的债权人。值得注意的是，遗产与继承人个人财产分离的目的就是保持遗产的独立性，在此情况下，与上述相类似的是，继承人以自己的财产对遗产

① 被继承人与继承人之间的债权债务关系视为不消灭是限定继承制度下财产分离的本质使然。如果允许因继承而导致继承人之一对被继承人负有的债务消灭，则其他继承人的利益将受损害。史尚宽：《继承法论》，中国政法大学出版社 2000 年版，第 228 页；郭明瑞、张平华：《海峡两岸继承法比较研究》，载《当代法学》2004 年第 3 期。

债权人所为的清偿行为，如无特别声明时，可以看成是继承人的自愿清偿行为，不对遗产发生清偿的效果。其实，这也不难理解，如果认为此时的清偿对遗产产生清偿的后果，无疑会使遗产在限定继承制度下的独立性地位受到颠覆。继承人以自己的个人财产所为的清偿行为，只能使其取得遗产债权人身份。

不仅如此，财产分离的效力对继承人而言还表现为在清偿所有债务前之遗产分割的禁止上。① 与英美法系国家的间接继承制度不同，② 大陆法系国家的继承原则是直接继承，在此之下，遗产从继承开始就当然直接地归属于继承人所有。③ 即继承开始后的遗产所有权已经转移给继承人，据此有学者就认为，既然遗产在继承开始

---

① 在概括继承时，遗产在继承开始后就已经归属于继承人所有，如果存在共同继承人，各概括继承的共同继承人可以随时要求分割遗产，概括继承下的各共同继承人是否实际分割遗产对遗产债权人的权利不会造成太大的影响，这就与限定继承下遗产的分割有很大的不同。当限定继承时，一般情况应当是先进行债务的清偿，清偿完所有债务之后还有剩余遗产的，各共同继承人方可以分割，《德国民法典》第 2046、2047 条即如此规定。而在继承人现行分割遗产之后的限定继承责任，不同国家或地区的规定就大相径庭。分为三种不同的情况：其一是规定如果债务是可分的，各继承人在各自所获得份额内承担清偿责任。如果债务是不可分的，则遗产债权人得就其债权向各继承人主张行使全部权利。其中某一继承人承担不可分清偿义务后，得以向其他继承人追偿（参见《法国民法典》第 1220、1221 条之规定，以及《日本民法典》第 899 条之规定）。其二是如果各继承人先行分割遗产的，各继承人对遗产债务的清偿负有连带责任。其三是各继承人如果先行分割遗产的，仅就其分割的应继份负责清偿遗产债务的责任，荷兰、葡萄牙即如此规定。该三种不同类型的遗产之分割，应当以各继承人对遗产债务负有连带责任为适当，因为既然各继承人已经接受了限定继承，先行分割就可能对遗产债权人的权益造成损害，况且，存有遗产债务时，该先行分割因还必须清偿遗产债务而显得没有必要。参见王丽萍：《债权人与继承人利益的协调与平衡》，载《法学家》2008 年第 6 期。

② 间接继承是指继承开始后，遗产并不当然地、直接地转移与继承人，而是必须先选任遗产代理人（受托人），将遗产委诸此人，令其清算遗产。参见陈苇主编：《外国继承法比较与中国民法典继承编制定研究》，北京大学出版社 2011 年版，第 573 页。

③ 陈苇主编：《外国继承法比较与中国民法典继承编制定研究》，北京大学出版社 2011 年版，第 573 页。

之后已经归属于继承人所有，继承人清偿债务是以自己的财产所为，[①] 继承人也就自然可以随时请求分割遗产以清偿相关债务，但该认识显然是混淆了遗产所有权的转移与遗产所有权实际取得的区别。在直接继承制度下，继承开始后的遗产所有权确实转移给了继承人，但这种转移仅仅是名义上的，[②] 各继承人对遗产也是名义上的共同共有或者分别共有关系。如果继承人要实际取得遗产的所有权，还必须有赖于遗产的分割。然而，遗产的实际分割并不是可以任意进行的，因为遗产分割之后的所有权已经在现实中归属于继承人，这就会使得遗产与继承人的个人财产混同而损害遗产的独立性地位，即限定继承之财产分离对继承人的效力表现为清偿所有债务前的分割禁止。否则，如果继承人在清偿所有债务之前先对遗产进行分割，继承人的限定继承利益将会被限制。

（二）对遗产债权人的效力

在概括继承制度下，对遗产债权人利益的保护是通过赋予遗产债权人提出财产分离权保障的。但在限定继承制度下，继承人接受限定继承的意思表示后所制作的遗产清册就已经达到了将继承人的财产与继承人的遗产分离的效果，遗产债权人无须再另行申请将继承人的个人财产与遗产分离。如果继承人一方面声明接受限定继承，另一方面却又存在隐匿、侵吞遗产行为而造成继承人的财产与遗产混同的，遗产债权人可以申请法院取消其限定继承利益，从而

---

① 谭启平、冯乐坤：《遗产处理制度的反思与重构》，载《法学家》2013 年第 4 期。

② 也有学者认为这种名义上的遗产所有权转移并不具有实质性意义，遗产在清偿所有债务之前，继承人并没有实际取得遗产的所有权。这能够从我国相关继承法的规定中找到依据，如 1985 年 9 月的《最高人民法院关于贯彻执行〈继承法〉若干问题的意见》第 49 条规定："继承人放弃继承的意思表示，应当在继承开始后、遗产分割前作出。遗产分割后表示放弃的不再是继承权，而是所有权"，可见，自继承开始后的继承人并没有立即取得遗产的所有权，只有在遗产分割后才能取得所有权。既然如此，遗产自继承开始后到实际分割前的时间内，遗产就没有所有权的主体，故遗产应当自身具有主体资格地位，在其资不抵债时，可以申请对遗产的破产宣告。

改为无限继承。也就是说，在继承人接受限定继承之意思表示作出后，遗产债权人相当于监督者的角色。如果继承人声明接受限定继承，又按照法律的规定制作遗产清册并呈交法院，该限定继承的意思表示对遗产债权人会产生何种法律效力呢？此时，遗产债权人向继承人主张全部债权的目的可能无法实现，即遗产债权人不能实现从继承人获得超出其所继承遗产的清偿目的，故限定继承对遗产债权人的效力就表现为其仅能在遗产范围内获得清偿。[①]

需要注意的是，当所有继承人都为限定继承人，而遗产又存在不能清偿所有债务之资不抵债时，有的国家和地区的法律规定可以对遗产申请宣告破产而实现对遗产债权人的清偿，如我国台湾地区的“破产法”第59条之规定，[②] 即当继承人接受限定继承而遗产又资不抵债时为宣告遗产破产的原因。与此相类似，2004年的《日本破产法》，其在第十章“关于继承财产的破产等的特则”中以专章规定了有关遗产破产制度。[③] 除继承人、遗产管理人、遗嘱执行人以及受遗赠人之外，遗产债权人也有权申请遗产破产。该法第223条规定的遗产破产申请开始的原因是“认定以继承财产不能对继承债权人以及被遗赠人完成清偿的”，[④] 也就是通常所说的遗产处于资不抵债的状态。虽然遗产破产与限定继承是两种不同的

---

① 但这不影响遗产债权人向其他未接受限定继承人主张权利。

② 我国台湾地区的“破产法”第59条之规定：“遗产不敷清偿被继承人债务，而有下列情形之一者，亦得宣告破产。一、无继承人时；二、继承人为限定继承或继承人全体抛弃继承时；三、未抛弃继承之继承人全体有破产之原因时。”

③ 其被称为继承财产的破产，其实就是遗产的破产，只是不同的国家法律规定的名称不同而已，并没有实质性的区别。该章共分为三节，分别是：第一节“继承财产的破产”、第二节“继承人的破产”、第三节“被遗赠人的破产”。其中第一节“继承财产的破产”就是规定破产主体为遗产，包括关于继承财产的破产程序开始的原因（第223条）、破产程序开始的申请（第224条）、破产程序开始的申请期限（第225条）、在作出破产程序开始的决定之前开始的继承（第226条）、在作出破产程序开始的决定之后开始的继承（第227条）、与限制承认或财产分割程序的关系（第228条）等。

④ 李飞主编：《当代外国破产法》，中国法制出版社2006年版，第818~819页。

程序，但该遗产的资不抵债实际上就暗含了继承人对遗产的限定继承或放弃继承为前提的。否则，继承人接受概括继承的，遗产债权人就成为了继承人的债权人，其得就全部债权向继承人主张。因此，限定继承对遗产债权人的另一效力，便是在遗产资不抵债时能够申请宣告遗产破产。

（三）对其他共同债务人的效力

继承人作出限定继承意思表示的，不影响与被继承人作为共同债务人之其他债务人的债务负担。对遗产债务的连带责任人而言，债权人向其中一人请求履行债务，即对全部债务人发生效力。也就是说，遗产债权人可以向其他连带责任人请求履行，虽然此时被继承人已经死亡，但该履行请求同样对继承人发生作用。其他共同债务人向债权人履行后，可以向继承人追偿。因为继承人为限定继承人，其他共同债务人追偿请求的效果就由遗产负担。另外，如果遗产债权人对继承人请求履行债务，继承人可以限定继承抗辩，债权人该请求的效果也同样由遗产负担。遗产债权人可否对遗产直接请求履行？这在很多时候都可能被认为是不可思议的事情，因为遗产仅仅是继承的客体，债务的履行请求不可能向客体为之。但笔者认为，目前被继承人死亡之后至遗产归继承人实际所有之前，遗产没有了相应的依附主体，[①] 就属于无主财产。既然是无主财产，任何人都可以先占取得，但这在现实中并没有发生，说明遗产根本不是无主财产，而遗产又因不归属于任何人，只能证实遗产本身就具有

① 这里也许会有人反驳，认为继承人是遗产所依附的主体，但继承人在继承开始后并没有真正实际取得遗产的所有权，而是在清偿债务之后方才取得，继承人在继承开始后的取得不过是名义上的，这种名义上的取得决定了遗产形式上依附于继承人并不具有实质性意义。如此，遗产在继承开始后至实际归属于继承人的时间内处于无主状态。为了解决遗产无主时他人的先占取得，应当借鉴罗马法的规定，将遗产作为财团之团体而赋予其独立的主体资格，从而能够以其作为权利义务的承受者，团体内财产的增加或减少都不会影响到团体的独立性存在。这就是许多国家规定，在遗产资不抵债时，得以对遗产宣告破产之原因。参见付翠英：《破产法比较研究》，中国人民公安大学出版社2004年版，第128～129页。

主体地位。[1] 如此，遗产债权人当然可以向遗产主张清偿。

此外，对于共同债务的保证人而言，继承人虽然为限定继承，但这并不意味着遗产之债务也相应地缩减，共同债务的保证人仍然要对遗产之所有债务承担保证责任。问题是共同债务的一般保证人是否具有先诉抗辩权？有的学者认为一般保证人不具有先诉抗辩权，因为继承人为限定继承的意思表示就意味着遗产资不抵债而应予以破产宣告，遗产事实上已经不能清偿所有债务，故一般保证人无先诉抗辩权。[2] 且不说继承人为限定继承之意思表示是否必然意味着遗产资不抵债，单说即使遗产资不抵债的情形下，共同债务的一般保证人不具有先诉抗辩权的理由何在？其仍然能够主张遗产债权人先就被继承人之遗产范围内获得清偿，即申报债权以参加被继承人遗产的债务清偿，唯就其不足部分再向一般保证人要求承担保证责任。

（四）对继承人之债权人的效力

由概括继承向限定继承的演进过程中，罗马法为了保护继承人的利益，设立了继承人的限定继承制度；为了保护遗产债权人的利益，设立申请财产分离制度。但唯独没有规定对继承人之债权人进行专门的保护。学者为此找到的理由是，继承人之债权人与继承人实际上在限定继承中是利益共同体，在遗产资不抵债时，继承人为了保护自己的利益，必然会放弃继承，或者接受限定继承，实现了

---

① 否则，遗产不仅没有依附的主体，而且其数额还处在不断地变化中，此遗产作为客体的不稳定性与古罗马时期的“最古老、最自然”的目的性而存在且“不以单个人及其更替变化为转移”的团体不符，更难以实现遗产之清偿债务的目的及剩余财产的继承目的。其实，遗产作为团体而具有的独立性，正如共和国末期罗马法学家阿尔费努斯·瓦鲁斯对团体人格和其成员人格所做的分析所指出的那样，船舶的船员经常更换，有时甚至全部船员都换了，但船舶依然存在。军团也是如此，其成员走了一批，又来了一批，但军团照旧存在。参见周枏：《罗马法原论》（上册），商务印书馆 2001 年版，第 291 页。

② 史尚宽：《继承法论》，中国政法大学出版社 2000 年版，第 281 页。

对继承人的保护也就实现了对继承人之债权人的保护。① 然而笔者认为，这在绝大多数情况下是正确的，但也难以避免在少数极端情况下对继承人之债权人利益的侵害，即当遗产状况及继承人个人财产状况均不佳时，继承人可能并不是法律意义上的理性人，其消极的行为很可能会损害其债权人的利益。也就是说，在此情况下，继承人为限定继承时，对继承人之债权人的利益保护具有非常重要的意义。继承人的个人财产并不是遗产债权人之债权的担保，也就无须以继承人的个人财产承担遗产债务清偿，从而也就保证了继承人之债权人对于继承人之债权请求权的实现。事物总是具有两面性，在遗产债权人无权对继承人个人请求偿付的同时，继承人之债权人也无权对没有偿付遗产债权的遗产请求偿付。

三、遗产管理的效力

（一）遗产管理的主体

继承人接受限定继承的意思表示生效后，必然产生遗产管理的效力，既然为遗产管理，就不可避免地设计谁能作为遗产管理的主体。在这个问题上，世界上许多国家规定由继承人担任遗产管理

① 周枏：《罗马法原论》（下册），商务印书馆 1996 年版，第 575 页；林秀雄：《继承法讲义》，元照出版有限公司 2005 年版，第 149 页。

人,① 如日本、法国、意大利等国家即为如此。② 继承人对于遗产管理的原因，一是其最可能在第一时间内知晓被继承人死亡而产生继承权利义务关系的人，且作为被继承人的近亲属，可能最为了解被继承人的财产情况。故而，继承人对遗产的管理具有其他人难以比拟的优势，不仅在于其管理行为能够有效避免财产的散落，而且还在于继承开始后赋予继承人忠实管理的负担,③ 否则应当承担由此带来的不利后果，从而避免继承人隐匿、侵吞遗产的可能；二是限定继承又被称为限定承认，限定继承既然为承认继承之一种，其实也是为继承人的利益而设立，在清偿所有债务之后，剩余遗产终究要归属于继承人，继承人对遗产的管理就具有正当性。④ 当继承

---

① 需要指出的是，因限定继承意思表示作出后的效力应当及于意思表示作出前，继承人对遗产的管理不仅在于接受限定继承意思表示作出后，还在于继承人接受限定继承意思表示作出前。有的国家或地区的法律规定，在限定继承意思表示作出前，继承人负有遗产管理的职责，如法国、日本以及我国台湾地区等（参见《法国民法典》第803条之规定、《日本民法典》第918条之规定）。值得注意的是，在限定继承意思表示作出后至遗产清册制作、呈交完成前，还可能会有一段时间的遗产管理。因该时间段内，继承人事实上并没有真正接受任何人的委托，以及未产生新的遗产管理人（更换遗产管理人除外），可以认为此时的遗产管理仍然是限定继承意思表示作出前管理行为的继续。

② 《日本民法典》第926条规定：“限定继承人，应以对自己固定财产一样的注意，继续管理继承财产。”《法国民法典》第803条第1款规定：“享有遗产清册利益的继承人负责管理属于遗产的财产，并且应当向债权人与受遗赠人提出管理账目。”《意大利民法典》第491条规定：“在遗产管理中，享有遗产清单利益的继承人只对重过失承担责任。”

③ 这可能也是遗产在继承开始后归属于继承人之直接继承的原因之一，因为继承开始后的遗产归属于继承人所有，继承人就应当负担相应的义务——遗产管理，否则在间接继承制度下，遗产的管理责任在于遗嘱执行人或被任命的遗产管理而非继承人具有当然的遗产管理义务。

④ 继承人进行的遗产管理效果上，有的国家规定其类似于无因管理。如《德国民法典》第1978条第1款规定：“已命令遗产管理，或已开始遗产支付不能程序的，对于原管理，继承人向遗产债权人负责任，如同继承人须自接受遗产时起，作为受委托人而为遗产债权人的利益进行管理一样。继承人在接受遗产前处理的遗产上的事务，准用关于无因管理的规定。”也就是说，在继承人接受限定继承意思表示作出前也具有管理遗产的责任，并且这种管理如同继承人接受遗产债权人的委托所进行的管理一样。

人为数人时，由共同继承人中的一人还是数人进行遗产管理，应当根据遗产的具体情况而定，一般情况下，应当由全体共同继承人共同推举出一名继承人继续管理遗产。①

当然，遗产管理的主体并不一定必须为继承人，如当该继承人在管理遗产过程中有不当行为或者有不能胜任等客观原因而不能管理遗产时，应当另行选定遗产管理人管理遗产。因此，遗产管理的主体还可以设计为遗嘱执行人、法院等担任，或者由遗嘱执行人、法院选任第三人担任，具体遗产管理的主体表现为各个国家根据自己的国情所作出的一种制度选择。

（二）遗产管理的内容

其一，清理登记遗产。虽然限定继承发生法律效力的前提条件是继承人必须对遗产进行如实的登记造册，但其所制作的遗产清册仅仅是遗产的一种初步记载，该初步登记是继承人在继承开始后对其所已知或应知的遗产之财产权利义务的登记，法律所要求的继承人制作遗产清册必须尽到如实登记的义务即为所指。然而，即使继承人已经尽到如实制作遗产清册的义务，由于客观原因，其所制作的遗产清册也还存在没有将所有遗产之财产权利义务登记的可能性，否则也不会发生继承人呈交遗产清册之后，还需要对遗产债权人进行公告申报的程序规定。既然继承人所制作的遗产清册只是一种初步记载，在继承人呈交该遗产清册之后，遗产管理人应当对没有登记于遗产清册上的遗产进行登记。②

其二，妥善保管遗产。继承人接受限定继承后，发生其个人财产与遗产分离的效果，对于继承人而言，遗产具有了独立性的地位，有人认为此时的遗产属于清偿债务及继承的客体，也有人认为

---

① 参见我国台湾地区的“民法”第1152条之规定及《日本民法典》第936条规定由家庭裁判所在共同继承人中选择一人管理遗产。

② 杨遂全主编：《亲属与继承法论》，四川大学出版社2005年版，第235～236页。

该遗产因不归属于任何人所有而具有了主体之地位。[①] 但无论该遗产为主体还是客体，都离不开对遗产的保管，如认为遗产是属于清偿债务及继承的客体，遗产管理人对遗产的保管就是作为遗产所有权主体的代理人所进行。[②] 而如果认为遗产是属于权利的主体，遗产管理人对遗产的保管就相当于在执行遗产之法人的意志，遗产管理人就取得了遗产执行机关的地位。[③] 当然，此乃遗产管理两种不同的理论学说而已，遗产管理人对遗产的妥善保管义务并不能因此而消除。换句话说，遗产管理人在对遗产登记的同时，还应当根据遗产的性质等要素对遗产进行清点、归类，从而达到对遗产妥善保管之目的。

其三，进行必要的处分。一般而言，遗产管理人之遗产管理义务的含义更接近于实现对遗产的保管而非在清偿遗产债务前对遗产的处分，但在清偿遗产债务前也并非绝对不能处分遗产。换而言之，遗产管理人在清偿遗产债务前，对遗产拥有必要的处分权，如对遗产中新鲜蔬菜瓜果的及时变卖、合伙事务的暂时管理、房屋的修缮、租金的收取等行为。

---

① 参见付翠英：《破产法比较研究》，中国人民公安大学出版社 2004 年版，第 128 页；［意］彼德罗·彭梵德：《罗马法教科书》，黄风译，中国政法大学出版社 1996 年版，第 54 页；费安玲：《罗马继承法研究》，中国政法大学出版社 2000 年版，第 61 ~ 62 页。

② 张平华、刘耀东：《继承法原理》，中国法制出版社 2009 年版，第 117 页；刘春茂、刘文：《继承法通论》，四川人民出版社 1985 年版，第 267 页。

③ 付翠英：《遗产管理制度的设立基础和体系架构》，载《法学》2012 年第 8 期；曹秀君：《财产继承中债权人利益的保护》，载《河北经贸大学学报》（综合版）2006 年第 2 期。这实际上是借鉴英美法系的间接继承模式，将被继承人死亡后遗留的财产作为财团对待。当然，也有学者持不同意见，认为间接继承理论与英美法系的信托传统相契合，其遗产信托的双重所有权结构与大陆法系抽象、绝对的所有权理论结构不一致，很难被我国直接采用。遗产信托说、遗产财团说，要么陷入只有管理人没有所有人的无主财产的逻辑，要么将遗产财团自身拟制为主体，很难说明为什么遗产权利最终会归属于继承人。孙毅：《继承法修正中的理论变革与制度创新——对〈“继承法”修正草案建议稿〉的展开》，载《北方法学》2012 年第 2 期。

（三）遗产管理的损害赔偿

遗产管理人在进行遗产管理时，其行为总体上应当符合忠实、善良的受托人的身份，尽合理的注意义务。[①] 这也就是说，当继承人为遗产管理人时，除必要的处分外，其不得对遗产进行擅自处分。否则，当继承人违反该义务而给遗产债权人等造成损害的，如不适当的遗产债务的清偿、低价处理遗产等，应当承担赔偿责任。如该种处分为诈害遗产债权人的，继承人将会丧失限定继承的利益。而当继承人以外诸如法院选任的其他人担任遗产管理人时，其违反作为遗产管理人应尽的善良注意义务，即对因自己的故意或过失对遗产造成的损害负责损害赔偿责任。

第三节 限定继承的实施

现代社会的基本继承样态包括了概括继承、放弃继承以及限定继承，但在概括继承制度下，继承人对遗产债务负担无限责任，即继承人的个人所有财产都作为遗产债权的责任财产，即使许多规定自然人破产的国家，对继承人因概括继承需要承担无限继承责任而不能偿还遗产债务时的破产，也仅仅是在继承人之自然人资不抵债的范畴内进行。换言之，在概括继承制度下，无论遗产是否足以清偿所有债务，均没有必要针对遗产进行单独的清算，遗产债权人的公告、遗产债务的清偿顺序等程序也就无从谈起。但限定继承就是以遗产为中心而进行的制度设计，作为限定继承制度主要内容之限定继承的实施就被提到了重要的地位。限定继承的实施保障了继承人承担有限责任，同时也保护了债权人的债权能够得到公平的清偿，它是由遗产的公告程序、清偿顺序、剩余遗产的交付等一系列单独的程序共同构成。我国早期许多学者遵从了我国《继承法》

① 薛宁兰、金玉珍：《亲属与继承法》，社会科学文献出版社 2009 年版，第 357 页。

的表述方式，将其称为遗产的处理，[①] 但严格来说遗产处理并不是一个法律用语，随着对遗产清算制度认识的逐步深入，许多学者在对该制度的研究过程中，也借鉴了国外的相关规定，[②] 遂使用了遗产清算一词予以涵盖。[③]

一、债权的申报公告

（一）公告的原因

被继承人死亡之事实的发生往往具有不可预测性，这对于被继承人之债权人来说，被继承人死亡之后，其债权的实现有赖于继承人的行为。在继承人作出限定继承后，该被继承人的债务只能由遗

---

① 巫昌祯主编：《婚姻与继承法学》（修订本），中国政法大学出版社 2001 年版，第 343 页。当然，也有学者将遗产处理制度细分为遗产的管理、遗产的分割、遗产债务的清偿等，参见陈苇主编：《婚姻家庭继承法学》，群众出版社 2012 年版，第 381 ~ 394 页；夏吟兰主编：《民法学卷五婚姻家庭继承法》，中国政法大学出版社 2004 年版，第 278 页；夏吟兰主编：《婚姻家庭与继承法学原理》，中国政法大学出版社 1999 年版，第 388 页；刘春茂主编：《中国民法学 · 财产继承》，中国人民公安大学出版社 1990 年版；杨立新、刘德权、杨震主编：《继承法的现代化》，人民法院出版社 2013 年版，第 15 ~ 20 页；何丽新、谢美山、熊良敏、刘新宇：《民法典草案继承法编修改建议稿》，载《厦门大学法律评论》2004 年第 7 辑。

② 例如，《埃及民法典》就在其第二编“物权”第三分编“主物权”第二章“所有权取得”第二节“继承和遗产清算”中规定了遗产的清算制度，将遗产清算人制度（包括遗产清算人的指定、报酬、清算费用等）、遗产清单制度（包括遗产的保护、召集遗产债权人和债务人、评估遗产价值、制作遗产清算等）、遗产债务的清偿制度（包括支付不能的清偿停止、对未到期的债权清偿规则、清偿完债务之后的遗嘱或其他指示的执行等）、遗产财产的交付和分割制度（包括剩余财产按继承份额的交付、共有关系的维持、继承份额的扣减、整体份额的分配、死因处分规则等）。《埃及民法典》第 875 ~913 条之规定，参见黄文煌译：《埃及民法典》，厦门大学出版社 2010 年版，第 141 ~ 147 页。

③ 史尚宽：《继承法论》，中国政法大学出版社 2000 年版，第 288 页；张玉敏主编：《继承法教程》，中国政法大学出版社 1998 年版，第 121 页；薛宁兰、金玉珍主编：《亲属与继承法》，社会科学文献出版社 2009 年版，第 356 页。但也有学者虽然也仍在使用遗产处理的用语，但却将遗产清算列于遗产处理制度之下，参见郭明瑞、房绍坤、关涛：《继承法研究》，中国人民大学出版社 2003 年版，第 155 页。

产清偿，但清偿的前提是该债权人需要自行提出债权的申报，而申报债权的前提是债权人知晓被继承人死亡的事实。在现实生活中，债权人不可能时刻关注被继承人的生存情况，特别是在被继承人突发性死亡的情况下，债权人更不可能知晓该事实的发生而错过申报自己债权的时机。为了保护债权人能够在被继承人死亡之后及时申报债权并依照法律的规定获得公平清偿，这就需要有个债权的公告制度，[①] 遗产债权人需要在法律规定的期限内向有关单位或个人申报自己的债权。

（二）公告的主体

公告的主体是指有权依照法律规定的方式作出公告的资格，不同国家对公告主体的规定并不一致。例如，《德国民法典》第 1983 条规定："遗产法院必须以为其公告而指定的报纸刊登遗产管理命令。"由此可见，德国公告的主体为遗产法院，其他任何机关和个人均无权发布遗产债权人申报债权的公告。而日本法律规定的公告主体有所不同，其公告主体为限定继承人，[②] 与此相类似的是《意大利民法典》的规定。[③] 我们认为，对于公告主体的规定，我国应当由遗产管理人进行，因为对遗产债权人申报债权的公告本身就属于遗产管理的重要组成部分，这也与遗产管理人对所申报的债权进

① 这与罗马法之遗产债务的清偿有所不同，在罗马法时代，对于非享有优先权之债务的清偿顺序是依据申报之先后，《法国民法典》就从其清偿理念（参见《法国民法典》第 808 条之规定），只不过赋予了相关债权人的异议权。然而，依据债权人申报的先后确定清偿顺序确实对后申报的债权人不公，且违反了债权之平等性原则，后世遂确立不能通知或不明债权的公告制度。由债权人在法律规定的期限内申报债权，然后对所有债权进行统一、公平的清偿。

② 《日本民法典》第 927 条第 1 项规定："限定继承人于表示限定继承后五日内，应对所有继承债权人及受遗赠人，公告已表示限定承认之事及应于一定期限间内申报其请求的意旨。但是，其期间不得少于二个月。"

③ 《意大利民法典》第 498 条第 3 款规定："如果继承人知晓债权人和受遗赠人的住所或居所，则申报债权的通知应当用挂号信直接寄出，与此同时，还应当将申报债权的通知刊登在省级法律公报上。"

行登记相衔接。

（三）公告的期间

对于公告的期间应当是多长，不同的国家或地区的规定不尽相同。例如，《日本民法典》[①]、《韩国民法典》[②]、《瑞士民法典》[③]规定该期间不得少于两个月，我国台湾地区的“民法”对此期间的规定为不少于三个月[④]。而《德国民法典》[⑤] 对此规定似乎略有不同，其不仅规定了该期间不多于六个月，而同时结合《德国民事诉讼法》[⑥] 所规定的期限不少于六个星期，应当认为德国对此期间的规定是六个星期至六个月。公告期间的起算点一般是以登载之日起起算。需要注意的是，如果遗产债权人未在法律规定的期间内申报债权，其对于该债权的偿还请求权是否永久丧失，对此不同国家的规定并不相同。例如，《瑞士民法典》第 590 条“未经登载于财产清单的责任”就规定：“被继承人的债权人因错过期限而未将其债权登载于财产清单的，继承人既不以其个人财产，亦不以其取得的遗产负责。”这也就是说，即使遗产在清偿所有债务之后还有剩余，遗产债权人亦无权以该清偿后的遗产获得清偿。而又结合被继承人已经死亡的事实，其债权就无法向任何人主张。与《瑞士民法典》这条规定有所不同的是，遗产债权人因自身的原因在法律规定的期间内没有申报自己的债权的，其与其他申报的债权所获得的清偿就有所不同，即在其他已申报债权全部获得清偿之后还有剩余的，得就剩余遗产获得清偿，如《德国民法典》、《日本民法

① 参见《日本民法典》第 927 条之规定。

② 参见《韩国民法典》第 1032 条之规定。

③ 参见《瑞士民法典》第 582 条之规定。

④ 参见我国台湾地区“民法”第 1157 条之规定。

⑤ 参见《德国民法典》第 1970 条之规定。

⑥ 参见《德国民事诉讼法》第 950 条之规定。

典》之规定。①

（四）公告的内容

其一，公告的目的在于使遗产债权人知晓作为债务人的继承人已经死亡的事实，以便遗产债权人能够及时地申报其债权，故被继承人的基本信息应当为公告的内容。其二，当继承人为无限继承时，根本无须作出公告，遗产债权人可以随时向继承人主张承担遗产债务的清偿责任。但在限定继承时，继承人则不会以自己的个人财产承担遗产债务的清偿责任，这就意味着，应当在公告中明确继承人接受了限定继承。其三，催促遗产债权人及时向遗产管理人申报其债权。其四，应当为遗产债权人对其债权的申报提供便利，因此，应当在公告中公布遗产管理人的住址、联系方式等内容。

二、遗产债务的清偿

（一）遗产债务的范围

遗产债务范围的界定是遗产债务清偿的前提条件，只有先明确遗产债务之范围，才能使遗产债务的清偿沿着正确的既定轨道前行。对继承人而言，确定哪些债务属于遗产债务，防止以遗产进行不适当的清偿，从而能够保证在清偿完所有债务后剩余遗产的继承；对于遗产债权人而言，是否将其债权纳入遗产债务的范围，是其能否获得清偿的基础。从这个意义上说，遗产债务范围的确定意义重大。然而，遗产债务范围的确定并非易事，学界对于遗产债务的范围可谓众说纷纭，争议颇大。例如，刘春茂先生就认为，遗产

① 《德国民法典》第 1973 条规定："在遗产因向不被排除的债权人清偿而被用竭的限度内，继承人可以拒绝向在公示催告程序中被排除的债权人清偿。但继承人必须在清偿因特留份权利、遗赠和负担而发生的债务之前，向被排除的债权人清偿，但债权人在这些债务被清偿后才主张其债权的除外。"《日本民法典》第 935 条规定："未予第九百二十七条第一款规定的期间内申报的、且为限定承认人所不知的债权人或受遗赠人，只能就剩余财产行使权利。但是，就继承财产有特别担保者，不在此限。"

债务的范围不仅仅是指被继承人生前所欠付的个人债务[①]，而且还应当包括被继承人死亡后因处理被继承人丧事以及处理遗产所产生的债务。[②] 而刘素萍、张玉敏教授认为遗产债务的范围应当仅包括被继承人生前所欠付的债务。[③] 相对而言，第一种观点较为可取，其实，遗产债务和被继承人之债务是有区别的，被继承人的债务应当是指被继承人生前所欠的债务，只是在其死亡之后由遗产偿还而已。况且被继承人死亡之后的主体资格已经消灭，更不可能由其负债。因此，可以说被继承人之债务应当仅包括被继承人生前之债。至于遗产债务应当是指由遗产偿还的债务，它的含义就较为广泛，不仅包括被继承人生前之债，也包括其死亡之后的债务。既然我们所论述的是遗产债务而非被继承人债务，则第一种观点无疑具有合理性。

1. 被继承人生前债务。被继承人生前债务只是一个泛称，其涵盖的范围广泛，具体而言，根据债务之法律的属性不同，可以分为私法上的债务和公法上的债务。私法上的债务包括合同之债、无因管理之债、侵权行为之债、不当得利之债等，公法上的债务包括税款、罚款等。根据债务为单一之债还是多数人之债，可以分为被继承人个人债务和共同债务，前者是指该债务仅有被继承人一个债务人，后者是指被继承人仅仅是众多债务人之一，它包括保证债务、连带责任债务等。但对于共同债务而言，最终仍然要分出各自的份额，如连带责任债务中，共同债务人承担了清偿责任之后，可以要求被继承人承担自己相应的份额。在此，需要注意的是，被继

① 包括合同之债、无因管理之债、不当得利之债、侵权行为之债以及应当缴纳的税款等。

② 包括丧葬费用、遗产管理费用、公示催告费用等。参见刘春茂主编：《中国民法学·财产继承》，中国人民公安大学出版社1990年版，第552页。

③ 包括个人为满足自己的需要所欠的债务、税款、罚款。参见刘素萍：《继承法》，中国人民大学出版社1988年版，第354页；张玉敏：《继承法律制度研究》，法律出版社1999年版，第160页。

承人生前的债务仅仅是指被继承人生前的个人债务或者应当由其承担相应份额的债务，这就与被继承人作为家庭成员之家庭债务区分开来，避免了将本属于家庭的债务划分到被继承人个人生前债务中，从而损害其他债权人的利益。而且，被继承人生前的债务还应当是可以用金钱衡量的债务，这也就意味着专属于被继承人自身的债务不能包括在内，如被继承人特种技能或较高知名度的债务。这并不意味着债权人对该种债务因被继承人的死亡而完全束手无策，债权人可以根据合同要求被继承人承担违约赔偿责任，从而以债权人的身份参与遗产的分配。

2. 继承开始时及继承开始后产生的债务。被继承人死亡后的债务分为两个部分，其一是继承开始时所产生的债务，其二是继承开始后所产生的债务。前者主要是自被继承人死亡的时刻开始就已经产生的债务，该债务的产生是被继承人死亡的事实而非第三人的行为，它包括遗赠债务、特留份债务以及遗产酌给债务等。后者主要是被继承人死亡之后，因第三人的行为而产生的债务，包括丧葬费用、公告债权费用、遗产管理费用、遗嘱执行费用等。其中，遗赠债务是基于被继承人生前的遗嘱行为而产生，该遗嘱虽然是被继承人生前所立，但却于被继承人死亡时生效。既然遗赠是被继承人生前所立遗嘱的赠予而于死亡之后生效，就可能存在遗产不能支付该遗赠的情况，此时遗赠债务如何清偿是应当考量的对象，这将在下文中论述。值得注意的是，如果被继承人在死亡之前对于遗赠之物已经特定化，但在被继承人生前却将该特定物处分时，遗赠债权人可否请求以其他遗产承担的问题，笔者认为，因遗赠是以被继承人的死亡而生效，被继承人生前对该遗赠之特定物的处分时，遗赠并没有生效，被继承人无需对遗赠负责。且被继承人生前的处分表现为其以所有权人身份的处分，该处分显然是被继承人的有权处分，至于在被继承人死亡之后的遗赠生效时，因该特定物已经被被继承人生前处分而不复存在，可以认为是被继承人以自己的行为撤销了对该处分之特定物的遗赠。[1] 特留份债务其实是兼顾了遗嘱自由与被继承人近亲属利益的制度设计，在特留份之内，各继承人有权获得相应的遗产，而在特留份之外，被继承人有权以遗嘱的方式自行处理。[2] 公告债权费用、遗产管理费用、遗嘱执行费用等又被称为共益费用，这一类行为虽然产生了一定的费用，但却为所有遗产债权人的利益而设，否则，遗产债务的清偿等都会处于混乱状态，该类型费用属于遗产债务范围当无异议。

（二）清偿的时间

在公告期间内，遗产债权人请求清偿其债务的，因债权的平等性，得禁止该清偿请求。如果继承人或者遗产管理人不以法律的规定而单独在此期间内对个别遗产债权人清偿，其他遗产债权人可以请求该继承人或遗产管理人赔偿受损失的部分，并且还有权向已经获得清偿的债权人以不当得利的名义退还所获得清偿。在公告期间内，继承人或遗产管理人对个别债权人清偿的事情一般不会发生。在此情形下，该个别债权人是否可以凭该到期债权而提前获得清偿？根据上述之债权平等性的论述，即使该债权已届清偿期，也仍然不能提前获得清偿。即使公告期间已过，而在公告期间内申报的债权，在制定出所有债权的清偿比例和清偿方案之前，也仍然得以拒绝个别债权人的清偿请求。如果遗产债权人的债权将于公告期间内超过诉讼时效时，其债权应当受诉讼时效和公告期间的双重制约，即债权人应当在诉讼时效前申报，否则将成为自然债务而可能不受法律保护。

（三）清偿的顺序

1. 共益债权。共益债权是指为了继承人以及全体遗产债权人的利益而发生的债权，其一般包括丧葬费用、遗产管理费用等。共

---

① Gareth Miller, *International Aspects of Succession*, London: Ashgate, 2000, p. 158.

② 我国司法实践中出现的“泸州二奶案”其实就是因我国没有设立特留份制度，导致了认定遗赠效力的难题。

益债权的产生不仅是为了继承人的利益，也是为了全体遗产债权人的利益。其中对于丧葬费是否应当属于共益债权而由遗产优先清偿的争议颇大，其原因大概是丧葬费用的发生对于债权人并无利益，只能是为了继承人的利益而支出的，而在我国礼仪孝道文化的传统中，继承人对被继承人的丧葬支出是基于亲情关系的当然义务，即使被继承人没有留下任何遗产，继承人也应当负担对被继承人的丧葬义务。然而，该观点是强加给继承人的道德义务，而清偿顺序之丧葬费用的支出是一种法律上的义务，不能将道德上的义务上升为法律上的义务而强加给继承人。意大利、日本、法国、匈牙利、我国澳门地区等都将丧葬费用作为共益债权而由遗产优先支出，① 既然我国要在法律上规定清偿顺序，丧葬费之共益债权亦应列入第一顺序清偿。

2. 优先债权。所谓的优先债权是指“债权人在遗产上有抵押权、质权、留置权等情形的债权”，② 它包括了有担保的债权以及有优先权的债权③等。对于享有优先权的债权而言，其清偿不受在债权的公告期间是否申报的影响，④ 即上文中的公告是针对于普通债权而言，对优先债权不产生任何效力，这大概是因为优先债权或基于法律的直接规定，或基于担保物权之优先于债权的效力。优先债权优先于其他普通遗产债权获得优先清偿在许多大陆法系国家亦有规定，如《法国民法典》第十八章第一、二节之规定，《日本民

---

① 如《匈牙利民法典》第678条规定，殡葬开支、继承开支应优先于其他债务。参见刘春茂主编：《中国民法学·财产继承》，中国人民公安大学出版社1990年版，第569页。

② 刘春茂主编：《中国民法学·财产继承》，中国人民公安大学出版社1990年版，第568页。

③ 有优先权的债权如实际施工人对建设工程的优先权，以及类似于船员对于船舶优先权等性质的工人工资。

④ 《日本民法典》第935条规定：“未予第九百二十七条第一款规定的期间内申报的、且为限定承认人所不知的债权人或受遗赠人，只能就剩余财产行使权利。但是，就继承财产有特别担保者，不在此限。”

法典》第929条之规定。[①] 值得注意的是，优先权人的权利仅限于有担保的债权部分，对于担保物价值之外的部分债权，纵然在变卖担保物后也仍不能得到全部清偿，该未清偿的部分债权也不具有优先性，应当与其他普通债权同列而按比例清偿。虽然法律对于普通债权规定了必须在公告期间内申请，但对于担保债权中未清偿部分的债权是否应当申报却没有规定。按照通常理解，既然属于普通债权就应当积极申报，否则就可能丧失同一顺序清偿的权利。然而，对于担保债权中未获清偿的部分就不应当过于机械，这是因为所享有的优先权无须申报，优先债权作为一个整体债权存在，不宜将其人为划分为有担保还是无担保，而是在是否申报上有所不同。不仅如此，公告期间之普通债权的申报目的无非就是掌握所有债权的情况，而有担保的债权本身就已经属于已知的事实，故在此情况下，无担保的债权与有担保的债权作为一个整体而无须申报。况且，在担保物折价变卖前，担保债权人并不知道自己可能未获清偿以及其数额，也就无法申报。

3. 普通债权。它是相对于共益债权和优先债权而言的，在共益债权和优先债权清偿完毕后，就开始对普通债权的清偿。当遗产不足以清偿所有的普通债权时，根据申报期间所申报的债权数额，按照比例进行清偿。对于未届清偿期的债权，因其债权数额以及将来清偿的确定性，在清偿普通债权时虽然未届清偿期，亦应当作为到期债权清偿。但对于附条件的债权，因条件是否成就处于未知状态，不宜将其与普通债权一并清偿。较为适宜的做法是，将该附条件的债权姑且作为其条件已经成就而预留出该遗产数额并提存，当该附条件的债权之条件成就时，直接将其分配给债权人。否则，该附条件的债权之条件不成就时，预留的部分遗产分配给其他普通

---

① 《日本民法典》第929条规定："第九百二十七条第一款的期间届满后，限定继承人应以继承财产，对期间内申报的债权人及其他已知债权人，按各债权额的比例予以清偿。但是，不得侵害有优先权的债权人的权利。"

债权。

4. 其他债权。诸如遗产酌给债权、特留份债权、遗赠债权等。

三、剩余遗产的交付

在限定继承的实施中，为了避免继承人在继承了遗产之后，又面临着清偿遗产债务的问题，避免程序性设计的不合理而徒浪费资源及增加相关费用，应当先进行遗产债务的清偿。只有在清偿所有债务之后的遗产还有剩余，归继承人继承方才较为合理。这种剩余遗产的交付制度当然是针对包括无限继承和限定继承而言的，如果说在无限继承中还存在先清偿遗产债务还是先实际继承的争议，在继承人限定继承意思表示作出后，先清偿遗产债务就实属必然。在继承人为一人时，该清偿所有债务之后的遗产直接交付给继承人即可。当继承人为数人时，应当将该清偿所有债务后的剩余遗产交付给共同继承人、共同继承人共同推选接受遗产交付之继承人或者共同继承人共同委托的第三人。

第三章　限定继承制度的价值

每一种制度设计的背后都有其特定的价值考量，该价值考量既是此制度设计的指导思想，也是修改、完善此制度的法理依据。限定继承制度作为继承法的重要组成部分，其自然受到继承法之总体价值取向的挈领，但这并不意味着限定继承制度的价值变得可有可无。相反，限定继承制度有自己的价值取向，其价值具体包括公平价值、平等价值、自由价值、秩序价值和效率价值。

第一节　公平价值

一、公平价值理论

公平一般是指公证、不偏袒、平等、没有偏见，[①] 其在法律用语中是出现频率最高的词语，公平几乎是每一部法律都遵守的价值准则，[②] 只不过是不同的法律将公平价值置于不同的位阶之上。公平到底应当是什么以及如何界定是一个真正的问题，似乎只可意会不可言传，这也是许多著作在论述公平价值时往往具有模糊性的原

① Gamer B. A. ed. ,Black law's Dictionary,8th edition,New York:West Group,2004,p.766.

② 普遍的看法是，公平是（所有）法律所应当始终奉行的一种价值观。［英］彼得·斯坦、约翰·香德著：《西方社会的法律价值》，王献平译，中国法制出版社 2004 年版，第 86 页。

因。解释不清而又无法回避是公平价值的真实写照，也许只能将其交由哲学来回答才最为适合。古希腊的哲学家亚里士多德很早以前就对公平进行过分类，其在《伦理学》一书中将公平分为分配的公平和矫正的公平。前者所指的是利益、责任、社会地位等在社会成员之间的分配；后者则是指在社会成员之间重建原先已经建立起来、又同时遭到破坏的均势和平衡。① 分配公平的主要关注点在于根据每个社会成员的能力、对社会的贡献等实现社会资源在社会成员间的分配，其为公平的起始，如果在对社会资源进行分配的时候，没有做到公平，则公平价值是不可能在现实生活中实现的，即使今后实际操作中再对这种公平予以矫正亦为如此。当然，分配的公平也应当有一个统一的标准，也即是分配公平的参照，如一头奶牛分配给农场可以源源不断地产生鲜奶，可以说，这种分配是物尽其用；而将其分配给屠宰场成为牛肉则是对资源的浪费，这当然不是分配所能达到的公平状态，即使屠宰厂与其他全社会成员一样都公平得到了一定数量的奶牛。矫正公平的主要关注点在于，当公平在现实生活中被违反的时候，以法律的手段使这种被违反的公平得到及时的矫正，以回复到公平的应然状态。矫正的公平就等于在制定法律的时候就预设了一种不平衡或者不理性的情况，当这种情况现实发生时，法律的预设就变成了现实，这颇有点“以牙还牙，以眼还眼”的意味，只不过这种“以牙还牙，以眼还眼”在民事领域已经脱离了人身而转由财产负担而已。

虽然现实中的不平衡或不理性是由法律所预设的，但是当该不平衡或不理性之事由出现时，还是有赖于法官对公平正义的矫正，由法官适用法律的规则决定该违反的公平该如何矫正而非由其他任何人的单方行为决定。换而言之，就是法律主管着正义应当如何分

① ［美］理查德·A. 波斯纳：《法理学问题》，苏力译，中国政法大学出版社 2002 年版，第 392、418 页；［英］彼得·斯坦、约翰·香德著：《西方社会的法律价值》，王献平译，中国法制出版社 2004 年版，第 88 页。

配，以及当法律所认为的这种分配的公平被打破时的矫正方式，而法官则专职于执行法律的规则，根据规则的要求实现着法律的理想状态。[①] 我们在此需要反思的是，作为法官适用规则的前提之法律所设定分配的公平本身是否公平的问题，因为之所以绝大多数人乐于遵守所设定的规则并形成安定的社会秩序，要求法律在分配公平上要做到公平。如果法律在分配的公平上做得不够理想，虽然能够在短时间内以强制力的手段迫使人们遵守该法律的规定，但长此以往将使社会的公平正义观发生扭曲。例如，某人以善良之心及尊老爱幼的传统美德扶起倒在路边的老人时，如果法律所设定的规则不能鼓励这种美德的发扬，反而可能使之付出巨大的代价，则这种分配的公平本身就是不公平的。即使分配的公平本身是公平的，但在矫正的公平上做得不够，即法官在适用法律规则时，使助人为乐者负担了不应当负担的义务，或者为了实现受伤老人所谓的公平而令他人蒙受损失，矫正的公平无疑是矫枉过正。待社会正义观发生扭曲的时候再用法律规则进行分配的公平及矫正的公平实现起来具有相当大的难度，在南京彭宇案判决彭宇承担对老人的赔偿责任时，社会的公平正义就已经发生了扭曲，因为从此大家可能人人自危，遇到倒地之人不敢搀扶。不可否认的是，彭宇确有两种可能性：撞倒老人与未撞倒老人，但当难以查清案件的事实时，应当以谁的利益作为优先保护的对象是一个需要考量的问题，如果从保护老人的角度来考量，就是同情所谓的受害人，它所实现的是一个人的公平。如果是从保护彭宇的角度来考量，则同情所谓的无辜者，它所实现的是一个社会群体的公平，或者说是一种美德的弘扬。基于此，在公平实现的过程中，一定要注意司法裁判的引领作用，将具有公平价值判断的司法裁判融于社会的主流价值观中，才能凸显裁判的权威性作用。从这个意义上说，公平与正义的实现是一种相辅相成的关系，即“公平和公正（正义）实际上是一回事，虽然公

① 贺卫方:《司法的理念与制度》，中国政法大学出版社 1998 年版，第 3 页。

平更有力些，但两者都是好事情。”① 法律对公平的实现不仅是保护受害人以矫正业已发生的损害结果，而且还在于保护好人不受错误的责任追究。

公平价值也是一个不断变换的过程，即随着时代的不同对公平价值的认知也是不同的。例如，在女性的解放过程中，女子具有一定财产的继承权在当时看来是公平的，是女子为争取自身的独立所取得的丰硕成果之一，但随着人格平等的观念深入人心，女子并不仅限于对父辈财产仅仅具有一定的继承权，其所追求的是与男子继承权的无差别化。从这个意义上说，公平又是在法律面前人人平等这种法律上的公平。它不仅包括了一个人作为社会成员所应当享有的个人生活所需，还应当包括享有法律为其他社会成员提供的一切符合公平价值理念的、对增进整个社会福祉有利的机会，“职位对有能力的人开放，每个人都有平等的资格凭着自己的能力去争取自己所想要的东西。”② 这是法律所一视同仁的标准，但并不就此意味着公平是不分任何情况的完全平均，“法律对人一视同仁，而在权利、智慧、个人幸福等实际上的不平等状况下，只能使不平等变得天经地义，甚至加深了这种不平等。”当然，这可能仅仅是公平价值的理想状态，但在法律的演进中其表现得也许并不是那么理

---

① ［古希腊］亚里士多德：《尼各马可伦理学》，邓安庆译，中国社会科学出版社1990年版，第110页；何怀宏：《契约理论与社会正义》，中国人民大学出版社1993年版，第120页；孙国华：《市场经济是法制经济》，天津人民出版社1995年版，第163页。在法律价值理论中，“正义”、“公平”、“公正”这三个词之间的差别颇为微妙，很难确定区分的具体标准。但也有一些学者试图对此进行区分，如美国法学家昂格尔说：“公平，即特定情况下直觉的正义。”（参见［美］R. M. 昂格尔：《现代社会中的法律》，吴玉章、周汉华译，中国政法大学出版社1994年版，第191页），还有罗尔斯把自己的正义论限定在“作为公平的正义”问题上，而他研究的“正义的主要问题是社会的基本结构，更准确地说，是社会主要制度分配基本权利和义务，决定由社会合作产生的利益之划分的方式。”（［美］约翰·罗尔斯：《正义论》，何怀宏、何包钢、廖申白译，中国社会科学出版社1988年版，第5页）参见谢鹏程：《基本法律价值》，山东人民出版社2000年版，第56页

② 张文显：《二十世纪西方法哲学思潮研究》，法律出版社1996年版，第542页。

想，或者说在当时看来是比较理想的，但随着社会的发展又不理想了，这也是法律变革的渐进过程。

二、限定继承制度之公平价值的实现

随着被继承人的死亡，被继承人的人格已经不复存在，根据现代民法基本理论，当一个人的生命不复存在的时候，这个人的人格也就一起消失了，这个人在法律上也不能被称为人了。[①] 既然被继承人的人格已经不复存在，限定继承制度的设计也就不是因被继承人的人格而发生的。然而，虽然随着被继承人的死亡，其人格消失了，但并不意味着与被继承人有关的所有事务也就一起消失，被继承人生前行为所产生的法律效果并不因此消灭，只是这种法律效果在被继承人财产上发生，即涉及被继承人的财产如何实现公平分配的问题。这就是私法制度发展到现代，人们逐渐开始关注了遗产的经济功能而非过去主要关注于被继承人死亡之后在继承人身上得以延续的人格。该遗产的经济功能就是不再将继承人对遗产的继承作为继承制度的唯一核心内容，转而注重遗产在继承人继承之前如何实现在继承人之外的分配，如对被继承人生前债务的清偿，对酌给遗产债务和遗赠债务的清偿等，这就等于赋予“遗产以相当多的社会义务，并且是强制性的，这种情形被人们普遍地认为是平等、公平理念的体现”。[②] 特别是继承人表示接受限定继承后，首先清偿遗产债务之“社会义务”就显得更为重要。然而，正如前述所言，限定继承制度下先清偿遗产债务之公平价值的实现主要是继承制度在现代社会条件下的产物，在远古时代还根本没有出现限定继承制度，更不用说在实现继承人利益、遗产债权人利益以及继承人债权人利益间利益平衡之公平了。也就是说，在有条件的限定继承

① 被继承人之所以还被称为“人”是相对于继承人而言的，只是为称呼上的方便罢了。

② 费安玲：《罗马继承法研究》，中国政法大学出版社2000年版，第183页。

制度出现以前，现代社会所认为的对各方利益进行公平保护还远未实现，这也能从继承方式之无限继承到有条件的限定继承的发展变化中得到反映，其发展变化也恰恰与前文中对公平价值论述之分配的公平与矫正的公平理论相符合。

无限继承是指继承人明确表示对被继承人的所有债务非以所继承的遗产为限负担偿还，其为人类社会早期的继承样态，当时财产继承并未从身份继承之概括继承中解脱出来，出于维护被继承人死亡之后名声的需要，继承人对被继承人的所有债务负责偿还，不以所继承的财产权利为限进行清偿。加之当时的社会生产力水平低下，可供支配的财产并不多，对外所负债务亦有限，以身份继承为主要支配地位的无限继承与当时的社会发展相一致，即无限继承可能在那个时代看起来是公平的。但随着社会财富的增加，以身份继承为主要继承形态的继承方式逐渐被财产继承所取代，无限继承就容易导致继承人的财产与被继承人的财产的混同，这种继承方式不仅可能对继承人不公平，也可能对被继承人的债权人及继承人的债权人不公平。对继承人而言，因被继承人对外所负的财产义务可能远远大于其遗留的财产权利，无限继承会使继承人以自己的个人财产偿还本应由被继承人负担的债务，加重继承人的负担；对被继承人的债权人而言，若被继承人遗留的财产权利足以清偿其所负财产义务时，被继承人之债权人的债务本可以得到完全清偿，但因继承人的无限继承，继承人从被继承人处继承的遗产也会被列为继承人的责任财产，尤其是在继承人出现破产原因时更是如此。在这种情况下，被继承人的债权人本应得到完全清偿的债权可能会因此无法得到完全清偿。反之，则继承人的债权人本应得到完全清偿的债权可能因此无法得到完全清偿。此情形难免会对一方不公平，以现代人的观察方式来看，单纯的无限继承总是显示出分配的公平之法律规则设计上的缺陷，即法律并没有在规则构建时，将分配的公平进行公平的分配。有鉴于此，后续司法实践中对公平的矫正也就无能为力。因此，大多数现代大陆法系国家虽然仍将无限继承作为一种首要的默示继承方式，但其立法本意中已经几乎没有将无限继承作为主要继承方式的立法例，不过是出于立法技术的原因如此制度设计而已。[1]

限定继承制度设计的初衷就是为了避免无限继承时完全忽视继承人的利益而对继承人不公平之情况发生，继承人仅需以所继承的遗产为限对外承担清偿责任。但如果仅以此之限定继承而为制度设计，则又陷入了完全保护继承人利益的境地，难免对被继承人的债权人利益保护不力。换而言之，该制度构建的方式属于无条件的限定继承，也就是说，继承人在任何条件下都只需以所继承人的遗产为限负担遗产债务的清偿责任，包括继承人在被继承人死亡之后随即侵吞、隐匿遗产的情况。[2] 如果继承人侵吞、隐匿遗产没有被发现[3]，就等于纵容了这种不法行为；如果继承人侵吞、隐匿遗产被发现，也仅仅是将侵吞、隐匿的遗产退还而已，并无额外的惩戒措施，该规则的设计其实在分配的公平上就已经出现了问题，继承人在现实中侵害遗产的情况也就屡见不鲜了。为了避免这种从一个极端走向另一个极端的尴尬，以对分配的公平进行有效矫正，现代国家在设计限定继承规则时，纷纷设计出了遗产管理制度予以应对，其中就包括遗产破产和制定遗产清册等，特别是将遗产清册作为限定继承的前提条件之一，这也是为何限定继承又被称为遗产清册利益。否则，如果发生继承人制作遗产清偿时有故意遗漏等不实行为，就会丧失遗产清册利益转而被迫接受以自己的个人财产负担遗产债务的无限继承。这种伴随着限定继承制度而生的遗产清册制度，其实就是有条件的限定继承制度。通过该制度的构建，达到了

---

① 需要指出的是，在现代社会中无限继承作为一种重要补充的继承样态仍有存在的空间，尤其是继承人自愿以此方式继承被继承人的遗产而对第三人无害之虞时，以及出现某些法定原因强制继承人以无限继承的方式为继承行为时更是如此。

② 事实上，无条件的限定继承制度不仅不能有效阻却继承人侵吞、隐匿遗产情况的发生，甚至在一定程度上说，还颇有点鼓励继承人肆意侵吞、隐匿遗产的意味。

③ 实践中，这种被发现的概率还是相当小的。

所期望的对继承人、继承人之债权人、遗产之债权人利益的公平保护。[①]

综上所述，单纯无限继承制度下，继承人在任何情形下均需负担本不应当由其负担的被继承人之义务，该制度难免会损害继承人的利益，甚至连带损害继承人之债权人的利益，对继承人以及继承人之债权人不公平。为了解决对继承人利益保护的问题，后世遂发展出了继承人可以明确表示以所继承的遗产为限承担遗产债务清偿责任之限定继承制度。但如果是无条件的限定继承，继承人在任何情形下都不需要以自己的个人财产负担遗产债务，即使继承人侵害遗产时亦是如此，但这又会对遗产债权人不公平。[②] 为了达到对继承人、继承人之债权人及遗产之债权人公平保护的目的，限定继承必须附有条件，即继承人必须负担忠实善良的遗产清册制作之义务，以使得遗产的数额、遗产的债务数额清清楚楚地呈现在每一个遗产相关人面前，遗产应当如何分配、每个人应当分得的遗产数额是多少都按照既定的程序进行，这对每个人来说都是公平的。上文对遗产继承方式发展轨迹的论述，意在说明这种发展的历程恰恰是公平价值理论之分配的公平的实现过程。

而矫正的公平在限定继承制度中的实现，也是区分为不同的继承方式。在无限继承制度下，继承人必须接受继承而没有选择的余地，这对继承人来说具有强制性。如果继承人不能清偿所有债务，则对继承人课以人身处罚，这在现在看来是那么残忍和不人道。这就是“法律仅能在其力所能及的范围，通过法律制度的设定而去实现公平的理念追求，那么这种公平可能仅仅是表面上的”。但这在当时看来或许是天经地义的事情，因为实现了对公平的矫正。“所以，法律虽然无法以一种完美无缺的公平方法来适用于一切情

---

① 王丽萍：《债权人与继承人利益的协调与平衡》，载《法学家》2008 年第 6 期。

② 曹秀君：《财产继承中债权人利益的保护》，载《河北经贸大学学报》（综合版）2006 年第 2 期。

况。不过，减少不公平现象的某些方法还是存在的。”①

而从大的方面来看，矫正的公平也在持续地发生，如强制性的无限继承对继承人不公平，后来遂赋予继承人接受无限继承与放弃继承的选择权，如果遗产的债务过多，继承人为了避免陷入巨额债务中不能自拔，可以选择放弃继承，既不负担遗产债务也不参与遗产的继承。通过放弃继承制度的构建，将强制性的无限继承矫正为可以通过放弃继承减轻“父债子还”的债务负担。但是，继承人对遗产的状况可能也并非了如指掌，要继承人在一定的期限内选择无限继承还是放弃继承难免过于苛刻。能否有一种更好的制度，能够公平地保护各方的利益？531 年，罗马皇帝查士丁尼发布敕令，继承人可以通过如实地对遗产登记造册而享受遗产债务的有限责任，② 且如果遗产在清偿所有债务之后仍有剩余，继承人还可以就剩余遗产进行继承。通过这种矫正，达到了各方利益的公平保护。在有条件限定继承制度下，继承人可以通过如实地制作遗产清册而享受遗产清册利益，但如果继承人背信弃义，不如实制作遗产清册，其他人的利益岂不受损？为了有效避免这种情况的发生，公平之矫正的方式是继承人将会丧失限定继承的利益。

第二节　平等价值

一、平等价值理论

“平等是我们时代的秩序”，③ 平等一般可以被分为两种类型：无差别和按比例，无差别的平等是指不考虑学历、贡献、社会地

---

① 费安玲：《罗马继承法研究》，中国政法大学出版社 2000 年版，第 184 页。

② 周枏：《罗马法原论》（下册），商务印书馆 2001 年版，第 472 页；郭明瑞、房绍坤、关涛：《继承法研究》，中国人民大学出版社 2003 年版，第 37 页。

③ ［英］丹宁勋爵：《法律的正当程序》，李克强、杨百揆、刘庸安译，群众出版社 1984 年版，第 212 页。

位、出身背景等一律给予同等的对待,[①] 这种平等又被称为绝对的平等。但是，一般而言，绝对的平等只是一种理想的状态，完全不考虑个人的实际情况而给予同样的对待，最终的结果可能是不平等的。例如，男女在生理上本来就是有差异的，如果不考虑这些差异，强制女人与男人一样负重一百公斤的重物就是对女人的不平等。按比例的平等就有所不同，它显然是要考虑个体的差异而给予不同的对待，这种平等又被称为相对的平等。名义上，相对的平等可能对某些人来说是不平等的，但从实质的角度来看，就是为了平衡绝对的平等所带来的弊端而发展起来的。平等在具体到主体地位上可能略有不同，其在某些场合下与正义的含义较为接近，如对于道路交通事故中人身损害赔偿的案件，每个人的生命和健康都是平等的，不因出身于农村还是城市而有所不同，也不因出身于江苏还是上海而有所不同。在生命和健康平等理念的指导下，对于同样等级的伤害给予相同数额的金钱赔偿，从而实现了社会的正义，从这个意义上说，平等即为正义。[②] 但是，在另外一种场合平等就似乎与正义不能简单等同了，如民事主体的日常交易都是在主体地位平等的基础上进行的，侧重于程序性的保障，而正义则是指在具体的交易后果上具有实质性的公平，侧重于实体性的保障，这种平等就有点形式上的平等与实质上平等的意味。同样，如果开始就没有达到平等，想从结果上达到平等就更加困难。例如，在共同富裕的过程中，允许一部分人先富起来，先富起来的人再带动后富者达到共同富裕。但是，事实情况是先富起来的人与后富起来的人的贫富差距会越拉越大，起始上的不平等想达到理想的平等结果比较困难。为了矫正这种不平等，国家可能运用行政手段干预，以牺牲一部分

---

① C. Perelman Justice, *Law and Argument*, London: D Reidel Publishing Company, 1980, p. 114.

② 而且在这个例子中，平等还意味着法律将人、物、事等按照一定的标准进行归类，并为所归的同一类别设定了一个同样规则。在规则的运行过程中，因同样的人、物、事之同样的适用性，通过规则制度运行本身就在践行平等的价值内涵。

人某些利益的方式尽可能地维持平等的主体而不至于失控，如通过个人所得税以及遗产税的手段调节贫富收入的差距。这就是通过适当的方式致力于构建平等的社会，因为一个平等的社会才是一个比较好的社会。①

平等价值的最终实现要依赖于为此设计的规则，因为没有规则，就不会有真正的法律秩序。② 既然法律规则是如此重要，那么法律规则的设计就应当符合平等的价值理念，至少在法律层面上“凡为法律视为相同的人，都应当以法律所确定的方式对待”。被法律视为相同的人可以作两方面的理解，一方面是作宽泛的理解，即所有人的权利能力都是相同的，这与法律之形式上的平等较为类似。另一方面是作较窄的理解，即法律将人进行分类，所谓相同的人适用于相同的规则，这与法律上实质的平等较为类似。然而，平等若只停留在法律的层面，恐怕还难以实现真正的平等，因为法律最终要在现实中实施，通过实施的效果判断平等是否真正实现。在民事领域，一般首先注重当事人的地位平等，地位平等是能否公平交易的前提和基础。虽然，在多数时候法律肯定了交易双方的地位平等，但在实践中因为强弱势的不同，对于讨价还价的能力自然不同。例如，在保险合同中，保险公司处于强制地位，其可能利用预先拟定的条款规避所有可能的风险，法律所规定的地位平等可能受到了扭曲。正因如此，才要恢复这种已经扭曲的平等，使双方的利益回归到理性，其手段就是对保险公司加重被保险人的责任、免除保险人义务的条款应当无效。再如，法律规定了债权的平等性，但这并不意味着所有的债权就是无差别的绝对的平等，当遗产不足以清偿所有债务时，对遗产债权的清偿也有先后顺序，这就是法律对

---

① R. Dworkin, *Taking Rights Seriously*(*revised edtion*), Poston: Harvard University Press, 1987, pp. 272 ~ 273.

② ［美］E. 博登海默：《法理学、法哲学与法律方法》，邓正来译，中国政法大学出版社 1998 年版，第 221 页。

于平等背后因素的考量。又如，被继承人生前所欠普通债务的清偿顺序是在遗赠债务之前的，这是因为被继承人生前所欠的普通债务一般是等价有偿的，而遗赠债务一般是受遗赠人无偿取得的。与此同时，酌分遗产债务一般排在遗赠债务之前，这是因为酌分遗产债务可能是保障生存者的生存权，生存权优先具有天然的正当性。

在现实中，还存在这样一种情况，即借由道德上和法律上的平等，将某种已经预先设计好的模式强加于另外一群人的身上，或者要求扩大平等范围。自己本来属于按照某一标准分类的范围，但却想尽办法归为另一种类型，这并不是真正的平等，而是借由形式上平等的外衣意欲享受特权阶层待遇的思维模式，这种外衣之下的平等实质上是平均主义者的观点，我们仍然反对打着“平等”的旗号以损害他人利益的行为。不过，近年来平均主义者的观点已经发生了转变，已经从不考虑个体差异的平等和机会均等上，逐渐要求在公共资源分配上的平等了。例如，免费的教育应当是每一个人都应当获得的，不能只有城市里的孩子享有，农村的孩子也应当同样享有。然而，有些因素是人为无法控制的，如出生的家庭、地域等，虽然我们很赞同对于公共产品的占有应当是平等的，但如果就此要求不管这些先天性因素，实行大家机会的均等，出生于农村家庭以及教育落后地区的孩子很可能被出生于城市受到良好教育的孩子超越，这对于出生在农村的孩子就是不平等的，法律必须考虑这些可能的因素。

二、限定继承制度之平等价值的实现

平等价值的实现一直是法律制度所追求的目标，限定继承制度的设定也不例外，它以平等的理念为指导，努力促使平等价值在限定继承制度中的实现。限定继承制度之所以能在现代继承制度中迸发出相当的活力，平等的价值理念在其中有着不可磨灭的贡献。在现代的限定继承制度中，平等价值主要是指继承人与被继承人及各继承人之间的人格和地位上的平等、同一顺序的债权人之债权的平等、胎儿继承利益的平等保护。

现代之限定继承制度，首先是建立在继承人与被继承人的人格和地位的平等之上。虽然继承人继承遗产的方式是无偿的，继承人参与继承最终以获得遗产为目的，而被继承人也是希望死亡之后将自己的财产遗留给自己的近亲属，但继承并不意味着继承人的地位就低于被继承人而表现出人格和地位上的不平等性。现代之限定继承制度主要关注于财产的继承，身份的继承已经不复存在，人格和地位上的不平等主要是身份继承制度下的产物，既然现代的限定继承是以财产继承为目的，该继承就已经与身份继承几乎没有关联性，也就无关乎人格和地位了。又因为现代民法确认了每一个个体的权利能力的平等性，每一个个体之人格就具有了独立性，其在地位上也不存在所谓的人身依附关系。① 这与古代身份继承制度下财产的继承具有实质性的区别，即在身份继承存在的时代，继承人与被继承人存在人身上的依附关系，甚至继承人有时被视为被继承人的私人财产，被继承人可以对继承人的财产及生命享有处分权，存在所谓的“君让臣死臣不得不死，父让子死子不得不死”的事实，在地位上根本毫无平等性可言。当时身份继承成为继承的主要方面，继承人对被继承人的继承也被视为被继承人人格在继承人身上的延续，“父债子还天经地义”也就表现出这一点。而且，因当时的财产继承在继承制度仅仅处于附属地位，限定继承制度的存在也主要是为了解决继承人在财产上负担过重而非为了解决继承人与被继承人人格上的不平等。换而言之，财产继承制度如何设计不影响身份继承的性质，继承人的人格仍然没有从被继承人身上解脱出来而具有平等性，甚至可以说为了解决继承人在财产上负担过重之限定继承制度的设计目的也是为了身份继承服务的，以避免继承人在财产上负担过重而影响身份继承的效果。因此，在古代身份继承存

① 戴启秀：《从古希腊古罗马神话看德国法律的起源与发展》，载《德国研究》2009 年第 2 期。

在的前提下，无论制度如何设计，继承人与被继承人的人格和地位都不具有平等性。现代继承制度中已经不存在身份继承，继承人与被继承人人格和地位上不平等的前提已经消失，取而代之的是现代民法已经确认的民事权利能力的平等性，即民事领域的每一个个体自从出生时起至死亡时止，都被法律视为一个人格独立的个体，其权利能力无任何差别的平等，主体之间不再有人身关系的依附性。如果将现代继承人获得遗产视为继承人与被继承人的人格和地位的不平等，无异又回到了人身依附关系的时代，与现代所倡导的民事权利能力平等的精神相违背。

除继承人的人格和地位与被继承人的人格和地位平等之外，平等价值在限定继承中的实现还体现在同一顺序的债权具有平等性。具体而言，继承人在法律规定的期限内按照法定的方式明确表示接受限定继承以后，最终遗产债务的清偿都会有明确的顺序，这也是限定继承的效力之一。既然限定继承制度已经规定了遗产债务的清偿顺序，是否就意味着各遗产债权之间不具有平等性？我们认为，这是对债权平等性的误解，如上文所述，平等价值理论分为形式上的平等和实质上的平等，形式上的平等不考虑外在因素的影响，强调不加区别的平均主义。但是，这种不加区别的平均主义最终往往会影响平等价值的实现，故形式上的平等一般只具有某种资格的宣示意义，其价值的实现还有赖于实质上的平等，即应当考虑外在因素的影响而在平等之下实现社会的公平正义。如果不考虑债权的性质而径直以债权的平等性来主张所有债权不分先后的平等清偿，则仅仅是债权形式上的平等，但这种形式上的平等并不能达到公平正义。例如，有担保的债权相对于无担保的债权应当具有优先性。这需要考虑达到实质上平等的手段，即将遗产债权按照不同的标准分为不同的类型，并为每个类型的债权设计不同的清偿顺序，唯有如此，才能促使在限定继承制度下遗产债务清偿中实现平等价值。值得注意的是，平等的规则设计在于针对不同的人、事、物制定不同的规则，每个类型的债权所规定的清偿顺序的不同并不意味着所有的债权都有清偿顺序的先后，换而言之，处于同一类型的债权的清偿顺序是相同的，如果遗产不足以清偿该顺序的遗产债务，则按照比例清偿，同一顺序的债权的平等价值得以彰显。

而对于各继承人来说，其地位也是平等的。在限定继承制度下，遗产首先用于清偿遗产债务，[①] 如果清偿债务之后的遗产还有剩余，则应当由各继承人继承，各继承人在遗产继承关系中的地位平等，[②] 不因出生等先后而有所不同。一般而言，清偿债务之后的剩余遗产由共同继承人平均分割，即各继承人对于遗产权利的享有是平等的。[③] 这里需要注意的是，胎儿在遗产继承制度中比较特殊，其只能以限定继承的方式参与继承，并且进行遗产分割时应当保留胎儿的份额。胎儿虽然还未出生，也没有相应的权利能力，但为胎儿预留一定的继承份额则是平等、公平、正义的理念在继承中的运用。

---

① 这也是限定继承制度的应有之义。参见张玉敏：《论限定继承制度》，载《中外法学》1993 年第 2 期。

② 遗产分割的前提是存在多数继承人共同继承遗产的情况下。参见马俊驹、余延满：《民法原论》（下册），法律出版社 2007 年版，第 964 页。

③ 这是指在法定继承制度下的遗产继承方式，实践中还存在遗嘱继承和遗赠的情况，遗嘱继承和遗赠都先于法定继承，但在限定继承制度下两者的顺序有所不同，遗嘱继承作为继承的一种类型是在清偿完所有遗产债务之后发生，而遗赠则是作为遗产债务的一种先于遗嘱继承发生。我国许多继承法学者认为，无论是遗嘱继承还是遗赠，在将来修改继承法时都应当为特留份权利人预留一定的份额，并建议特留份权利人的范围应当仅限于第一顺序的法定继承人。参见夏吟兰：《特留份制度之伦理价值分析》，载《现代法学》2012 年第 5 期；许莉：《我国〈继承法〉应增设特留份制度》，载《法学》2012 年第 8 期；吴国平：《我国遗产特留份制度之立法构建》，载《法治研究》2011 年第 6 期。即使在需要对特留份权利人预留一定的份额，各特留份权利人对于特留份也仍然是按照平均分割的方式进行，即各特留份权利人对特留份的分割上也体现了平等的价值理念。

第三节 自由价值

一、自由价值理论

自由价值理论是在法理学、法哲学的论著中论述内容最多的价值之一，因为它是每一个个体自我存在意识的必然要求，即自由价值与个人的主体资格关系密切。如果没有自由，人也就不能称为人，或许其只能是某个已经消亡主体人格的现实反映，或者其是基于统治阶级为维护统治需要的附属物。进言之，人的主体性需要自由来彰显，这也就意味着，作为具有主体资格的人必须能够自由地表达其意志，自己的活动必须按照自己意志的支配。否则，自己的意志被他人支配，只能说自己与他人之间是一种从属性关系，自己的所有活动都是为他人而进行，自己充其量只是他人的代理人而已。从这个意义上说，“要保证主体的地位及活动，就要保证自由。”① 既然自由是法律上的保障，也是法律的目的之一，其在民法上表现为具体行为的自由，当事人能够按照自己的意志设立、变更、终止民事关系。在继承法的制定上，应当保障这种自由的实现，使每个人都能够按照既定的自由模型，自我实现继承利益。自由的理想要努力地创造出这样一种继承模式，也就是使得继承关系中的每一个成员都能够自我思考，进行自我决断，充分利用自己的才能，实现个人自治。中国传统的继承法中，在父权和夫权的统治之下的个人自治不过是一种假象，家庭不过是夫权和父权满足个人专制的工具，子女（甚至妻子）必须臣服于夫权和父权。在这种家庭模式下，子女的人格是不独立的，意志也是不自由的，几乎在所有的事情上，都必须听从家长或族长的命令。此时，国家的法律原则上不介入家庭事务的内部，但这种不介入背后隐藏着对家长处

① 张文显主编：《法理学》，高等教育出版社 2007 年版，第 314 页。

置家庭财产，甚至是家庭成员生命权的默许。即使在家长死亡之后，继承人因被认为是被继承人人格的延续而不具有独立的人格，从而也不能说其意志是自由的。即使后来成为家长之后的继承人，也因家族之整体人格属性，其作出的决断也应当符合整个家族的利益，他的意志也是不自由的。

自由的重要性自不待言，其含义到底是什么呢？具体而言，“自由”一词在法理学上是指不受任何拘束的自然生活或行动。[①] 可以说，自由的历史也是一部为权利而奋斗的历史，因为自由和权利总是形影不离，它也在促使着社会从低级向高级、从野蛮向文明的演进。[②] 早在古希腊和古罗马时代，自由的思想已经产生，如其反映在奴隶反抗奴隶主的压迫过程，又如男子成年后可以从父权的桎梏中解脱出来而成为独立的个体，可以从事所有独立个人所可以从事的民事行为。不过，古希腊和古罗马时代的自由仅仅是自由王国里的一点点星火，还远远没有达到燎原之势；而到了资本主义时代，霍布斯、卢梭等人极大地丰富了自由的内涵，提出了“天赋人权”学说，认为人生来是自由平等的，这就意味着，在其力量和智慧所允许的范围内，人们可以不受阻碍地做自己愿意做的事。黑格尔则是自由理论的集大成者，他把自由主义和理性思维发展到了一个极高的境地。他把自由意志作为法的基础和本质，认为法就是“自由意志的存在”，是“作为理念的自由”。至此，自由的理念作为一种法学范畴的存在而被广为接受，一部良法在制定之初就应当考虑到它到底是限制自由还是确认自由，即能否将个人表达意志的自由发挥得淋漓尽致。

我们需要追问的是，为什么一部良法需要保障自由？个人自由表达其意志对其个人为什么那么重要？要回答这个问题，我们需要回顾一下利益主义法学，因为人与其他动物一样具有趋利避害的本

---

① 卓泽渊：《法的价值论》（第二版），法律出版社2006年版，第259页。

② 卓泽渊：《法的价值论》，法律出版社1999年版，第394页。

能，在自由状态下，他能够按照自己的意志追求自己认为的利益，如在他自己所认为的最好时机下进行交易活动，纵然他人认为这种时机也许并不一定是最好的，① 但他在自由之下作出的行为在他看来也是适当的，他对自己行为所带来后果的承受，相对于未能充分表达意志时，也更能坦然地接受。又如，在遗产所负的债务过多时，继承人可以选择放弃继承的方式免于负担遗产债务，也可以接受限定继承的方式制作遗产清册。法律赋予其相应选择的自由，这意味着，在法律的逻辑中，“每一个人自然是其利益的最好评判者，因此应该让他有按他自己的方式行动的自由”。②

自由是评判法律正当性的依据之一，反过来，法律也在保障自由在现实中的实现。可以说，自由也总是具有时代性和现实性，脱离现实的自由也就没有多大的意义。比如说，法律规定月球是人类共同的财产，每个人都有在月球上居住的自由，这在现在看来或许没有多少障碍，但问题是如果人类在还没有飞行器的时代规定登月的自由及在月球上居住的自由就等于一纸空文，类似的自由因无法实现而终将是空中楼阁。又如，宪法规定了每个人都有选举权和被选举权，但在具体的制度设计中，既没有保障选举权的程序性规定，又没有实现被选举权的途径，该规定也会因脱离实现路径而变得虚无缥缈，这是法律在保障自由上的不力。正如“迟到的正义非正义”一样，超前和滞后的自由也是非自由的。法律上的自由一定是源自于实践，是人们在与大自然、社会、特权的抗争中获得的权利在法律上的确认。因而，自由也被打上了时代的烙印。在远古时代可以对造成自己骨折之人以同样的方式反击之，这在当时被认为是自由，但在现代看来，以牙还牙、以眼还眼的方式并不具有

---

① 其实让所有的人在同一时间取得同样的看法也是不可能实现的，最重要的是要保障当事人的自主判断。Alison Clark & Paul Kohler, *Property Law: Commentary and Materials*, Cambridge: Cambridge University Press, 2005, p. 82.

② ［英］亚当·斯密：《国富论》。转引自李仁玉、刘凯湘：《契约观念与秩序创新——市场运行的法律、文化思考》，北京大学出版社 1993 年版，第 100 页。

正当性，随着法律的禁止性规定，个人也就没有了这样的自由。在现代社会中，国家已经介入继承关系中，其重点是要保护继承关系各方的自由和权利不受侵犯。

但自由从来都不是绝对的，自由需要在法律的限度内，超过这个限度就不自由了。其实，自由意味着每个人都需要在一定的限度为或不为一定行为很好理解，“如果一个公民能够做法律所禁止做的事情的话，那么他就不再有自由了，因为其他人同样有这个权利。”[①] 政府或法律对一定权利的制约，从本质上说并不是为了限制自由，而是为了保护和扩大自由。授予权利的法律可能被认为是增加了自由。然而，每一项权利对他人都产生出一个相关联的法律影响。假如某人通过领受可得到保障的权利主张而得到自由，别人则因承担尊重该主张的义务而失去了自由。[②] 进而言之，当某个人越过了法律对自由界定的边界时，就是其对自由的滥用，如吸毒看似是与他人无关的个人自由行为，但却是造成社会不安定的因素，在毒资缺乏和毒瘾发作的双重作用下，难以保持理性的吸毒之人就会对社会造成巨大的危害。因此，自由并不是绝对的，法律对自由在一定程度上限制的正当性在于，它是为了更好地保障自由的实现。

二、限定继承制度之自由价值的实现

自由是彰显主体性存在的必备要素，某个独立的民事主体必然能够自由地表达其意志，其通过自我思考、自我决断之自由的方式为民事法律行为。否则，如果某个主体不能够自由地表达意志，自由价值就并没有真正地实现。通过回顾继承方式的变化，我们能够

---

① ［法］孟德斯鸠：《论法的精神》（上），孙立坚等译，陕西人民出版社 2001 年版，第 180 页。

② ［美］迈克尔·D. 贝勒斯：《法律的原则——一个规范的分析》，张文显等译，中国大百科全书出版社 1996 年版，第 9 页。

发现，相较于强制性的接受无限继承而言，自由价值在限定继承制度中是实现了的：古代社会继承人没有选择继承方式的自由，固定的法律意义上的继承方式为强制性的无限继承。继承人不仅继承被继承人的财产，同时还必须继承被继承人的债务，也就是通常所说的“父债子还”。这种强制性无限继承对继承人来说就不是依据自己的独立思考而判断是否应当接受继承的结果，在这种情形下，继承人的意思表示受到限制而不能自由表达其意志，其所能够做的就是按照法律的规定接受无限继承，此时的继承制度中根本就没有自由价值存在的空间，而只能认为继承人是已经消亡的被继承人主体人格的现实反映。但因强制继承人无条件地接受无限继承对继承人非常不公平，后世的法律遂作出了变革，赋予继承人可以在遗产状况不佳时选择放弃继承而不用负担遗产债务的权利。这时，继承人的意志自由在一定程度上得到了拓展，但这种拓展并没有完全实现自由的价值，因为继承人可能并不了解遗产的负债情况，其放弃继承也许就是个错误，但既然已经放弃了继承，即使遗产在清偿债务之后有所剩余，继承人也无法继承了。问题在于，自己的遗产无法被自己的继承人继承或许违背了被继承人的真实意愿，① 为了改变错误地放弃继承违背被继承人之意愿以及对继承人之不利局面，后世又发展出了限定继承制度。直到限定继承制度出现以后，自由价

① 法律规定遗产应由某人继承者，不过是推测死亡者之意思而设。参见戴炎辉、戴东雄：《中国继承法》，三民书局 1957 年版，第 3 页。这说明，死者当然是希望自己的遗产由自己的继承人继承，而非使其成为无主财产或由其他不相关的人得到财产（参见王肃元：《法定继承制度的重塑》，载《法学》2003 年第 11 期；陈苇、杜江涌：《我国法定继承制度的立法构想》，载《现代法学》2002 年第 3 期；林艳琴：《法定继承人范围和顺序的完善——以俄罗斯继承法为视角》，载《比较法研究》2009 年第 3 期；何越：《古罗马妇女在遗产继承中的权利及其社会地位》，载《社会科学战线》2012 年第 6 期；冯乐坤：《继承制度与社会保障制度的协调——兼论法定继承制度的重新构建》，载《当代法学》2004 年第 4 期），法律不过是将这种被继承人的默示行为作法律上的确认而已。

值在继承制度中的实现才得到了根本的改观。① 在限定继承制度下，继承人不再是无论遗产处于什么状况都必须被迫接受无限继承或者在一定期间内放弃继承，而是可以基于自己的判断而在接受无限继承、限定继承或者是放弃继承之间作出选择，法律通过赋予继承人自由选择权的方式事实上确认了继承人独立的人格。换而言之，直到限定继承制度出现以后，自由价值才在继承制度中得以更大程度地实现。

自由在某些情况下意味着权利，在继承制度中就意味着继承人对继承方式的选择权。但如果仅仅是继承方式的选择权，从无限继承到可以选择放弃继承，继承人也拥有了选择权，但为什么自由在继承中仍然没有得到充分的实现，仅仅是比强制接受无限继承向前前进了一小步而已吗？这是因为对继承方式的选择权只是实现自身利益的程序性保障，权利最终的转化形式就是利益。在无限继承和放弃继承的选择中，继承人确实可以放弃继承的方式不负担遗产债务而对继承人具有利益，但这是在遗产债务数额巨大而遗产数额相对较小的前提下的利益。当无法确切知道遗产数额与遗产债务数额时，放弃继承就会使继承人存在有遗产不能继承的风险，也就是说，在遗产清偿完所有债务之后仍有剩余时，继承人放弃继承对其来说就是一种不利益，故仅仅具有放弃继承的自由对权利的保障并

---

① 现代理论认为，在身份继承与财产继承没有分离以前，继承人的人格都是不独立的。这是因为身份继承的结果就是被继承人的人格得以在继承人身上延续，这就等于说，被继承人作为民事主体的资格并没有因为其死亡而消失，而是在继承人躯体之上继续存在，继承人本来应当具有的人格由被继承人的人格所“覆盖”而不复存在。但这只是一种假设的结果，事实上，继承人的人格仍然在现实中存在着，不过这种存在因法律所规定的强制性接受无限继承而无法得到彰显，即通过强制继承人接受无限继承的规定使继承人不能自由表达其继承之意愿，其独立性人格也就无从谈起。但在限定继承制度出现之后，继承人可以在接受限定继承与接受无限继承之间作出选择，其意志表达之自由得到了确认，在此情形下，即使身份继承与财产继承仍然没有分离，最终是接受无限继承还是接受限定继承的决定权也仍然在于继承人而非被继承人。继承人能自由表达其意志也就意味着其人格具有一定的独立性。

不充分。而限定继承制度就更好地协调了各方的利益，之所以说限定继承制度实现了自由也正是基于此考量。在限定继承制度中，继承人不仅拥有了选择接受限定继承、无限继承或者放弃接受继承的权利，其还能从这种选择权的行使中获得利益，如继承人基于自己的判断，当遗产数额巨大，遗产债务数额较小时，可以选择接受无限继承而省去制作遗产清册、公告等固定程序，提高遗产债务的清偿及继承的效率与成本。当遗产数额较小，遗产债务数额巨大时，其可以选择放弃继承，避免最终无遗产可供继承而增加时间和精力成本。只有遗产债务的数额与遗产的数额之大小不明晰时，存在遗产数额大于遗产债务数额的可能性，继承人选择接受限定继承一方面可以避免可能以自己的财产负担遗产债务，另一方面还可以对遗产清偿债务之后的剩余部分进行继承。①

不仅继承人在其选择权的行使中所获得的利益是自由的实现形式，而且遗产债权人及继承人的债权人的利益保护也同样是自由的实现形式。强制接受无限继承时，继承人的个人财产与遗产发生了混同，具体对遗产债权人有利还是对继承人的债权人有利应当区分不同的情况，即当继承人的财产大于遗产时，遗产债权人的利益倒是得到了比较充分的保障，但因继承人需要以自己的财产负担遗产债务，导致继承人的债权人本来可以完全获得清偿的债权无法获得足额清偿，难免对继承人的债权人不利；同样，当继承人的财产小于遗产时，继承人的债权人的利益相较于单纯以继承人的财产作为责任更能得到保障，但这导致遗产债权人本来能够获得完全清偿的债权无法获得足额清偿，难免对遗产债权人不利。简而言之，继承

---

① 张玉敏：《论限定继承制度》，载《中外法学》1993 年第 2 期。

人的个人财产与遗产的混同是强制接受无限继承的后果之一，[1] 这种混同后果的发生很可能对遗产债权人不利，或者对继承人的债权人不利。限定继承制度的设计保持了遗产的独立性地位，遗产债权人或继承人的债权人可以申请将遗产与被继承人的个人财产分离，遗产债权人对遗产拥有先于继承人债权人清偿的权利，而继承人的债权人对继承人的个人财产拥有先于遗产债权人清偿的权利。

同样，自由并不意味着不受任何的约束，其也有一定的限度，超过这个必要的限度就表现为不自由。限定继承制度的自由价值实现亦是如此。在通常情况下，继承人的选择权是自由的，对继承人、遗产债权人、继承人的债权人利益的公平保护也是自由的表现形式，但限定继承制度的自由价值实现也受到一定的约束，继承人接受限定继承是有一定限制的，该限制表现为其在接受限定继承的同时还应当负有如实制作遗产清册的义务，否则其就不能享受遗产清册利益。而且，继承人接受限定继承必须在法律规定的期间内作出接受限定继承的意思表示。[2]

第四节 秩序价值

一、秩序价值理论

良好的法律制度在实现公平、正义、平等等诸多价值的过程中，就是在创造稳定的社会秩序，[3] 法律制度的公平正义与社会秩

---

① 否则，就不能称之为无限继承了。世界上大多数国家的继承立法显然只考虑到无限继承制度下的继承人与遗产债权人的关系，对无限继承的定义也是“继承人无限的承受被继承人的权利义务”，参见《日本民法典》第920条之规定。但并没有考虑到继承人的个人财产与遗产的数额之和小于遗产债务与继承人的个人债务之和的极端情况下的继承人、继承人的债权人、遗产债权人三者之间的关系。

② 该期间一般为三个月。

③ P. S. Cohen, *The Modern Social Theory*, London: London Press, 1968, pp. 18 – 19.

序在最高目标上具有一致性。很难想象一部不具有社会公平正义的法律制度能够提供持续稳定的社会秩序，因为人们可以一时忍受一个不合理的社会秩序，但这种忍受是有时间限度的，要求人们长期忍受一个不合理的社会秩序几乎是不可能的。同时，社会公平正义等价值的实现，也有赖于良好的社会秩序。从这个意义上说，秩序价值与公平、正义、平等等价值并不是矛盾关系，而是一种相辅相成的关系，即“秩序的维续在某种程度上是以存在着一个合理的、健全的法律制度为条件的，而正义则需要秩序的帮助才能发挥它的一些基本作用”[①]。但问题是，良好的社会秩序是否总是与公平、正义、平等等价值相联系，有没有可能出现背离的情况？亦即哪怕是社会的法律制度不具有公平正义的属性，但社会秩序依然安定有序？其实，良好的社会秩序与公平、正义、平等等价值的紧密联系是现代人的思维方式，在奴隶社会、封建社会中，社会的法律制度都是奴隶主、封建主们统治奴隶、农民的工具而已，这种法律制度可以说是并不具有公平、正义、平等的价值属性，但奴隶制时代、封建时代的社会秩序仍然良好，而且可以持续地存在上千年。发生这种背离的原因是在奴隶和受压迫的农民心中存在这样一种认识，他们的出身与奴隶主、封建主们一样都是先天注定的，自从他们出生时他们的命运也已经被注定，他们也就安于当时的社会生活秩序，这就是等级结构的秩序观。[②] 但当他们认为自己应当享受的权利比他们实际应当享有的少得多的时候，他们也会起来反抗，反抗的结果就是本来较为有序的社会被打乱，甚至是一个朝代的结束。[③] 但奴隶社会和封建社会的反抗一般发生在奴隶和被压迫的农民走投无路而无法继续生存的社会状况下，例如，陈胜、吴广起义

---

① ［美］E. 博登海默：《法理学、法哲学与法律方法》，邓正来译，中国政法大学出版社 1998 年版，第 318 页。

② 张文显：《二十世纪西方法哲学思潮研究》，法律出版社 1996 年版，第 305 页。

③ William S. Sorley, *The Moral Life*, Cambridge: Cambridge University Press, 1911. pp. 95 – 113.

等即为如此。从奴隶和被压迫农民自己的信仰中坦然接受其社会角色的定位中，可以反映出，社会的公平、正义、平等也是一种主观的感受。我们不去推测奴隶和被压迫的农民当时是否觉得社会是公平正义的，但至少是当时的社会公平正义的价值观并没有被彻底唤醒，当时的公平正义价值观也受社会大环境的影响和制约。[①] 直到现代，当人们公平正义的价值观被彻底唤醒以后，再要求人们长期忍受不合理的社会制度已经变得不可能，人们理想的社会秩序要求法律制度符合公平、正义、平等等价值，而且符合公平、正义、平等价值的法律制度，良好的社会秩序也会水到渠成。人们之所以比较向往良好的社会秩序是因为良好的秩序为人们提供了一个良好的生活环境，人们不用担心自己的生命、健康、财产等受到无故的侵犯，即使受到侵犯，人们也相信通过司法的手段可以惩治破坏这种良好秩序的侵权者以矫正已经被破坏的秩序。司法的手段之所以能够比较有效地运行，其实也是建立在良好的社会秩序基础之上的。如果国家的司法实践不能够使侵权者受到应有的惩罚，则国家的法律形同虚设，社会秩序也会被破坏而人人自危。

符合公平、正义、平等的价值理念的法律制度是良好社会秩序的前提，但却不是唯一的决定因素，这是因为符合公平、正义、平等价值理念的法律制度被设计出来以后，还依赖于执行法律的司法实践制度。[②] 如果一部良好的法律在司法适用过程中掺杂了不适当的因素，公平、正义、平等的价值根本不会实现，这与制定一部不

---

① 不同的社会所公认的秩序不相同，表明秩序也是一个不断颠覆的过程，我们执著于秩序和和谐的价值取向，但不应固守具体的规则，面对我们熟知或由我们自创的秩序、规则，应有自觉应变、顺势应变的把握而不能一成不变。参见江山：《法的自然精神导论》，法律出版社 1997 年版，第 65 页。

② 有学者认为，只有法官进行司法判决时所遵循的规则才称得上是真正的法律，而法官的任务也有别于一个组织的领导所承担的任务，正是由于法官在法律秩序的形成过程中起着如此关键的作用，所以法官裁决案件时所持有的态度就必然要本于正义，而法律正义要求法官只服务于自生自发的秩序。参见高全喜：《法律秩序与自有正义——哈耶克的法律宪政思想》，北京大学出版社 2003 年版，第 96 ~ 97 页。

具有公平、正义、平等价值的法律无异，都无法形成良好的社会秩序。公平合理的法律制度还有赖于公平正义的司法过程，如按照法定的程序逮捕犯罪嫌疑人，按照法定的期限对案件开庭审理等，这是司法过程中的程序正义。而程序正义是实体正义的保障，没有程序正义，实体正义也就难以实现，但仅仅有程序正义，还不足以让人们感受到司法的公平正义价值，还必须不偏不倚地作出司法裁判，达到程序和结果的双重正义。司法的过程就是使得已经被破坏的正义得到矫正，一个人违反合同的约定就应当为自己这种不诚信的行为付出代价，此乃用司法的手段制裁违法，以强制实施法律的规定，这符合司法以强制的手段维护法律所确定的社会秩序。[①] 名义上，法律制度秩序价值的实现，是法律调整社会关系以达到法律所意欲的理想状态，但最终法律目标的实现在很大程度上有赖于司法的制裁作用，而司法的制裁也不是随意的，而是根据法律的规定行事，从这个意义上说，法律制度和司法的制裁也是相辅相成的关系。

在现代的秩序观中，法律规则是良好社会秩序的基础，正如哈耶克所言："秩序的形成，以及存在着目前这种规模和结构的人类，其主要原因就在于一些逐渐演化出来的人类行为规则，特别是有关私有财产、诚信、契约、交换、贸易、竞争、收货和私生活的规则。"[②] 法律会赋予人们行为的自由和权利，个人成员作为社会的有机组成部分，追究他们所认为的最大化利益本无可厚非，法律也鼓励人们这样做，因为这种行为是促使社会发展的推动力。按照法律设想的方式追求利益的最大化，能够很好地实现稳定的秩序。但按照法律设想的方式，要求人们应当克服动物的本能，追求利益的最大化需要理智的行动，不能单纯为了追求利益而破坏法律规范

---

① Hans Kelsen, *General Theory of Law and State*, Cambrige: Cambrige Press, 1949, p. 15.

② ［英］弗里德里希·奥古斯特·哈耶克：《致命的自负》，冯克利、胡晋华等译，中国社会科学出版社 2000 年版，第 8 页。

的秩序。也就是说，追求利益最大化的权利不是无限制的，它也是有一定的边界，超过这个边界就是不自由，如果强制地越过法律的边界，司法的制裁作用就会显现。但大多数时候司法的制裁作用并不一定能得以发挥，因为更多的情况是司法的制裁仅仅是保持法律的威慑作用，使人们不敢冒险违反法律业已确立的秩序。

二、限定继承制度之秩序价值的实现

最初的罗马法在继承制度上采取了概括继承制度，继承人不仅要继承被继承人的一切财产权利，同时也要继承被继承人的一切财产义务，不管财产上义务的多少都应当一并继承。罗马法上的概括继承具有强制性，它不会考虑继承人自己是否同意接受这种继承方式。在被继承人死亡之后，概括继承必然在继承人身上发生，强制性、继承方式的唯一性是当时继承制度的总体特征，纵然遗产的债务可能远远大于遗产权利，继承人也必须负责偿还被继承人的债务，这是当时的法律规则所确立的继承秩序。以现代人的观点来看，显然这种概括继承方式对继承人不公平，可能会使继承人背负难以承受的负担，甚至由此沦为奴隶，但在当时的社会背景下，这种继承方式并没有引起社会秩序的多大混乱。如果我们设身处地地以当时的社会情况为背景，概括继承在继承人看来可能并非有多大障碍而变得不可接受。因为继承对继承人来说更多的是一种利益，甚至可以说是一种特权。回顾当时社会的继承制度，在所有的子女中，只有特定的男子才有父辈身份的继承权，在以身份为主要继承方式的继承社会里，财产义务的多少不是继承关系的决定性因素。继承人在进行相应的身份继承之后，便是一家之长，拥有了对家族财产的特定权力，甚至对家庭成员的生命都拥有了处分权，这是一种特权。而且，这种特权在运行过程中与政治制度相得益彰，在上形成所谓的君臣之纲，在下形成所谓的父子之纲。特别是对父辈们的社会地位的继承，使得继承人集家族的荣耀于一身，这更是对家庭成员发号施令的资本。而在崇尚尊敬祖先的孝道文化中，祭祀继承便可以祖先的名义进行某些行为以获得该行为的正当性基础，出于对祖先的尊敬，其他家庭成员也不便公然违抗继承人的意思，否则就会被认为是对祖先的大不敬而受到相应的惩戒。

对继承人来说，社会地位、祭祀等身份继承是一种特权，其当然不会反对这种身份继承制度。更为重要的是，奴隶制时代的生产力水平远远落后于现代，落后的生产力水平下人们所创造的物质财富非常有限，个人、家庭的温饱问题都难以解决，用来交换的产品也就很少，偶尔的交易也都是数量不大，[①] 这也决定了家庭所负的债务并不像现在所想象的这么多。而自从人类社会进入商品经济社会以后，生产力水平突飞猛进，剩余产品的数量大量增加，人们交易开始异常活跃，交易的数量之多、金额之大也是前所未有，但市场总有不确定性，机遇与风险并存，当市场风险确实发生时，所欠付的债务数额可能难以想象。在我们的印象中，欠付如此巨大债务的当事人死亡之后，如果强制继承人必须接受概括继承，对其来说不仅非常不公平，也难以负担，这在现代人看来并没有多少不妥。但问题是，我们总喜欢以现代人的视角来审视古代的法律制度，从而认为其是多么不合理而应当立即予以废除，这种超越历史阶段的思维方式是多么不科学。其实，在生产力水平不高的社会，被继承人所欠付的债务数量非常有限。既然如此，概括继承人并不会觉得偿还被继承人的债务会有多大的困难。况且，即便遗产债务超出了继承人预料的范围，因继承人自己也对祖先崇敬有加，其也会认为偿还祖先的债务理所当然而会倾其所有予以偿还，以避免有损祖先的人格尊严。既然当时几乎所有人都认为概括继承并没有什么不适当的地方，概括继承在当时的社会里运行也就没有遇到多少的障碍，如此，当时社会的继承秩序也是稳定的。

但随着身份继承逐步演变为财产继承，概括继承下的继承秩序就变得不合理而不得不进行变革。其不合理之处在于，继承人对被

---

① 参见周枏：《罗马法原论》（下册），商务印书馆 2001 年版，第 470 页。

继承人的身份继承可以认为是一种特权而存在，但身份继承消失之后，这种特权也随之消失，继承人对家庭成员的发号施令可能不再起作用。权利与义务总是相伴而生，如果只让继承人负担偿还被继承人所欠的债务而不再享有继承上的身份利益，这当然对其不公平，其自己也不会接受。如此，以前非常稳固的概括继承秩序也变得不再稳定，限定继承制度便由此产生。只是我们相信，在限定继承出现以前，不管被继承人所欠债务如何巨大，继承人都需要负担的情况肯定也存在了一段时间，继承人对遗产债务负担无限责任虽然不再合理，但变革并不是一蹴而就的，依靠法律的强制力仍然能使继承秩序得以维护。然而，在继承制度不合理的情况下，稳定的继承秩序不会一直存在，正如前文所述，继承人可以一时忍受一个不合理的继承秩序，但这种忍受是有时间限度的，要求继承人长期忍受一个不合理的继承秩序也几乎是不可能的。而且我们还相信，不合理情况出现之初，继承人也可能不会过于抗拒负担遗产债务，他们之所以坦然接受是因为过去都是由继承人负担，这好像是一种习惯，当习惯很自然发生的时候，就好像是命中注定的一样会被继承人坦然接受。但是，不合理终归不合理，特别是随着社会的发展和生产力水平的提高，当继承人不再享有身份继承之特权而只负担遗产债务之不合理发生的频率越来越高的时候，继承人的公平意识就会被唤醒，限定继承制度确立的条件已经成熟，继承的秩序就会被重新界定。

限定继承制度确立之后，法律规则上的变革就完成了，符合公平、正义、平等价值理念之法律规则的确立为实现稳定的秩序价值提供了前提条件。但如果只确立合理的法律规则，秩序价值还是无法自动地实现，这就有赖于司法将这种合理的法律规则所意欲达到的秩序变为现实。在限定继承制度中，法律规则所意欲的秩序价值是这样实现的，为了解决对继承人保护不力的问题，设计了限定继承制度，但只保护继承人的利益显然不符合正义的标准，也需要同时对其他人的利益给予保护。也就是说，继承人在接受限定继承的同时，还应当附加一定的义务，即如实地制作遗产清册，否则继承人无法享受遗产清册的利益。继承人违反忠实制作遗产清册时，司法的作用就会显现，它对继承人的制裁措施就是强制继承接受无限继承。对继承人的制裁就是一种警示，警示继承人明白会因继承人自己不适当的行为而招致不利，如此，其就会按照法律规定的方式进行限定继承。不仅如此，限定继承制度还将遗产债务按照不同的标准分为不同的类型，每一类型都有清偿顺序的先后，这有效地防止了各遗产债权人争相实现自己的债权而使遗产债务的清偿陷入混乱状态，如果违反法定的清偿顺序，也会产生相应的后果。从这个意义上说，限定继承制度的秩序价值在防止继承人侵吞、隐匿遗产及理顺遗产债务的清偿顺序中得到了实现。

第五节　效率价值

一、效率价值理论

“效率”一词在现代经济学中的用途最为广泛，它一般是指尽可能地使资源利用达到最大化，即以最小的投入获得最大产出价值的回报。如果用“效率”一词形容一个社会，则是指这个社会的资源配置相当合理，在同样投入的情况下，社会财富的产出更多。效率价值一般在下列三个场合较为常用：其一，资源配置上的效率。因为任何的社会资源在某一特定时期内总是具有稀缺性，这时人们更多地考虑到应当提高该种资源的利用效率，要求将该种资源进行优化配置，尽可能以现有资源获得更多的社会财富。[①] 然而，在民事法律关系领域，资源的优化配置并不是通过行政手段来实现的，而是市场这只无形的手在主导着资源的优化组合，通过优胜劣汰的竞争机制，使资源向符合效率价值的方向流动。这就要求民事

① 李宏：《继承制度的效率价值探析》，载《法学杂志》2011 年第 9 期。

主体在进行民事活动中，应当尊重商品经济活动的规律。其二，收入分配上的效率。其与平均主义截然相反，因为平均主义下大家干多干少一个样，干与不干一个样，最终劳动者丧失了生产的积极性。我国改革开放之前的计划经济时代主要就是以平均主义作为收入分配的主要方式，大家按照经济指令进行生产，劳动者不用考虑创新，社会的竞争格局完全被打乱。简而言之，收入分配的平均主义导致生产效率低下，制约着生产力的进一步发展。因此，有必要革新这种收入分配上的平均主义，改为符合效率价值的收入分配方式。这就是我国在改革开放之后，打破大锅饭，引入竞争机制，实行按劳分配的原因之所在。通过符合效率价值的收入分配机制，市场经济的活力被激发，在同样的资源占有的情况下，生产率得到大大提高。① 我国在分配制度上实行按劳分配为主体，但按劳分配并不是唯一的分配形式，除此之外，还存在其他收入的分配形式，即实行“按劳分配为主体，多种分配形式并存”的分配方式。其三，法律资源的配置效率。法律作为一种制度存在也具有效率价值，它在资源配置中的作用无可替代，因此，它必须以社会的最大福利为目标，以确定资源的配置、产出组合、产出分配等。② 但法律的效率价值标准的确定是一个难题，因为大多数时候每个人对其效率价值是否实现的主观感受并不相同，这种主观感受就是法律效率价值的主观标准。这种主观标准的实现一般采取一致同意的决定方式，在实践中就是以投票的方式决定。但投票的方式只能实现多数人所

---

① 这里需要注意的是，效率和公平有时候是相互矛盾的，重视体现效率价值就可能违反社会的公平正义价值，而重视体现公平的价值也同样可能违反社会的效率价值。因此，我国改革开放之后便提出了在收入分配上体现效率，并同时兼顾公平。其具体方式为，在初级产品的分配上主要体现按劳所得之效率原则，这是市场的规律，必须予以尊重。不同的是在再次分配上，主要体现公平价值，如国家通过税收的手段调节贫富差距，以行政手段强制纳税，将所纳之税用于公共产品的服务上，以改善民生。

② ［美］阿弗里德·马歇尔：《经济学原理》（上），朱志泰译，商务印书馆 1983 年版，第 43 页。

主观认可的效率，其也存在一定的不足。为了弥补这种不足，法律效率价值又采取了客观的标准，它是借用经济学原理确定的，即考虑把法律所产生的效益与社会成本结合起来。这样论述起来未免有点笼统，举例来说，就是法律对产权的界定，将不涉及国计民生的企业所有权由国家所有逐步改制为私人所有等。①

一般而言，在论述效率价值时，总是难以绕过效率和公平、秩序的关系。对于效率和公平来说，在许多人的观念中一般是一对矛盾的关系，这反映了在追求效率的同时决不能忽视公平的存在，否则可能会使效率价值大打折扣。公平价值与效率价值到底哪个更重要可谓仁者见仁、智者见智，有的学者认为，公平应当是第一位的，无法想象一个不具有公平但高效的社会会比一个效率不高但公平的社会更让人向往。如前文所述，不公平的社会只可能在某一个时间段内存在，但却无法持久存在，而且即使在某一个时间段内存在，其所依赖的也不是自发地服从，而是高压的惩戒措施。否则，将会有更多的人因其不公平而不予遵从。但也有学者不认为公平的价值就高于效率价值，恰恰相反，效率的价值比公平的价值更具有合理性。因为社会的财富总是有限的，如果把有限的财富分到无法合理利用人的手中是对财富的浪费，与其这样，还不如将有限的财富集中于另外一些人手中以便其能为社会创造更多的财富。此之可谓是物尽其用原则，物尽其用原则本身也是效率价值之所在。上述两种观点都具有合理性，但也都存在一定的缺陷，现代民事领域应

---

① 私有制是一种产权最为明晰、交易成本最低的所有制形式，如果不考虑公平等其他价值目标，只要主体是理性人、占有完全的信息并能够通过平等协商达成一致，私有制通常就会达到资源配置的最优效率。简单地说，私有制是最有效率的所有制形式。公有制是一种产权最为模糊的所有制形式，如果不存在市场失灵的现象，那么公有制往往意味着最高的交易成本、管理成本和最弱的激励。因而在这种意义上公有制是最缺乏效率或效率最低的所有制。参见谢鹏程：《基本法律价值》，山东人民出版社2000年版，第163页；Richard A. Posner, *Economic Analysis of Law*, New York: Little, Brown and Company, 1992. p. 4。

当同时考虑公平和效率，“迟来的正义非正义”反映了效率是多么重要，但如果没有公平，正义就根本不会存在。一个法律制度的效率价值和公平价值同等重要，决不能为了追求其中的一个价值而选择性地忽视另一价值。相对于公平与效率的关系不那么难以调和而言，效率与秩序的关系可能更为贴近。细言之，法律规则的规定就是一种社会秩序，在分配领域就是一种分配秩序，如果每个人都按照法律规则的规定获得分配，总是比混乱的分配关系更为有效。

二、限定继承制度之效率价值的实现

限定继承制度效率价值的实现主要体现在清偿顺序的规定上。现实中，继承人接受限定继承很重要的原因就是遗产之上存在债务，而且债务的数额与遗产数额多寡不甚明了。既然遗产之上存在债务，在继承人接受限定继承之后，必然面临着遗产债务的清偿，随之而来的就是遗产债务的清偿顺序问题。法律基于多方面的考量，将所有的债务做一个分类，并将所分类的债务排出一定的顺序，处于前面顺序的遗产债务就会优先获得清偿，处在后面顺序的遗产债务是否能够获得清偿就要根据遗产的多少来决定。并且，即使是处在同一顺序的遗产债务也有可能因遗产的数量不足而不能获得全部清偿，法律对此的解决思路是按照比例进行清偿。之所以说限定继承的效率价值的实现主要体现在清偿顺序的规定上，是因为完善的清偿顺序的规定，就是遗产债务清偿的有序状态，它有效地避免了各遗产债权人争夺遗产的情况发生。否则，当没有规定清偿顺序时，各遗产债权人争相争夺遗产的结果是遗产债务的清偿处于无序的混乱状态，效率价值在其中就难以实现。换而言之，限定继承制度下遗产债务的有序清偿相对于混乱的遗产债务清偿本身而言就是一种效率价值的体现。尤其是继承人具有破产原因时，更能体现限定继承的效率价值。因为限定继承的效果之一便是遗产与继承人个人财产的分离，否则就有可能发生以遗产清偿继承人个人债务的情况，这对遗产债权人来说不公平，遗产债权人也会以一定的手段追回用于清偿继承人个人债务的遗产，如此反复是对效率价值的违背。如果在限定继承制度下，遗产与继承人的个人财产相互独立，即使继承人存在破产原因，也会使遗产债务的清偿处于有序高效的状态。

当然，前面主要是从限定继承对遗产债务清偿顺序之秩序上论述其效率价值的体现。然而，我们应当考虑的是，除去继承人具有破产原因之外，相对于限定继承制度，其实无限继承可能更有效率。① 这是因为继承人的无限继承不用对遗产进行如实的登记造册，不用进行遗产债权的公告和申报程序，当然也就不需要列明清偿顺序，继承人所要做的就是将所有的遗产债务偿还完毕。如此，无限继承才更能体现效率价值。法律之所以没有完全从效率价值的角度出发制定相关遗产债务的清偿制度，是考虑到了效率与公平之间的关系。这与纯粹的民事交易领域的价值取向并不完全一致。这种不一致从德国学者温德沙伊德的描述中可以得到反映："所有的私法，要做的事情，有两个目标：（1）财产关系；（2）家庭关系。因此，私法的主要划分是财产法与家庭法的划分。"② 虽然这种说法过于绝对化，带有一定的片面性，但却反映出了商品经济中财产关系与家庭中的继承财产关系不同，因此，其相应的价值取向也应有所侧重。民事规则首先出现在交易领域，其形成于原始社会晚期，是随着劳动成果的剩余和私有财产的出现而出现的，不同私有主体的交易成为了必然，交易也需要有相应的规则。起初的规则是由誓言和习惯保障的。当誓言和习惯不足以充当交易的规则时，就产生了相应的成文法规范。迄今为止，发现最早、最完备的成文法典是《汉谟拉比法典》，其交易之规定奉行的是严格的形式主义。重形式轻内容，即使合同的内容违法，但只要合同的形式符合要

---

① 王洪友、廖斌：《关于我国继承选择制度的立法构想》，载《学术界》2008 年第 2 期。

② 转引自徐国栋：《再论人身关系》，载《中国法学》2002 年第 4 期。

求，合同也仍然有效。[1] 这导致的后果是合同的效率大大提高，但合同当事人的安全却得不到保障。经过近代的发展，到了现代社会，法律的规则更加完备。随着交易的大量出现，合同已经主宰了我们的生活，促进合同高效、快捷地订立，保障合同圆满、安全地履行成为合同法的主要任务。[2] 至此，因时间即为企业的生命，效率就是利益，安全与效率成为了包括合同法在内的民事立法首要关注的对象。虽然效率也是继承制度的价值取向之一，但其毕竟不是继承法首要的价值取向。[3] 因为效率并不一定能够带来多大的经济效益，继承制度不一定需要像商品经济那样的流转速度。相比效率价值而言，其公平价值取向更需要优先考量。否则，无限继承下的遗产债务清偿效率很高，但单纯的无限继承对继承人来说非常不公平，在继承人的人格已经独立的今天，仅以遗产债务的清偿效率决定继承的方式显然不妥，同时又会使从较为低级的社会中演化而来的较为先进的继承方式退回到初始阶段，我们也实在寻找不出以效率而非公平作为继承制度优先考量的理由。

第六节　各种价值之间的相互关系

制度的价值是一个多元、多维、多层次的庞大体系，因此，制度的价值冲突是制度的价值产生以来就不可避免的。[4] 一般在每一种制度中都包含了数种价值取向，但考虑到立法背景、立法目的等，其数种价值取向中也必然存在不同的位阶，不同的位阶决定了每一种制度的数种价值取向发生冲突的优先适用性，限定继承制度

---

① 参见韩世远：《合同法总论》，法律出版社 2004 年版，第 25 ~ 27 页。

② 参见王利明：《合同法研究》（第二卷），中国人民大学出版社 2003 年版，第 3 页。

③ 房绍坤：《关于继承法修改的三点建议》，载《法学论坛》2013 年第 2 期。

④ 参见卓泽渊：《法的价值论》（第二版），法律出版社 2006 年版，第 908、935 页。

也不例外。如前所述，公平价值、平等价值、自由价值、秩序价值及效率价值都属于限定继承制度的立法价值取向，当这些价值取向发生冲突时，何者优先是一个值得思考的问题。

首先，相对于平等价值而言，公平价值应当是限定继承制度的首要价值取向。其一，每部法律总是有最先关注的价值取向，这样的价值取向在法律制定伊始就成为指导法律制定、修改、补充法律的依据，这样的价值取向在位阶上也具有优先性。回顾罗马法的发展历史，我们发现，限定继承制度是在531年的罗马法中正式确立的，其直接动因在于弥补无限继承对继承人的不公平问题，故限定继承制度的首要价值取向就是公平价值。而平等的价值是在限定继承制度确立之后，从身份继承向财产继承的发展过程中所形成的，但在限定继承制度确立之时继承人的人格还未完全独立于被继承人，也就是说被继承人平等的价值还未明显显现，只是后来随着限定继承制度的发展才将平等价值引入。其二，每一个制度都有自己的目的性，“在生产领域，应当以安全与效率为先，只有这样才能促进社会生产率的提高，增加社会财富，而社会财富总量的增加，又是达到较为公平分配的前提。在生产领域之外，则应当把公平优先原则贯彻下去。”① 对民事领域的商品交易制度而言，其主要目的是促进商品的流转和利用，通过维护财产安全与提高财产使用效率，从而达到社会财富的增加，商品交易制度主要反映了物质生产领域的社会关系，因此其首先注重平等的价值；而对于限定继承制度而言，其主要目的是维护继承人、继承人的债权人、遗产债权等各方的利益，强烈的伦理性与紧密的人身关系使其财产关系主要反映物质生产领域之外的社会关系，因此其更加注重公平的价值。综上，在限定继承制度的价值取向中，公平的价值应当优先于平等的价值。

---

① 参见谢鹏程：《基本法律价值》，山东人民出版社2000年版，第206页。

其次，限定继承制度中平等的价值之地位应当高于自由的价值。[1] 资产阶级革命家卢梭在论述自由与平等的关系时，认为一切立法体系最终目的的全体最大幸福可以归结为自由和平等，但其中平等更为重要，因为没有它自由便不能存在。[2] 平等是限定继承制度长期存在的基石，从历史沿革上，在奴隶社会和封建社会，私有制经济决定了男子掌握家庭权力，实行公开的男尊女卑，夫权统治，男女两性在家庭中无任何平等可言。[3] 在继承领域，财产关系依附于人身关系而存在，这种人身地位不平等地存在，造就了财产地位的不平等，也正是由于财产地位的不平等，妨碍了继承人自由价值的实现。因此，可以说平等的价值是自由的前提与基础。另外，从婚姻家庭继承法与民法的关系上，近年来，我国多数学者主张婚姻家庭继承法回归民法而将其作为民法典的亲属编，并起草了多部民法典草案。而婚姻家庭继承法回归民法的前提条件是两者具有某些共性，这就是主体地位的平等。因此，必须在承认主体地位平等的前提条件下，探讨自由、秩序、效率的价值以解决婚姻家庭继承法回归民法的诸多问题。因此，从这个意义上说，平等是限定继承制度第二位的价值取向。

最后，在自由、秩序与效率的价值取向中，自由价值具有优先性。纵观中华人民共和国成立后继承制度的发展，无论是遗嘱制度还是遗产的分割制度，都可以看出，《继承法》及相关司法解释都在不断地扩大自由的范围，自由的价值是平等价值的延续和必然结

---

① 房绍坤教授将继承法律制度的价值的优先顺位放入市场经济的背景下探讨，认为市场经济最重要的特点就是自由，继承法同样以自由作为最高价值取向，但他在随后的论述中写到，自由是以平等为前提的，这就意味着，他也认为继承法律制度中平等的价值应当优先于自由价值而存在。参见房绍坤：《关于继承法修改的三点建议》，载《法学论坛》2013 年第 2 期。事实上，回顾限定继承制度产生与发展的历史可以知道，在限定继承领域公平的价值取向应当是首要的，具体理由详见上文论述，此处不再赘述。

② 参见韩明德、石茂生主编：《法理学》，郑州大学出版社 2004 年版，第 85 页。

③ 陈苇主编：《婚姻家庭继承法学》，群众出版社 2012 年版，第 59 页。

果。虽然，法律有时会对自由进行适当的限制，但这种限制的目的并不是在剥夺自由，而是为了既保护继承人在继承财产上的自由，又保护第三人的利益和交易安全。而相对于效率的价值而言，秩序的价值显然更具有优先性。秩序的价值是在公平、平等、自由的价值实现的基础上，自然而然地达到了法律确定的秩序价值的目标，而效率的价值在限定继承制度中是因为良好秩序的存在才得以彰显。综上，在自由、秩序与效率三种价值取向中，自由价值优先于秩序价值，秩序价值优先于效率价值。

第四章 国外限定继承制度的立法与评析

随着经济全球化的发展，法律全球化也成了一种趋势，一国的法律超越国境被他国借鉴的发生频率越来越高。尽管对外国法律的移植与借鉴向来存在着本土化与外来化之争，但法律全球化的历史趋势无法阻挡。不可否认，由于各个国家的文化、历史、经济背景不同，在法律的相互融合过程中，肯定要考虑本土的因素，但却不能因此拒绝对国外先进法律制度的借鉴而闭目塞听，在法律的现代化进程中，对国外法律制度的学习与借鉴是通往现代化的必由之路。本部分意在通过对国外限定继承制度的研究，呈现国外限定继承制度的总体脉络，比较、总结国外限定继承制度的经验，为构建我国限定继承制度提供借鉴。

第一节 大陆法系国家限定继承制度之立法

大陆法系国家的典型特征是法律制度的法典化，对大陆法系国家民法法典化具有重要推动作用的当属《法国民法典》和《德国民法典》，它们都是在对古罗马法的制度进行研究的基础上形成的，尤其是很多继承制度都直接来源于罗马法，或者至少能够在罗马法中找到依据。[①] 在罗马法复兴的影响下，1804年《法国民法典》及1900年《德国民法典》相继颁布。而《法国民法典》和《德国民法典》的限定继承制度又广泛而深远地影响着其他大陆法系国家的限定继承立法，不过各大陆法系国家在限定继承的具体制度设计上有所差别。下面通过介绍、比较和评析法国、德国、日本、意大利、瑞士等几个主要大陆法系国家限定继承制度的某些内容，找出其中的优缺，以便为我国限定继承制度的构建提供参考。

一、法国的限定继承制度

法国的继承法律制度在立法体例上不是采取继承法典的形式，而是将继承法律制度规定在《法国民法典》中，作为一编予以集中规定。法国的限定继承制度是规定在《法国民法典》[②] 第三卷"取得财产的各种方式"第五章"继承的承认与放弃"第三节"遗产清册利益、其效果以及享有遗产清册利益之继承人的义务"中，从第793条至第810条共18个条文详细规定了限定继承制度。

（一）限定继承的要件

1. 接受限定继承的意思表示。《法国民法典》规定继承人意欲接受限定继承的，必须以明确的方式提出，并且规定了提出的具体

---

① 这是因为继承制度是罗马法中非常重要的内容，从其在罗马法相关著作所占的比例中便能够看出这一点。例如，查士丁尼编著的《法学总论——法学阶梯》共4卷内容，其中有2卷都涉及继承制度，尤其是第3卷，继承制度占了大部分内容。与此类似的是盖尤斯编著的《法学阶梯》，共4编内容，其中第2、3编中有关继承制度占据了一半左右的篇幅。参见［古罗马］查士丁尼：《法学总论——法学阶梯》，张企泰译，商务印书馆1989年版，全书页；［古罗马］盖尤斯：《法学阶梯》，中国政法大学出版社1996年版，全书页。

② 《法国民法典》，罗结珍译，法律出版社2005年版，第605～611页。本节如无特别说明，所引用的法律条文均出自该法典。

对象为大审法院的书记室，[1] 在规定继承人接受限定继承的用语上，《法国民法典》使用了“声明”一词，“声明”的用语本身就表明限定继承不能以默示的形式作出，且继承人接受限定继承的意思表示还必须向大审法院的书记室提出，大审法院的书记室应当是法国接受继承人提出限定继承的专门机构。除此之外，继承人向其他机构所作的接受限定继承的意思表示并不能发生法律上的效果。继承人接受限定继承的意思表示应当在一定期间内完成，法国对于该期间的规定是结合遗产清册得出的，忠实、准确地制作遗产清册应当在继承开始后的 3 个月内完成，接受限定继承意思表示才能发生法律效力。至于限定继承的意思表示是应在继承开始后提出还是在继承开始前提出，《法国民法典》并没有规定，但从继承法律后果的产生时间来看，应当是在继承开始后提出。否则，在被继承人生存期间，被继承人之主体资格并没有消失，其对自己的财产拥有完全的所有权，其他人对其财产所提出的限定继承的意思表示也就与继承制度的立法理念不符。换而言之，限定继承的意思表示的起算点应当是在继承开始之后提出。法律除规定继承人可以在 3 个月的期限内表示是否接受限定继承的意思表示外，还规定了 40 天的考虑期，以决定是接受继承还是放弃继承。

2. 制作遗产清册。制作遗产清册是法国限定继承制度的一项重要内容，《法国民法典》对于遗产清册的规定主要是在第 794 条、第 795 条。第 794 条除规定了应当按照法国民事诉讼程序法规定的形式提出以外，主要是对继承人制作遗产清册的诚信要求，即必须忠实、准确地制作遗产清册。第 795 条主要是规定了遗产清册的制作完成期间，即必须在继承开始后的 3 个月内完成。唯有如此，继承人方能享受遗产清册利益，从而不对遗产债务以其个人财

---

① 其中第 793 条规定：“继承人欲表明其取得限定承认之继承人资格的声明，应向在其辖区内开始继承的大审法院书记室提出；此项申明应登记于专门为受理抛弃继承之文书而备置的登记簿。”

产负担清偿义务，而且还能对清偿遗产债务之后的剩余财产进行继承。因忠实、准确地制作遗产清册是继承人接受限定继承的前提和基础，因而《法国民法典》将其规定在了继承人接受限定继承意思表示之后的第二个条文中，足见其重要性。

（二）限定继承的效力

对继承人而言，限定继承的效力主要是按照法律规定的方式提出接受限定继承的意思表示，并且在规定的 3 个月期限内提出忠实、准确的遗产清册，[①] 限定继承方才对其发生法律效力，即其才能享受遗产清册利益。如果继承人故意隐匿遗产，或者违反诚实信用原则存在故意漏记等不实记录行为的，就会丧失遗产清册利益。[②]《法国民法典》对于数个继承人中之一个继承人表示接受限定继承的意思表示是否对其他继承人产生同样的效力没有规定，但《法国民法典》对于将继承人视为单纯继承人的认定极其严格。限定继承对遗产债权人而言，其只能以遗产之财产权利限度内获得清偿。在继承人表示接受限定继承的意思表示作出后，限定继承所产生的效力不仅表现为继承人的有限清偿，还表现为遗产与继承人个人财产的分离及相应的遗产管理。

（三）限定继承的实施

法国的遗产债务范围包括了继承人生前所欠的债务、继承开始时产生的债务以及继承开始后产生的债务。其中，被继承人生前所欠的债务一般因被继承人的行为而产生，本应由被继承人负担，在被继承人死亡之后，该债务由遗产清偿；继承开始时产生的债务主要是被继承人对继承人所负的义务，目的在于保障继承人非因被继承人的死亡而陷入困境，其包括赡养费、抚养费、临时住房权、遗

---

① 遗产清册的主要目的是将继承人的个人财产与遗产分离而相互独立。参见《法国民法典》第 802 条第 2 款之规定，即“不以其个人财产与遗产相混合，并且保留对遗产请求清偿其本人之债权的权利”。

② 参见《法国民法典》第 801 条之规定。

赠、特留份债务等；继承开始后产生的债务主要是制作遗产清册账目的费用、加盖封印等费用。

《法国民法典》并没有规定在限定继承制度下遗产对债务的清偿顺序，从其第808条[①]的规定中可以看出，遗产债务的清偿顺序分为债权人提出异议和债权人不提出异议，前者主要是以法官规定的顺序和方式进行清偿，后者主要是按照提出请求的先后顺序。值得注意的是，《法国民法典》第810条规定："制作遗产清册账目的费用，例如加盖封印以及封印的费用，由遗产继承人负担。"[②]这与许多国家对于遗产债务范围的规定有所不同。

二、德国的限定继承制度

《德国民法典》[③] 在第五编"继承法"共9章内容，从第1922条至第2385条共464个条文，[④] 其中限定继承制度的内容主要规定在第二章"继承人的法律地位"第二节"继承人对遗产债务的责任"第三目"继承人责任的限制"和第四目"遗产清册的编制、继承人的无限责任"中，从第1975条至第2013条共计39个条文。

（一）限定继承的要件

1. 接受限定继承的意思表示。德国法律上关于继承人的限定责任是以继承人的限定继承之意思表示作为条件的，即继承人必须按照法律规定的方式申请限定继承，继承人的申请包括两种方式，一是申请遗产管理，二是申请遗产破产（也被称为申请开始遗产

---

① 其第808条规定："如有债权人提出异议，享有遗产清册利益的继承人仅得按照法官规定的顺序与方式进行清偿。如没有债权人提出异议，享有遗产清册利益的继承人得随债权人及遗赠受领人出面提出请求，依次清偿之。"

② 参见《法国民法典》第810条之规定。

③ 参见陈卫佐译：《德国民法典》（第三版），法律出版社2010年版，第549～640页。本节如无特别说明，所引用的法律条文均出自于该法典。

④ 当然，在其他条文中也有继承相关制度的零散规定，如在《德国民法典》第3编"物权法"第1章"占有"第857条"可继承性"规定："（继承开始后），占有转移给继承人。"

支付不能程序)。[①] 其中申请遗产管理是规定在《德国民法典》第1981条[②]中，本条规定了继承人限定继承意思表示作出的方式是必须向法院提出申请遗产管理；而申请遗产破产是规定在第1980条[③]中，本条规定了遗产具有破产原因时，继承人责任的限制就是立即对遗产提出破产申请之意思表示。[④] 无论继承人向法院作出申请遗产管理还是申请遗产破产的意思表示，均不能将该意思表示附有条件或期限，[⑤] 并且也不得作出部分接受限定继承的意思表示。[⑥]

2. 制作遗产清册。德国法上遗产清册的编制分为两种方式：

---

① 应该是翻译用语上的不同，李飞在其翻译的《当代外国破产法》的《德国破产法》第十章“破产程序的特殊类型”第一节称之为“遗产破产”，杜景林、卢谌在其翻译的《德国支付不能法》第十编“特种支付不能程序”第一章中称之为遗产支付不能程序，而陈卫佐在其翻译的《德国民法典》第五编“继承法”第二章“继承人的法律地位”第二节“继承人对遗产债务的责任”第三目“继承人责任的限制”第1980条称之为申请开始支付不能程序。可见，虽然杜景林、卢谌在《德国支付不能法》中所采用的名称极尽详细地说明，但对同一种法律制度，仅仅是称呼上的不同而已。

② （1）继承人申请命令遗产管理的，遗产管理必须由遗产法院发布命令。（2）有理由认为遗产债权人之从遗产中受清偿被继承人的行为或财产状况所危及的，遗产管理必须根据遗产债权人之一的申请而发布命令。自接受遗产时起已经过两年的，该项申请不得再提出。

③ （1）继承人已知悉遗产支付不能或负债过度的，必须不迟延地申请开始遗产支付不能程序。继承人违反该项义务的，对因此而发生的损害向债权人负责。在确定遗产充足性时，因遗赠和负担而发生的债务仍不予考虑。（2）基于过失而不知道支付不能或负债过度，与知道支付不能或负债过度相同。继承人虽有理由认为存在不明遗产债务而不申请对债权人的公示催告的，尤其视为过失；程序费用对于遗产状态为过巨的，公示催告是不必要的。

④ 虽然遗产管理程序的目的在于使遗产债务得到全额清偿，而遗产破产程序旨在保障遗产在资不抵债的情况下能被公平分配，但在该两种程序下，继承人均无须以自己的财产负担遗产债务，该程序之下的继承就表现为限定继承。参见雷纳·弗兰克：《德国继承法》，中国政法大学出版社2015年版，第179页。

⑤ 《德国民法典》第1947条“条件和期限”规定：“遗产的接受或拒绝，不得附条件或期限为之。”

⑥ 《德国民法典》第1950条“部分接受；部分拒绝”规定：“接受和拒绝不得限于遗产的一部分，部分接受或部分拒绝不发生效力。”

一是继承人申请法院作出遗产管理或者遗产破产命令的，必须根据法院所指定的期间内编制完成遗产清册，否则继承人无法获得限定继承之利益。[①] 法院所指定的期间为 1～3 个月，该期间的起算点为指定期间的裁定送达时开始。当然，该期间并不是绝对的，当发生继承人无过错而不能在规定期间内编制遗产清册等原因时，可以申请法院指定新的期间。遗产清册的内容应当是毫无保留地说明继承开始时所存在的遗产标的及债务，[②] 否则，当继承人编制的遗产清册不正确时，应当对遗产债务负无限责任。[③] 二是继承人可以申请遗产法院编制遗产清册，但需要对遗产法院的某些必要的询问作出答复。

（二）限定继承的效力

当按照法律规定的方式申请遗产管理或遗产破产的，继承人对遗产债务的责任仅限于遗产，而对于遗产债权人而言，其仅能够以遗产作为受清偿的责任财产。[④] 因遗产管理与遗产破产都是一种程序性规定，对于已经开始的遗产管理或遗产破产，对于其他继承人也发生同样的效力，但是在申请遗产管理的命令上，必须由继承人共同提出申请。[⑤] 因此，当数个继承人之一申请遗产管理或遗产破产的，该限定继承的效力也及于其他继承人。除此之外，限定继承的另一效力就是继承人的个人财产与遗产的分离，继承人丧失对遗

---

① 《德国民法典》第 1994 条第 1 款。如果继承人故意提供错误信息，或不配合官方编造遗产清册，其应向全体债权人承担无限责任，雷纳·弗兰克：《德国继承法》，中国政法大学出版社 2015 年版，第 183 页。

② 《德国民法典》第 2001 条。

③ 《德国民法典》第 2005 条。

④ 《德国民法典》第 1975 条规定："遗产的保佐已被以使遗产债务人受清偿为目的而命令（遗产管理），或遗产支付不能程序已开始的，继承人对遗产债务的责任限于遗产。"

⑤ 《德国民法典》第 2062 条规定："遗产管理的命令，只能由继承人共同地申请；遗产被分割的，遗产管理的命令即被排除。"

产进行管理与处分的权能。[①] 对于已经将遗产进行分割的，不得申请遗产管理的命令。当债权人的债权可能被危及时，遗产债权人也能够申请遗产管理的命令。

（三）限定继承的实施

《德国民法典》规定的遗产债务范围包括被继承人生前所欠的个人债务、继承开始时所产生的债务以及继承开始后所产生的债务。被继承人生前所欠的个人债务主要是被继承人生存期间所产生的合同之债、不当得利之债、无因管理之债、侵权行为之债等；继承开始时所产生的债务主要是“特留份债务、遗赠债务、负担而发生的债务”[②]、“最初30日的抚养费”[③]、“一个继承人的待产母亲的扶养费”[④]。继承开始后的债务主要包括遗产管理费[⑤]、遗产目录的编制费用[⑥]、遗产破产及公示催告费用[⑦]等。

当法院决定接受继承人的申请而开始遗产管理后，遗产法院必

---

① 《德国民法典》第1984条。

② 参见《德国民法典》第607条第2款。

③ 《德国民法典》第1969条规定：“（1）继承人有义务在继承开始后最初30日内，在被继承人所为的同一范围内，向在被继承人死亡时属于被继承人的家计并受其扶养的被继承人家属给予扶养费，并许可使用住宅和家庭用具。被继承人可以以终意处分另作指示。(2）准用关于遗赠的规定。”

④ 《德国民法典》第1963条规定：“在继承开始时，可期待一个继承人出生的，如母不能自行维持生计，则到分娩时为止，她可以从遗产中请求适当的扶养费，或者其他人也有资格做继承人的，从该子女的应继份中请求适当的扶养费。在计算应继份时，必须认为只有一个子女出生。”

⑤ 《德国民法典》第1987条规定：“遗产管理人可以为其职务的执行而请求适当的报酬。”

⑥ 《德国民法典》第2314条规定：“（1）特留份权利人不是继承人的，继承人必须根据请求而向其答复关于遗产状态的询问。特留份权利人可以请求：在编制依第260条须向其出示的遗产标的目录时向其请教，并确定遗产标的价额。特留份权利人也可以请求：目录由有管辖权的机关或主管公务员或公证人编制。(2）费用由遗产负担。”

⑦ 《德国民法典》第1980条规定遗产破产时程序费用对于遗产过巨的，公示催告是不必要的。

须在指定的报纸上刊登遗产管理命令，[①] 遗产交由管理人进行管理。遗产管理人对遗产债务的清偿按照下列顺序进行，即遗产管理费用及财产目录制作费用、存在优先权的债务、扶养费、普通债务、特留份债务、遗赠债务。[②] 而后，如果遗产在清偿完以上债务后还有剩余，则交付给继承人。

三、意大利的限定继承制度

意大利的继承制度主要规定在《意大利民法典》[③] 第二编“继承”中，该编共5章，从第456条至第809条共计354个条文。其中，限定继承制度被称为遗产清册利益，主要规定在第一章“继承的一般原则”第五节“接受继承”第二分节“遗产清单利益”及第六节“将被继承人的财产与继承人的财产相分离”中，从第484条至第518条共计35个条文，而诸如遗产的范围、遗产的分割等规定在其他章节中。

（一）限定继承的要件

1. 限定继承的意思表示。《意大利民法典》称限定继承为享有遗产清单利益，对于继承人享有遗产清单利益的意思表示，《意大利民法典》规定在第484条[④]中，享有遗产清单利益之继承人必须

---

① 《德国民法典》第1983条。

② 参见《德国民法典》第1969、1971、1973、1977、1978、2046、2314、2318、2322条之规定。

③ 费安玲、丁玫译：《意大利民法典》，中国政法大学出版社2004年版。本节如无特别说明，所引用的法律条文均出自于该法典。

④ 《意大利民法典》第484条“以享有遗产清单利益的方式接受继承”规定：“欲以享有遗产清单利益的方式接受继承的人应当在公证人面前或者在继承开始地初审法院书记员面前作出声明并且应当将这一声明放入由该初审法院保管的继承登记册中。自享有遗产清单利益接受继承的声明放入继承登记册之日起1个月内，由初审法院书记员负责将该声明在继承开始地的不动产登记处进行登记。享有遗产清单利益接受继承的声明应当按照民事诉讼法典的规定在遗产清单编制完成之前或者完成之后作出。如果遗产清单是在声明作出以前编制完成的，则参加编制遗产清单的公共事务官员应当在1个月以内请求将注明遗产清单完成日期的记录放入继承登记册中。”

在公证人员或者在初审法院书记员面前作出接受享有遗产清单利益方式继承的声明，可知继承人享有遗产清单利益的意思表示必须以明示的方式作出，默示行为不构成享有遗产清单利益的意思表示，从而也就不能产生享有遗产清单利益的效果。且该意思表示的作出是有一定的期限限制的，其限期规定在意大利的民事诉讼法典中。① 只要在该期间以内，无论是在制作遗产清单之前或之后，都可以作出享有遗产清单利益的意思表示。只不过在遗产清单编制完成之后作出的，应当在继承登记册中注明遗产清单完成的时间。享有遗产清单利益的意思表示对其他继承人产生同样的效力。② 而对于享有遗产清单利益的意思表示之限制虽然没有在遗产清单利益的章节中规定，但在《意大利民法典》第 475 条“明示接受（继承）”中规定：“附条件或附期限的接受继承的声明无效。”也就是说，接受继承的声明不得附有条件或期限。同样，意欲以享有遗产清单利益的方式接受继承也不得附有条件或者期限。

2. 制作遗产清单。意大利法律称之为编制遗产清单，根据《意大利民法典》第 485 条之规定，编制遗产清单的主体是根据遗嘱或法律有权取得遗产的人，其对自己占有的遗产都有编制义务，否则丧失遗产清单利益。编制遗产清单的期限为自继承开始后 3 个月内或者自获知遗产分配消息之日起的 3 个月内编制完成，但该期限并不是绝对的，遗产清单的编制主体可以向继承开始地初审法院的法官申请一般不超过 3 个月的延长。在遗产清单编制完成以后，根据遗嘱或法律有权取得遗产的人可以根据已经编制的遗产清单作出接受继承或放弃继承的意思表示。这就等于赋予了根据遗嘱或法律有权取得遗产的人选择权，因为在遗产清单编制的过程中，遗嘱或法律有权取得遗产的人就对遗产状况有了一个详细的了解，其根

① 遗憾的是笔者穷尽了一切手段，均没有找到意大利的民事诉讼法典，因此具体期限也就无从考证。

② 参见《意大利民法典》第 488 条之规定。

据所了解的遗产状况选择是接受继承还是放弃继承，该决定接受继承还是放弃继承的选择期限为遗产清单编制完成之日起的40天以内，超过该期限，即丧失遗产清单利益。根据遗嘱或法律有权取得遗产的人在编制遗产清单时必须如实地编制，不得隐匿遗产，或谎称不实债务，否则，也将丧失遗产清单利益。

（二）限定继承的效力

对继承人而言，遗产清单利益的效力在于，即使遗产不足以偿还遗产债务及遗赠，其也无须对此承担偿还责任。这就意味着，遗产债权人及受遗赠人只能在遗产的范围内获得清偿。对遗产而言，遗产清单的效力在于遗产与继承人的个人财产发生分离而相互独立，遗产债权人及受遗赠人只能在遗产的范围获得清偿，而继承人的债权人只能在继承人的个人财产内获得清偿，即使继承人的债权人能够对继承人所继承的遗产主张权利，该权利也落后于遗产债权人的权利，这就是遗产清单利益之遗产与继承人的个人财产分离的后果。即使因继承人没有享受遗产清单利益，遗产债权人也可以申请遗产与继承人个人财产的分离，以使其获得对遗产的优先权。不仅如此，因限定继承的存在，还会产生遗产管理的效力。在通常情况下，由继承人担任遗产管理人，其对遗产具有管理的权限，但其也应对遗产债权人及受遗赠人负有报告遗产账目的义务。① 在遗产清算程序中，继承人必须通过继承开始地的公证人召集遗产债权人及受遗赠人进行债权的申报。而后，继承人在公证人的协助下编制清偿顺序表，并将该清偿顺序表在省级法律公报上刊登，自公布之日起30日内无人表示不同意见的，清偿顺序表获得通过，继承人按照清偿顺序表的顺序清偿。但因继承人不能在规定的期限内完成清偿顺序表的编制，会丧失遗产清单利益，继承人可以在申报债权期限届满后的1个月内将所有遗产交给遗产债权人及受遗赠人，可以脱离遗产管理的方式避免丧失遗产清单利益的享有。

① 参见《意大利民法典》第497条之规定。

(三) 限定继承的实施

《意大利民法典》中的遗产债务范围主要是被继承人生前所欠的个人债务、继承开始时产生的债务以及被继承人死亡后产生的债务。其中，被继承人死亡时产生的债务主要包括特留份债务、遗赠债务、配偶的先取权。[①] 而被继承人死亡时产生的债务主要包括“保管、监管以及临时管理遗产”所产生的费用[②]、“使用封条的费用、编制遗产清单的费用以及任何一项与享有遗产清单利益相关的费用”[③]，以及执行遗嘱所产生的费用等。[④]

意大利法律规定遗产债务的清偿包括了两种方式：其一，如果遗产清单的编制是在作出享有遗产清单利益的意思表示之前完成的，自以享有遗产清单利益之接受继承的意思表示完成登记之日起1个月内，或者如果遗产清单的编制是在作出享有遗产清单利益的意思表示作出之后完成的，则在遗产清单完成日期登记于继承登记册之日起1个月内，遗产债权人及受遗赠人不对遗产清单提出异议的，也不申请遗产清算程序的，继承人仅在遗产的范围内承担清偿责任，但对于遗产债务及遗赠的清偿却没有规定相应的顺序。其二，如果遗产债权人及受遗赠人对遗产清单提出异议，则继承人需

---

① 《意大利民法典》第536条第1款规定：“特留份继承人是指那些由法律规定为他们的利益保留一部分遗产或其他权利的人。他们是：配偶、婚生子女私生子女以及直系尊亲属。”第649条规定：“不需要经过接受遗赠的程序，可以直接取得遗赠，放弃遗赠的情况不在此限。如果遗赠标的所有权或者属于遗赠人的其他权利，则所有权或者其他权利自遗嘱人死亡之时起转移给受遗赠人。即使遗嘱人在遗嘱中明确表示不必对遗赠标的进行占有，但是，受遗赠人仍然应当向遗赠义务人遗赠标的。”第540条规定：“配偶可以获得被继承人遗产的1/2，本法第442条规定的有子女参加遗产分配的清偿除外。即使在有其他人参加遗产分配的情况下，如果用作居所的房屋和家具的所有权属于被继承人或者属于配偶双方，则房屋的居住权以及适用的家具的权利属于配偶。上述权利由可处分份额承担，在可处分份额不够的情况下，不足部分由配偶的应继份承担，仍然不够的，由子女的应继份承担。”

② 参见《意大利民法典》第461条之规定。

③ 参见《意大利民法典》第712条之规定。

④ 参见《意大利民法典》第511条之规定。

要停止清偿，且需要另行制作清偿顺序表，在清偿顺序表发生效力后，按照清偿顺序表的规定进行清偿。

四、瑞士的限定继承制度

瑞士的继承制度主要规定在《瑞士民法典》[①] 第三编“继承法”中，从第十三章到第十七章共五章内容，从第 457 条到第 640 条共计 184 个条文。其中，继承人的限定继承制度主要规定在第十六章“继承的效果”第三节“公式财产清单”及第四节“官方清算”中，并且以官方清算为主导。

（一）限定继承的要件

瑞士法律对于继承人的限定继承是通过官方清算实现的，但官方清算是建立在“公式财产清单”制度的基础之上。具体而言，一般在继承开始后的 1 个月内，继承人可以向主管官厅提出制作“公式财产清单”申请，主管官厅接受申请后，在不少于 1 个月的期限内公告遗产债权人、债务人及担保权利人申报债权债务。所有知晓被继承人财产情况的人都有向主管官厅报告的义务，继承人对所知晓的被继承人的债务尤其应当向主管官厅报告。主管官厅根据公告及所了解的债权债务情况，制作“公式财产清单”，此清单包括遗产及债务，对于非金钱的财产应当标明估价，以便继承人能够根据遗产及债务状况作出决定。主管官厅在财产清单制作完成后的 1 个月内，将其交由利害关系人审阅。同时，在此期间内，继承人根据此财产清单应当决定放弃继承、接受继承或者请求官方清算。由以上内容可知，请求主管官厅制作财产清单并不能视为接受限定继承的意思表示，而请求官方清算为继承人承担限定继承责任的意思表示。该意思表示的起算点是主管官厅制作的财产清单完成后，期限是 1 个月内，但该期限并不是绝对的，主管官厅视情况可以

① 殷生根、王燕译：《瑞士民法典》，中国政法大学出版社 1999 年版。本节如无特别说明，所引用的法律条文均出自于该法典。

延长。

（二）限定继承的效力

官方清算对继承人而言，无论遗产的债务多少，继承人都可不以自己的个人财产承担清偿责任。对遗产债权人及债务人而言，必须在规定的申报期限内申报其债权债务。尤其是对于遗产债权人来说，其必须在规定的期限内申报其债权，因遗产债权人自己的原因未申报而不能将该债权登记于遗产清单时，债权人将永远不能得到清偿，即使遗产在清偿所有债务之后还有剩余，该剩余部分也由继承人继承而非用于清偿未申报的债权。[①] 但是，如果不是遗产债权人自身的过错造成的未能申报或未能记载于财产清单之后果，继承人仅仅在其继承的遗产范围内负担清偿义务。官方清算发生继承人的个人财产与遗产分离的效果，如果继承人未向主管官厅请求遗产清算的，遗产债权人有理由认为其债权可能无法获得足额清偿，而经清偿请求之后未获得清偿，亦未获得担保时，可以在继承开始后的3个月内请求主管官厅进行官方清算，受遗赠人亦同（保全处分），[②] 其目的无非是使遗产独立于继承人之个人财产。在进行制作遗产清单期间，发生债务履行以及诉讼时效中止的效果。[③] 同样，在官方清算期间，非以法定的程序和方法不得对遗产债权人任意清偿。

在遗产管理方面，在制作财产清单的过程中，虽然继承人可以对遗产进行一些必要的管理，但遗产管理的主要责任还在于主管官厅。而在官方的清算过程中，遗产的管理责任完全在于主管官厅，官方清算的含义也就在于非继承人而是在瑞士官方的主导下进行的清算。主管官厅可以根据实际情况拥有在自己承担清算职责与委托遗产管理人清算之间的选择权。由遗产管理人接受主管官厅的委托

---

① 有质权担保的债权除外。参见《瑞士民法典》第590条第3项之规定。

② 参见《瑞士民法典》第594条之规定。

③ 参见《瑞士民法典》第586条之规定。

而为的清算行为，对外代表主管官厅，对主管官厅负责，并接受主管官厅的监督。

（三）限定继承的实施

《瑞士民法典》对遗产债务范围的规定主要散见于各个条文中，具体而言，其范围包括被继承人生前的个人债务、继承开始时产生的债务、被继承人死亡之后产生的债务。其中，继承开始时产生的债务主要是特留份债务①、遗赠债务②、被抚养人的生活费③、特定家庭成员的相当补偿金④等。

瑞士法律将包括公告程序、清偿程序及剩余遗产的交付等称为遗产的清算。请求官方进行遗产清算的主体是继承人以及遗产债权人，但却没有规定继承人的债权人可以请求进行官方清算以保护自己的利益。而在清算的方式上，《瑞士民法典》规定了两种清算方式：其一，普通清算。"清算的结果，主要是了结被继承人的日常业务、履行其债务、收回其债权、尽可能地执行遗赠，并在必要时，由法院确定被继承人的权利及义务以及变卖其财产。被继承人的土地的转让应采取公开拍卖的方式。非经全体继承人同意，不得

---

① 《瑞士民法典》第 471 条规定："关于特留份的规定如下：1. 直系卑血亲各为其法定继承权的四分之三；2. 父母中任何一方，为其法定继承权的二分之一；3. 兄弟姐妹各为其法定继承权的四分之一；4. 生存配偶，如与他人共同继承时，为其法定继承权的全部，如仅其一人为法定继承人时，为其法定继承权的二分之一。"

② 《瑞士民法典》第 562 条规定："（一）受遗赠人，对执行遗赠义务人，如未特别指定执行遗赠义务人时，对法定或指定的继承人，有请求权。（二）遗嘱无特别约定的，受遗赠人的请求权自执行遗赠义务人接受遗产或不能抛弃遗产时生效。（三）如继承人不履行其义务，得促其移交遗赠之物；如其行为构成对遗嘱的违抗，得向其请求损害赔偿。"第 564 条规定："（一）被继承人的债权人对于受遗赠人，有优先权。（二）如继承人无限定地继承了遗产，其债权人与被继承人的债权人有相同的权利。"

③ 《瑞士民法典》第 606 条规定："被继承人死亡时，受其抚养的继承人得请求自被继承人死亡后继续给予一个月的生活费。"

④ 《瑞士民法典》第 603 条第 2 款规定："子女或孙子女，在与被继承人共同生活时，对共同家务付出了劳动或财物的，有请求相当补偿金的权利。该请求权应计算为遗产的债务。但如因此遗产中的债务额超过财产额时，不得提出该请求权。"

自由转让。继承人对清算中不必要的物品及金钱，在清算终结前可以请求移交。”其二，破产清算。普通清算是建立在遗产能够清偿所有债务的基础上，而当遗产不能清偿所有债务时的清算则是由破产官厅依据破产法的有关规定进行破产清算程序。无论是哪种清算，瑞士法律规定的具体清偿顺序都散见于《瑞士民法典》的一些具体条文中而非直接以一个条文集中规定，特别是一些清偿顺序的先后应当从具体规定中推知，首先是被继承人的债务、丧葬费、封印及财产清单的制作费、家庭成员一个月的生活费应当从被继承人可处分的财产中扣除，[①] 结合遗产清单的制作费用从遗产中扣除，当遗产不足以支付该费用时由申请制作财产清单的继承人支付可知，遗产应当首先用于清偿财产清单的制作费用、丧葬费用等继承费用。这些费用属于共益费用，应当优先获得清偿。同时，家庭成员一个月的生活费是保障被继承人家庭成员的生存所需，应当紧列于继承费用之后。根据第 564 条的规定，遗产债权人优先于受遗赠人获得清偿，根据第 573 条的规定，在遗产清偿所有债务之后方由继承人继承。而担保的债权相较于普通债权有优先权，而普通债权又优先于家庭成员的补偿金请求权。[②] 因此，瑞士的遗产债务的清偿顺序为继承费、家庭成员一个月的生活费、优先债务、普通债务、家庭成员的特定补偿金、特留份、遗赠。如果遗产在清偿完以上所有债务之后还有剩余，则应交付给继承人。

第二节　英美法系国家涉及限定继承责任之立法

英美法系国家在遗产继承上主要采用间接继承制度，遗产在清

① 参见《瑞士民法典》第 474 条之规定。

② 参见《瑞士民法典》第 603 条之规定。

偿债务后的剩余部分归继承人所有,[①] 这在实质上相当于绝对的限定继承制度，与大陆法系国家的限定继承制度殊途同归。[②]

一、美国涉及限定继承责任之立法

美国的继承制度主要是在《统一遗嘱检验法典》中予以规定。

（一）遗产管理

英美法系国家最为典型的特征是其法律规范一般是由一系列的判例法组成，美国是英美法系判例法国家的代表之一，但其遗产管理的法律规范恰恰不是判例法而是成文法，即其遗产管理规定在《美国统一遗嘱检验法典》中，并且规定得十分详尽。[③] 根据该法典，被继承人死亡之后的遗产因不属于任何人而被作为独立法人对待，由遗产管理人（或遗嘱执行人，但因遗嘱执行人的主要职责就在于遗产管理，遗嘱执行人也应被称为遗产管理人）进行管理，继承人不参与遗产的管理而只参与剩余遗产的继承。[④] 如此，遗产在清偿完所有债务而交付于继承人前，对遗产债权人的公示催告、遗产债务的清偿等遗产管理职责均由遗产管理人承担。详言之，遗产管理的内容包括整理和收集被继承人的遗产及遗产债权，在此基础上，制作遗产清册，并将该遗产清册提交法院，由法院或法院命

---

① 陈苇、魏小军：《论我国遗产范围立法的完善》，载《河南财经政法大学学报》2013 年第 6 期。

② 张玉敏：《论限定继承制度》，载《中外法学》1993 年第 2 期；王丽萍：《债权人与继承人利益的协调与平衡》，载《法学家》2008 年第 6 期；许勤、魏嶷：《概括继承、限定继承及其他——关于财产继承制度的经济分析》，载《学术月刊》2001 年第 8 期。

③ 遗产管理规定在第三章中，共 117 个条文。

④ ［美］彼得·哈伊：《美国法律概论》，沈宗灵译，北京大学出版社 1998 年版，第 97～100 页。

令遗产代理人进行公告，令遗产债权人在公告期间届满前申报其债权。[①] 法律规定的期间届满后，由遗产管理人按照法律规定的顺序清偿遗产债务。将清偿完所有债务之后的剩余遗产交付给继承人。

（二）遗产债务的清偿

1. 遗产债务的范围。美国的遗产债务范围为宅地津贴、家庭津贴、免除财产、遗产税、死者死亡时或死亡后产生的债务、死者生前所欠债务。[②] 具体而言，宅地津贴的数额一般是一万五千美元，由死者的生存配偶享有，如果没有生存配偶，则由死者的未成年子女及依靠死者抚养的成年子女平均分配。宅地津贴优先于所有的遗产请求，其主要目的在于保障生存配偶或未成年子女及依靠死者抚养的成年子女的生存居住权；家庭津贴是给付死者的配偶、未成年子女及依靠死者抚养的子女以维持生活的金钱，家庭津贴除列于宅地津贴之后外，优于任何其他的遗产请求。免除财产是可以不计入用于偿还遗产债务范围的财产，该财产由生存配偶以及在没有生存配偶时的子女获得，其主要目的是使一些个人生活的物品别除出来。免除财产的数额为一万美元以内，其除列于宅地津贴和家庭津贴之后外，优于任何其他针对遗产的请求（不得及于担保财产）；[③] 遗产税与遗产的继承有关，美国实行间接继承制度，必然存在遗产管理人，这种制度相较于大陆法系国家的直接继承制度下可能不存在所谓的遗产管理来说，更有利于遗产税的征收；死者死亡时或死亡后产生的债务一般包括遗产管理费用、丧葬费用等；死

① 必要时向债权人提起诉讼、查明和清偿被继承人的债务和对被继承人遗产提起的权力主张、缴纳遗产税（包括联邦遗产税、州遗产税、死亡税、继承税等）。参见陈苇主编：《外国继承法比较与中国民法典继承编制定研究》，北京大学出版社 2011 年版，第 538 页。

② 陈苇主编：《外国继承法比较与中国民法典继承编制定研究》，北京大学出版社 2011 年版，第 536～538 页。

③ Jesse Dukeminier, Robert H. Sitkoff, James Lindgren, Wills, Trusts, and Estates, Poston: Harward University Press, 1987, p. 232.

者生前所欠债务包括合同之债、侵权行为之债等。

2. 遗产债务的清偿程序。

其一，对债权人的通知。通知的方式包括公告以及邮寄或其他递交方式，其中公告是在遗产所在地通行的报纸上进行，并且附上遗产管理人的地址等信息以便于申报债权，公告期一般是6个月。债权人必须在法律规定的期限内申请，否则其债权将永远不会被清偿。其二，对遗产债务的清偿。债权的申报期限过后，遗产管理人可以在法律或法院允许的范围内清偿遗产债务。

3. 遗产债务的清偿顺序。根据《统一遗嘱检验法典》第3－805条之规定，对于遗产债务的清偿顺序主要是按照以下顺序进行："1. 遗产管理的花费和开支；2. 合理的丧葬费用；3. 根据联邦法享有优先权的债务和税款；4. 死者最后患病花费的合理和必需的医疗费；5. 根据其他州法律享有优先权的债务和税款；6. 其他所有的请求。"但该规定对于遗产债务的清偿还并不是十分明确，主要是必须与前文关于遗产债务的范围结合起来考虑。根据前文关于遗产债务范围的论述，我们可以看出，宅地津贴、家庭津贴、免除财产三者的清偿顺序依次是宅地津贴优先于家庭津贴，家庭津贴优先于免除财产。但是对于该三种债务与第3－805条规定的清偿顺序，应当结合其他条文的规定予以确定。因为各种津贴和免除财产中，只有免除财产规定了应在担保价值之外，且因法律规定免除财产的津贴优先于各种无担保的债权和遗赠，故其清偿顺序应当是宅地津贴、家庭津贴、有担保的债权、免除财产、无担保的债权。在所有针对遗产的请求中，应当考虑有些请求是应当受保护的，如遗产管理费用、丧葬费用。因此，总的清偿顺序为遗产管理的花费和开支、合理的丧葬费用、宅地津贴、家庭津贴、有担保的债权、免除财产、根据联邦法享有优先权的债务和税款、根据其他州法律享有优先权的债务和税款、其他所有的请求。

（三）剩余遗产的交付

遗产管理人的职责从其被法院任命为遗产管理人开始，直到遗产债务清偿完毕，并按照遗嘱或法律的规定将遗产交付（分配）给继承人后，其遗产管理的主要职责才宣告结束。[①]

二、英国涉及限定继承责任之立法

近年来，英美法系和大陆法系的法律制度也在相互借鉴，除大陆法系将某些具有典型意义的判例作为以后类案的参考之外，[②] 英美法系也在某些法律上参照大陆法系之制定法传统，如英国的遗产制度主要规定在《〈继承法〉改革法》、《继承法〈家庭和被抚养人条款〉》、《遗产管理法》、《无遗嘱者遗产法》等法律规范中。

（一）遗产管理

英国的遗产管理主要规定在《遗产管理法》中，由遗嘱执行人或遗产管理人负责遗产的管理，遗嘱执行人主要是依据被继承人死亡前留下的遗嘱中确定的执行遗嘱之人，而遗产管理人则是在无遗嘱或遗嘱无效的情况下，由法院指定产生。[③] 遗嘱执行人和遗产管理人被统称为遗产代理人。在被继承人死亡之后，遗产被转移给遗产代理人管理。遗产代理人首先进行遗产的相应收集和整理，以便对其上的债权债务进行登记造册。遗产代理人在登记造册之后，负有通知遗产债权人的义务，因遗产债权人没有获得通知而错过遗产清偿的，遗产债权人可以要求遗产代理人赔偿。但这种要求对遗产代理人的风险较大，为了解决遗产代理人尽最大可能仍然无法实现通知所有遗产债权人的问题，遗产代理人可以在法律规定的报纸

① 当然，遗产管理人还需要向法院提交遗产管理的报告，包括遗产的分配，每一笔费用的支出等，在法院批准该报告后，遗产管理人的职责才正式宣告结束。杨立新：《对修正〈继承法〉十个问题的意见》，载《法律适用》2012 年第 8 期。

② 例如我国最高人民法院发布的指导性案例。

③ 陈碰有：《英国遗嘱继承制度研究》，载《厦门大学法律评论》2001 年第 2 期。

上①发布公告，公告期满后，遗产代理人按照法律规定的顺序进行遗产债务的清偿。当遗产不足以清偿所有债务时，按照破产法的规定，申请宣告遗产破产。

（二）遗产债务的清偿

1. 遗产债务的范围。英国的遗产债务主要包括遗产税、合理的丧葬费用、遗嘱和管理费用、死者生前所欠债务、对死者近亲属或者依靠死者抚养的人的合理救济费用。其中，遗产税是死者的遗产在转移给其继承人时所缴纳的费用，根据遗产数额的多少，所缴纳的比例也是不同的，有的遗产税甚至能达到45%；合理的丧葬费用是指为办理死者的后事的花费，该费用从遗产中支出，具体数额是否合理与死者的身份、地位等有关。② 这与有的国家的规定有所不同，在有些国家的法律中规定丧葬费用是由继承人负担；遗嘱和管理费用是指诸如遗嘱检验费等；对死者近亲属或者依靠死者抚养的人的合理救济费用主要是对依靠死者抚养的人的救济。

2. 遗产债务清偿的程序与顺序。

其一，普通清偿。普通的清偿是指遗产能够清偿所有债务情况下的遗产债务之清偿规定，其实在遗产能够清偿所有债务时，所谓的清偿顺序的规定都不是那么重要。虽然《遗产管理法》规定了相关的清偿顺序，但遗产债权人可以不受该顺序的约束，径直要求以遗产进行清偿，只是这种清偿不得损害遗产受益人的权利。

其二，遗产破产。在英国的法律制度中遗产破产也被称为已故债务人的破产，③ 在通常情况下，债务人死亡后其人格也归于消灭，但针对其遗留的遗产开始的破产程序，有学者就认为其实质上为债务人之死者的破产，这就与自然人的人格始于出生终于死亡相

---

① （1）在伦敦报纸上公告；（2）如果遗产包括土地，那么在该土地所在地发行的报纸上公告；（3）遗产代理人还可以适用其他被法院指示的方式，如果遗产代理人对发出的通知有疑问，也可以向法院寻求指导。

② *Corner V. Shaw*(1983)；*Goldstein V. Salvation Army Assurance society*(1917).

③ 《英国破产法》第421条之规定。

矛盾，但英美法系的立法并不注重公民死后其主体即消灭的大陆法系之民法传统理论，而是讲究法律的实用性，从而设计了遗产之破产财团制度，这种立法中将遗产视为财团而具有独立性人格，把遗产破产视为公民死亡后的事务了结。我们通常所说的遗产破产也就是针对遗产所宣告的破产当无异议，虽然遗产破产是由债务人死亡之后的遗产承担债务的清偿责任，所有的清算费用也都是由遗产支付，但遗产破产的原因却不一定在形成遗产之后（债务人死亡之后）而发生，换句话说就是遗产破产的原因也可能在遗产形成之前（债务人死亡之前）而发生，只是在债务人死亡之后的破产原因转移到能够承受债务人死亡前债务的遗产之上，这种在债务人死亡之前而具有的破产原因在债务人死亡之后转到遗产上进行的破产可以认为是破产原因的延续性。与遗产破产的基础原因相比，该破产原因的特殊性在于其已经超越了遗产破产概念所应当涵盖的范围，故遗产破产的特殊原因之一就是被继承人死亡之前具有破产原因的，在其死亡之后该破产原因可以在遗产上延续。①

遗产破产的申请人可以是遗产管理人，也可以是遗产债权人，具有破产原因时的清偿顺序就显得尤为重要。具体而言，英国法律规定的清偿顺序如下：1. 担保债权。在英国，担保债权具有特别优先的地位，而且优先于遗产管理费等，这体现了英国法律对于财产担保之意思表示的重视；2. 遗产管理费和丧葬费。这些费用以合理存在为基础，具体是否合理可能因人而异；3. 优先债权。包括工人工资、各种税收、捐赠费用等；4. 无担保的债务；5. 延期的债务；6. 合理的经济供养；7. 遗赠。

（三）剩余财产的交付

若在清偿完所有遗产债务之后仍有剩余的，将剩余遗产交付给

① 《英国破产法》第130条规定：“死亡债务人的任何债权人，于债务人生前足以对其提出破产申请的，得依破产法的规定申请破产法院对遗产适用破产程序。”王艳华：《破产法学》，郑州大学出版社2009年版，第55页。

继承人。

三、澳大利亚涉及限定继承责任之立法

澳大利亚继承制度的主要法律规定是各州的《继承法》、《遗产管理和遗嘱检验法》和《家庭供养法》。

（一）遗产管理

澳大利亚法律规定，遗产管理的职责由遗产代理人完成。被继承人留有遗嘱并指定了遗嘱执行人的,[①] 该遗嘱执行人具有遗产管理的职责。而被继承人没有留有遗嘱，或者留有的遗嘱中没有指定遗嘱执行人，或者遗嘱中指定的遗嘱执行人因故不能履行相应职责的，由法院指定遗产管理人负责遗产的管理职责。遗嘱执行人及遗产管理人统称为遗产代理人,[②] 遗产代理人的主要职责是对遗产相关事务的管理，包括安排死者的葬礼、收集死者的所有财产、清偿死者在死亡时以及遗产管理正当程序中产生的债务及向依据遗嘱或无遗嘱死亡规则享有财产权的继承人分配死者的遗产。[③] 具体而

---

① 被继承人的遗嘱以及遗嘱所指定的遗嘱执行人是否有效，应当在遗嘱检验法院获得遗嘱效力的检验，检验的内容包括确认产生疑问的文件是否是一份遗嘱，且文件制作人的意图是否是将此文件作为遗嘱；该文件是否满足订立遗嘱的形式要件；遗嘱订立人是否具备必要的意识能力；该文件是否是死者的最后遗嘱等。参见［澳］肯·马蒂、马克·波顿：《澳大利亚继承概要》，陈苇等译，西南政法大学外国家庭法及妇女理论研究中心 2007 年版，第 2～3 页。

② 遗产代理人，顾名思义就是代理遗产了结相关事务的人，遗产本身是没有主体资格的，其在大陆法系国家的继承制度中仅仅是继承或清偿债务的客体，但遗产能够被代理，说明英美法系国家将遗产视为主体。

③ 遗产代理人应对法院发布家庭供养有所预料，因为这将会对遗产的清偿和继承等带来巨大的影响。家庭供养是对被继承人遗嘱自由的限制，因为在澳大利亚早期的继承法实行完全的遗嘱自由原则，继承人可以任意处分属于其的财产，这种处分行为包括死前以遗嘱的方式对死后财产的安排。但是完全遗嘱自由没有考虑到家庭实际的供养关系，特别是生存的配偶和未成年子女的供养。为了应对完全遗嘱自由带来的弊端，澳大利亚遂规定了法院可以视情况决定留取的家庭供养费的数额。［澳］肯·马蒂、马克·波顿：《澳大利亚继承概要》，陈苇等译，西南政法大学外国家庭法及妇女理论研究中心 2007 年版，第 251～256 页。

言，遗嘱执行人有权处理死者的遗体，并最大可能地尊重死者的遗嘱。如果没有遗嘱执行人的，由死者的近亲属负责处理遗体。无论是由遗嘱指定的执行人还是由法院指定的遗产管理人，都有权根据遗产的情况安排死者的葬礼，该葬礼的花费优先于所有其他遗产债务。遗产代理人应当尽可能地收集所有死者的遗产，这要求遗产代理人必须采取合理的行动，否则就会为此承担相应的责任，且在收集死者遗产之后应当对遗产进行良好的管理和维护。遗产债务包括遗产代理人在管理遗产中产生的债务，虽然该债务名义上是由遗产代理人负责清偿，但其有权从遗产的收入和本金中补偿其履行职务所产生的费用。

（二）遗产债务清偿

根据澳大利亚相关法律的规定，澳大利亚遗产债务的范围主要包括以下几种：丧葬费用、遗嘱费用、遗产管理费用、被继承人生前债务、家庭供养费用。一般而言，遗产应当承担所有的相关支出，继承人仅享有遗产利益。在英美法系国家，丧葬费用也是由遗产支出，继承人并不对被继承人的丧葬事务负责。遗嘱费用主要是对遗嘱进行检验、执行医嘱所产生的费用。遗产管理费用是遗产代理人在管理遗产过程中所产生的费用。[①] 被继承人生前的债务主要因其生前行为所产生，在其死亡以后，该债务的清偿责任就由遗产负担。其个人生前债务的范围比较广泛，包括了因履行合同所产生的债务、无因管理所产生的债务、不当得利所产生的债务以及侵权行为所产生的债务等。家庭供养费用主要是为了使配偶以及未成年子女等依靠被继承人供养的人维持生活所需，不至于因被继承人的死亡而陷入生活困境。如果被继承人没有为依靠被继承人供养的人留有相关费用，申请人可以请求法院依据自由裁量权确定相关数额。

遗产债务清偿的总体原则是在确定了遗产的数额以及遗产债务

① 包括继承人本人管理遗产的劳务费等。

的数额之后，按照一定的清偿顺序进行，在债务清偿过程中，遗产代理人应尽合理的注意义务，否则应当对由此给其他债权人带来的损失负责。具体而言，澳大利亚遗产债务的清偿包括资能抵债和资不抵债的清偿。对于资能抵债的债务清偿，因所有债务都终将被全部清偿，遗产债权人对于清偿顺序的关注度下降，遗产债务的清偿顺序一般以遗嘱的顺序进行，当遗产没有清偿顺序时，按照法定的清偿顺序进行。[①] 而对于资不抵债的遗产债务的清偿，澳大利亚设计了遗产破产的法律制度，[②] 遗产债权人或者遗产管理人可以按照破产法的有关规定申请遗产破产。[③] 在此情形下，遗产债务的清偿顺序为："1. 对葬礼、遗嘱费用及管理遗产的费用有优先权；2. 有担保的债权，至少该担保能够清偿该债务范围内的债权；3. 在遗产管理立法对王国政府没有约束力的司法管辖区内，没有担保的政府债权；4. 其他没有担保的债权。"[④]

（三）剩余财产的交付

若在清偿完所有遗产债务之后仍有剩余的，将剩余遗产交付给继承人。

---

① 法定的清偿顺序为：1. 未作出特别遗赠或者免除财产负担的一般动产或者剩余动产；2. 明确规定用于清偿债务的不动产遗赠（这不同于根据清偿债务的费用而遗赠的不动产）；3. 遗嘱为处分的不动产；4. 因清偿债务而托管的不动产和动产遗赠；5. 一般动产遗赠物；6. 不动产特别遗赠和剩余不动产遗赠以及普通赠予；7. 遗嘱人有权指定的财产及在遗嘱中已经指定的财产，以及属于死因赠予之类的财产。

② 遗产债权人申请遗产破产的原因为：1. 由死者或者是遗产代理人引起的债务或债务总额至少达到2000美元，或死者死亡后发生的债务总额不少于2000美元；2. 该债务已经清算，能立即或在将来一定时期内得到清偿；3. 在其死亡时，已故债务人惯常居住在澳大利亚或属于第244条第（6）款第（b）项的规定与澳大利亚有联系的地方；4. 法定代理人得到了送达的密封诉状副本，但法院免除此项要求的除外；以及5. 该债务在法院举行诉状听审时仍然未支付。

③ 张卫：《澳大利亚自然人破产法律制度研究》，载《海南大学学报》（人文社会科学版），2002年6月第2期。

④ ［澳］肯·马蒂、马克·波顿：《澳大利亚继承概要》，陈苇等译，重庆：西南政法大学外国家庭法及妇女理论研究中心2007年版，第329页。

第三节　域外限定继承制度比较评析

一、限定继承的要件

（一）限定继承的意思表示

起源于罗马法的直接继承制度下，继承人对遗产之财产权利义务不分数额多少而统一承受，难免对继承人不公平，尤其是被继承人的债务数额过大而遗产数额又较小时，可能会使继承人处于极度的困难中。为了解决这个问题，罗马法开始实行限定继承制度，大陆法系国家遂对此予以继受。在大陆法系国家的限定继承制度中，继承人接受限定继承的意思表示应当以明示的方式进行，如法国法所规定的继承人必须向书记室提出的限定继承的声明、德国法中规定的继承人向法院提出的遗产管理及遗产破产、意大利法中规定的继承人提出的享有遗产清单利益的声明等。对于限定继承的意思表示的期间，有的国家予以直接的规定，如《意大利民法典》规定必须在民事诉讼法规定的期限内作出，但更多的国家规定接受限定继承的意思表示必须以遗产清册的制作作为生效条件，其意思表示也应当在遗产清册的制作期限内进行，一般规定为3个月，且是在继承开始后计算。而英美法系的间接继承制度下，继承人当然不会负担无限继承的后果，其也就无须作出接受限定继承的意思表示。

（二）制作遗产清册

遗产清册是大陆法系国家接受限定继承的前提和基础，一般而言，均要求继承人在一定的期限内制作遗产清册。不同国家对制作遗产清册的期限也有不同的要求，《法国民法典》和《意大利民法典》规定的是自继承开始后的3个月以内，[①]《德国民法典》规定

① 《意大利民法典》规定自继承开始后3个月内或者自获知遗产分配消息之日起的3个月内编制完成。

的是由法院在1～3个月之间进行指定。一般而言，制作遗产清册的期限是3个月，因为时间太短，继承人无法在规定的期限内完成遗产清册的制作，所导致的后果就是继承人不能享有限定继承的利益，这不利于对继承人的平等保护。而如果制作遗产清册的期限太长，又会造成遗产债务清偿的时间后延，不利于遗产债权人的平等保护。几个主要大陆法系国家对于继承人制作遗产清册的要求是必须忠实、可靠地完成，如果发生故意遗漏遗产的登记，或者虚构不存在的债务，继承人就会丧失遗产清册利益，转而适用无限继承。制作遗产清册的目的在于了解遗产的所有债权债务关系，为遗产债务的清偿以及遗产的继承等打下基础。这对继承人来说也是同等重要的，因为其在制作遗产清册的过程中，能够掌握遗产的债权债务情况，如果遗产债务明显大于遗产数额，其就可以选择放弃继承。而英美法系国家的遗产债权债务关系之遗产管理是由遗产管理人或遗产代理人完成的，而不是由继承人完成的，故继承人没有制作遗产清册的责任。但这并不是说继承人没有任何的义务，其义务体现为遗产管理人在清查遗产而询问继承人时，继承人需要对所知悉的债权债务关系履行如实告知的义务。

二、限定继承的效力

大陆法系国家之限定继承对继承人的效力统一表现为继承人责任的限定性，即继承人仅需以其所继承的遗产为限负担遗产债务的清偿责任，而无须以其个人财产对遗产债务负责。并且，继承人之一人接受限定继承时，对其他继承人也发生同样限定继承的效力。限定继承对遗产债权人的效力表现为遗产债权人只能在遗产的范围内获得清偿，不能完全获得清偿的部分亦不能请求继承人偿还。在限定继承制度下，对遗产的效力为其与继承人的个人财产发生分离，从而能够区分出遗产与继承人的个人财产，以便实现以被继承人的遗产清偿债务。英美法系国家的间接继承制度下，也不会发生继承人的个人财产与遗产混同的后果，故遗产在继承开始后就具有独立性地位而不需要继承人的意思表示。

三、限定继承的实施

比较大陆法系国家与英美法系国家的遗产债务范围，我们发现，其一，虽然两大法系在立法理念上有所不同，即因大陆法系国家民事主体之逻辑构建而不承认遗产的主体资格，其遗产债务的清偿主体应当是继承人，而英美法系国家将遗产视为具有主体资格的人，但两大法系均将被继承人生前债务纳入遗产债务的范围，而且是遗产债务的主要部分。其二，继承开始时所产生的债务①也是属于遗产债务的范围，如法国、德国的赡养费及扶养费、特留份、遗赠等，英国的对死者近亲属或者依靠死者扶养的人的合理救济费等，美国的宅地津贴、家庭津贴等。这些费用一般是维持被继承人之家庭成员生存所需的费用，也被列为遗产债务的范围。其三，被继承人死亡之后产生的费用，包括遗产管理费、遗嘱执行费等，这些费用是在被继承人死亡之后因其他人的行为而产生，也被列入遗产债务的范围。这里需要指出的是，是否应当将丧葬费用纳入继承开始后遗产债务的范围存在不小的争议，有的学者认为，因为我国法律规定了一定范围的亲属之间具有扶养的法定义务，该扶养不仅包括生前的扶养，也包括了死后扶养，即安葬亲属是扶养义务在扶养权利人死后的必然延续，② 因而，丧葬费用不属于遗产债务的范畴。③ 也有学者认为，我们应当借鉴英美法系的做法，即将合理的

---

① 之所以称之为遗产开始时所产生的债务，是因为该债务不像被继承人死亡之后诸如遗产管理等行为的发生作为债务产生的条件，而是在被继承人死亡之事实的发生就已经产生。

② 郭明瑞、房绍坤：《继承法》，法律出版社 1996 年版，第 211 页；杨遂全：《亲属与继承法论》，四川大学出版社 2005 年版，第 239 页。

③ 李双元、温世扬主编：《比较民法学》，武汉大学出版社 1998 年版，第 1003 页。如若殡葬费用被划定在遗产债务的范围之内，在限定继承的规则之下，当被继承人遗产中未留下积极财产时，其亲属不对被继承人安葬违反了公序良俗。参见贺平：《遗产债权人利益保护之制度构建》，载《福建江夏学院学报》2012 年第 4 期。

丧葬费用的支出作为遗产债务。[①] 丧葬费用是否属于被继承人死亡之后所产生的费用，不同国家的规定不尽相同，大陆法系的德国将其作为继承人的债务而非遗产债务，而同属大陆法系的瑞士则将其列入遗产债务的范围，英美法系国家均将丧葬费用列入遗产债务范围。我们认为，从历史上来说，受传统文化的影响，继承人一般与被继承人具有血缘、姻亲或情感上的利害关系，按照通常的理解，其本应当对被继承人的丧葬事务负责，继承人对被继承人承担丧葬义务具有合理性，但这种义务属于继承人的道德义务，既然属于道德上的义务，法律上对该义务的履行并不作强制性要求。由此，应当将丧葬费用列入遗产债务的范围，当继承人等不履行该道德义务时，丧葬费用由遗产负担。

而对于遗产管理而言，大陆法系国家的限定继承制度总是以完善的遗产管理为条件的，遗产管理人在遗产的管理过程中，以继承人提出的遗产清册为基础，对遗产的数额进行清查、登记，而同时对遗产债权人进行公告或者以其他方式通知其在规定的期限内申报债权，从而最终确定债权债务的数额，以确定最终的分配方案。但是瑞士是根据继承人请求而进行官方清算，这与其他大陆法系国家的继承人提出遗产清册有所不同。瑞士的官方清算更多的是一种公权力主导的方式，而其他国家继承人提出遗产清册更多的是一种私权利为主导的方式。而无论是公权力为主导还是私权利为主导，最终都是为遗产债务清偿的顺利进行服务。遗产债务的清偿一般都有一个清偿的顺序，具体而言，被继承人死亡之后产生的债务一般列于第一清偿顺序，如丧葬费用、遗产管理费用等，这些债务有的也被称为共益债务。被继承人死亡时所产生的保障继承人生存权的债

① 刘春茂主编：《中国民法学·财产继承》，中国人民公安大学出版社 1990 年版，第 552 页。丧葬费用的合理性标准一般结合死者生前与其亲属的关系密切程度、当地的一般生活水平以及当地的一般丧葬标准综合确定。参见陈苇主编：《外国继承法比较与中国民法典继承编制定研究》，北京大学出版社 2011 年版，第 556 页。

务一般列于第二顺序，如扶养费、生活费等，这些是保障被扶养人等基本的生存权的，虽然被扶养人等取得该财产没有支付相应的对价，但生存权明显高于发展权，故被继承人死亡时所产生的费用同其他债务相比具有优先性。被继承人死亡前的个人债务一般列于第三顺序，其中有担保的债权优先于无担保的债权。特留份债务与遗赠债务一般列于第四顺序，被继承人死亡时所产生的特留份债务和遗赠债务不具有优先于其他债务的效力，因为特留份债务是对被继承人遗嘱自由的限制，并不是基于继承人的生存权作为考虑的，而在遗赠债务中，受遗赠人并没有支付相应的对价。在特留份债务和遗赠债务之间，特留份债务具有优先性。而英美法系国家的遗产债务清偿顺序之规定不尽相同，有的将被继承人死亡后所产生的债务规定为第一顺序，如美国和澳大利亚。除此之外，美国还规定了宅地津贴和家庭津贴等，并将其列于担保债权之前，体现了对生存权的重视。有的将具有担保的债权规定为第一顺序，如英国，这是基于民事交易领域之安全价值的考量。英美法系较为有特色的遗产债务清偿顺序是将税款优先于普通债权，这是因为税款一般涉及公共利益，体现了公共利益优先于私益的理念。

第五章 我国限定继承制度的现状、不足与完善

本章共分为四节，第一节为我国无条件限定继承制度的现状、不足与完善，第二节为我国遗产管理制度的现状、不足与完善，第三节为我国遗产债务清偿制度的现状、不足与完善，第四节为结论。

第一节 我国无条件限定继承制度的现状、不足与完善

一、我国无条件限定继承制度的现状与不足

（一）我国无条件限定继承制度的现状

由于限定继承制度在实现继承人利益上具有无可比拟的优越性，我国1985年的《继承法》也规定了限定继承制度，其集中表现在第33条，[①] 即继承人以继承遗产的实际价值为限承担税款和债务的清偿责任，这就是我国法律对于继承人限定继承责任的具体规定。因我国《继承法》没有继承人必须以自己个人所有的财产

① 该条规定："继承遗产应当清偿被继承人依法应当缴纳的税款和债务，缴纳税款和清偿债务以他的遗产实际价值为限。超过遗产实际价值部分，继承人自愿偿还的不在此限。"

清偿遗产债务之情形的规定，即没有国外相关法中继承人对遗产债务承担有限清偿责任之条件的规定，包括接受限定继承的意思表示及其期间、忠实可靠地制作遗产清册等制度，故可以认为继承人对于遗产的继承是无条件的限定继承，如果其存在侵害遗产而对债权人造成损害，其亦不需要因此而负担无限继承责任。

不可否认，我国的无条件限定继承制度有效地保护了继承人的利益，使得继承人无须以其个人所有的财产负担遗产债务的清偿责任。这一规定相较于古代社会“父死子继、父债子还”的继承制度来说是一个巨大的进步，它与现代民法强调继承人与被继承人人格的相互独立，以及在独立人格之下的“责任自负”的理念相一致。而且，因该制度出台的社会背景是20世纪80年代，当时我国仍然处于生产力水平不高的计划经济时期，个人占有的物质资料一般仅为生产生活的必需品，且即使是个人所有的生产生活必需品也均价值不大，在此债权债务关系相对单一的社会中，继承人侵害遗产的情况较为少见，我国《继承法》所规定的继承人无论在任何条件下，均仅以所继承的遗产实际价值为限承担遗产债务的清偿责任之无条件限定继承制度，在特定的时期内发挥着重要的作用。

然而，随着我国由计划经济向市场经济转型，无论在任何条件下均仅以所继承的遗产实际价值为限的无条件限定继承制度存在的社会条件已经发生了根本的改变，尤其是当前我国社会所有制由单一的公有制向多种所有制成分并存的发展中，个人财产的性质已经不仅限于生产生活的必需品，[①] 无条件的限定继承制度已经不能适应社会的需要。换而言之，虽然20世纪80年代我国继承法之无条件限定继承制度可能并不会对继承人造成不利益，但在21世纪的今天，随着经济的发展，个人所拥有的财产数量急剧增加，因个人财产增多而导致的动态交易过程中产生的债务也随之增大，债权债

① 林艳琴：《法定继承人范围和顺序的完善——以俄罗斯继承法为视角》，载《比较法研究》2009年第3期。

务关系变得较为复杂，在被继承人死亡后，继承人可能侵害遗产的数量也在不断增加，这必然对遗产债权人带来损害。[①] 因而，我国无条件限定继承之仅为继承人提供保护的制度必须作出相应的改变，[②] 即为继承人及遗产债权人提供平等保护的有条件限定继承制度的构建应当被提到重要的位置。具体而言，有条件限定继承制度为继承人及遗产债权人提供平等保护的方式有二：其一，有条件限定继承之条件最重要的莫过于继承人忠实地制作遗产清册，如果继承人按照法律的规定忠实地制作了遗产清册，则限定继承之条件已经成就，继承人可以享受限定继承利益。否则，继承人的限定继承利益将会被剥夺，转而适用无限继承，继承人需要为自己的不诚实付出代价，即其可能以自己的财产清偿遗产债务的后果。可以说，有条件的限定继承制度督促继承人在享有权利的同时，也应当负担相应的义务，通过对继承人负担义务的方式实现对遗产债权人利益的保护。其二，有条件的限定继承制度构建的直接目的在于保护遗产不受继承人的不当侵害，有条件限定继承发生后，其效果就是继承人的个人财产与遗产的分离，从而使遗产保持独立，使遗产债权

① 在公民的财产先于生活资料的社会条件下，继承法之限定继承的缺陷在实践中不会导致太大的问题。但是，现在情况不同了，公民的财产不仅数量大大增加，而且性质发生了重要变化。即从主要是生活资料变为既有生活资料又有生产资料，对于那些个体户和私营企业主来说，则主要是生产资料。作为生产资料，其最大的特点是处于生产经营过程之中，是动态的财产，在竞争规律的支配之下，既有盈利增值的问题，又有亏损甚至破产的风险。而且，处于生产经营中的财产数量多，债权债务关系复杂。在这样的经济条件下，限定继承制度的缺陷就日益严重（参见张玉敏：《论限定继承制度》，载《中外法学》1993 年第 2 期）。继承人将遗产转移、隐藏或者挥霍浪费，或者将遗产用于清偿自己的债务，都会危及债权人的债权。现实中已经屡屡发生这类问题，败坏了社会道德风尚。张玉敏：《财产继承中债权人利益的保护》，载《现代法学》1997 年第 2 期。

② 也有学者认为，相较于法国、德国、日本等国家的把制作遗产清册、呈送法院这一套烦琐手续作为限定继承的必经程序而言，我国的无条件限定继承制度使民法前进了一大步。参见马原、高圣平：《继承法及配套规定新释新解》，人民法院出版社 2003 年版，第 666 页。

人能够获得公平的清偿。如果遗产债权获得清偿之后的遗产仍有剩余，则由限定继承人对遗产进行继承，通过这种方式，最终实现继承人与遗产债权人利益的平等保护。

（二）我国无条件限定继承制度的不足

1. 无限定继承意思表示期间的规定。限定继承意思表示的期间是继承人必须在一定期限内向有关机关作出接受限定继承意思表示的期间，超过该期间，视为继承人接受无限继承。限定继承意思表示期间的确定对继承人权利的影响甚巨，即以继承人是否在此期间作出限定继承意思表示而决定其负担无限继承责任还是限定继承责任，这也是各国继承法律中普遍比较重视构建限定继承意思表示期间的原因。大陆法系的限定继承制度中一般均规定了继承人接受限定继承意思表示的期间，在该期间内，继承人必须明确表示接受限定继承，否则继承人只能负担无限继承责任。[①] 然而，我国《继承法》既没有规定继承人接受限定继承意思表示的期间，也没有规定继承人制作遗产清册的期间，这是我国限定继承法律的疏漏。

2. 无限定继承意思表示的对象。继承人限定继承的意思表示不是向任何人作出即可发生法律效力，根据前述大陆法系国家继承法的规定，其必须在规定的期限内向有权机关作出方能生效。而我国因实行无条件的限定继承制度，且这种无条件的限定继承是继承开始后的当然结果，继承在继承开始后无须向任何机关作出接受限定继承的意思表示。因而，我国也就不存在接受继承人作出限定继承意思表示的机关。然而，将来我国的继承立法一定是借鉴其他大陆法系国家而实行有条件限定继承制度，将无限条件限定继承修改为有条件的限定继承。换而言之，在无条件限定继承制度下无须存在的接受继承人限定继承意思表示的主管机关，因其无须存在的前提条件已经发生了改变，接受继承人限定继承意思表示的主管机关

① 然而，接受限定继承意思表示的期间并不是继承人在该期间内表示接受限定继承后就一定生效，还必须有赖于另一个期间的完成，即继承人制作遗产清册的期间。

随着有条件限定继承制度的设立应当予以构建。

3. 无遗产清册制度。因现代主要大陆法系国家在继受罗马法的限定继承制度时，也一并继受了其规定的继承人具有忠实可靠地制作遗产清册的义务，这种限定继承也被称为有条件的限定继承制度。继承人应当忠实可靠地制作遗产清册的目的，在于保障继承人不会因遗产不足以清偿遗产债务而以继承人个人财产清偿的结果，该遗产清册制度在保护继承人权利的同时，也因忠实可靠之遗产清册的制定使继承人的个人财产与遗产相分离，保障了遗产债权人的债权能够以遗产获得优先清偿的权利。进言之，遗产清册制度既保护了继承人的利益，又保护了遗产债权人的利益，且在设立遗产清册制度的同时必然规定违反忠实可靠制作遗产清册的后果是继承人限定继承利益的丧失，如此，设立遗产清册制度是有条件限定继承制度之基础，其可以保障有条件限定继承制度功能的充分发挥。相较于此，我国虽然规定了继承人的限定责任，但却没有规定继承人在进行限定继承时应当负担忠实制作遗产清册的义务，我国法律所规定的限定继承制度也被称为无条件的限定继承制度。这种没有遗产清册制度之无条件的限定继承，在过去我国计划经济时代之个人拥有有限财产的情况下可能并不会造成遗产债务清偿关系的多大困难，但如今在个人财产逐渐增多的市场经济条件下，缺失了遗产清册制度会造成过度保护继承人的利益，且对继承人利益的过度保护是以牺牲遗产债权人利益为代价的。[①] 其主要表现在，继承人往往对被继承人的遗产最为了解，且很可能在第一时间内知晓被继承人的死亡，因继承人是否侵吞、隐匿遗产均承担限定继承责任，如果仅规定继承人无论在任何条件下均需负担遗产债务的有限清偿责

---

① 王利明主编：《中国民法典学者建议稿及立法理由 人格权编·婚姻家庭编·继承编》，法律出版社 2005 年版，第 447 页。

任，则等于使恶意侵害遗产的继承人不受法律的制裁,[①] 这无疑在客观上往往可能造成有的继承人在被继承人死亡之后侵吞、隐匿遗产，导致不能保证遗产能够用于清偿债务。[②] 未来我国限定继承制度的构建中，应当设立遗产清册制度予以应对。

4. 无违反忠实可靠地制作遗产清册义务之法律后果。因遗产清册制作的目的，在于保证继承人的个人财产与遗产的分离，从而保障遗产能够按照法定的清偿顺序对债务的优先清偿，对于作为有条件限定继承之条件的遗产清册之忠实可靠地制作就显得尤为关键，故也必须设立继承人违反忠实可靠地制作遗产清册义务的后果。然而，因我国实现无条件限定继承制度，该制度下并不要求继承人必须制作遗产清册，进而也就没有规定继承人违反忠实可靠制作遗产清册的后果。在将来重新构建的限定继承制度中，随着遗产清册制度的设立，应当规定违反忠实可靠地制作遗产清册之后果。

二、构建我国有条件限定继承制度

（一）构建我国限定继承意思表示的期间

针对继承法律制度中所缺失的继承人接受限定继承意思表示的期间，我国未来的继承立法中应当对此予以规定。但该期间不宜过长，过长会导致继承人是负担无限继承还是有限继承责任之继承关系的不确定状态。而该期间又不宜过短，过短会导致继承人没有充分的时间考虑是接受限定继承、无限继承还是放弃继承，从而不利于继承人作出恰当的选择。主要大陆法系国家的继承法律制度对该期间的规定一般为 1 ~3 个月，如《法国民法典》规定继承人必须

---

① 陈苇、宋豫主编：《中国大陆与港、澳、台继承法比较研究》，群众出版社 2007 年版，第 431 页。

② 陈苇主编：《外国继承法比较与中国民法典继承编制定研究》，北京大学出版社 2011 年版，第 558 页。

在继承开始后的3个月内作出限定继承的意思表示,[①]《瑞士民法典》将该期间规定为1个月。我国有学者也通过考察国外的相关规定，提出继承人接受限定继承意思表示的期间为2个月的立法建议。[②] 笔者认为，2个月的限定继承意思表示的期间不仅与主要大陆法系国家的规定相吻合，也符合我国的基本国情，继承人在继承开始后2个月内作出接受限定继承的意思表示的立法建议可以采纳。该限定继承意思表示期间的起算点是从继承人知道或应当知道其具有继承权时开始计算，因为继承人接受限定继承的意思表示必须从其知晓继承关系发生的事实为前提，如果从继承开始时开始计算该意思表示的期间，现实中可能会产生继承人尚未知继承的事实，该期间已经经过,[③] 从而不得不接受无限继承，这无疑剥夺了继承人自己做出选择的权利。

由此，笔者建议，继承人接受限定继承意思表示的期间以2个月为宜，该期间应当从继承人知道或应当知道其具有继承权时开始计算。[④]

（二）构建我国限定继承意思表示的对象

在大陆法系国家的限定继承制度中，因各国的国情不尽相同，

① 当然，该接受限定继承的意思表示的期间是与制作遗产清册的期间相联系的，继承人也必须在该3个月期间内制作忠实可靠的遗产清册，接受限定继承的意思表示方能生效。

② 陈苇主编:《外国继承法比较与中国民法典继承编制定研究》，北京大学出版社2011年版，第140页。

③ 陈棋炎、黄宗乐、郭振恭:《民法继承新论》，三民书局1983年版，第226页。

④ 当然，其他大陆法系国家也有对继承人接受限定继承意思表示的期间与继承人制作遗产清册的期间结合起来规定的，即在继承开始后或者继承人知道或应当知道其具有继承权的3个月内必须作出接受限定继承的意思表示，并在该期间内将制作完成的遗产清册提交到有关机关，如《法国民法典》中所规定的忠实、准确的遗产清册应当在继承开始后的3个月内完成，接受限定继承意思表示才能发生法律效力即为如此。

接受限定继承的主管机关亦不一样。[①] 例如，《法国民法典》规定，继承人限定继承的意思表示必须向其辖区内开始继承的大审法院书记室提出，并且该意思表示必须在登记簿中予以登记，限定继承的意思表示方能生效。在德国，尽管继承人的限定继承责任的方式有申请遗产管理和申请遗产破产两种，但接受继承人限定继承之意思表示（申请遗产管理以及申请遗产破产）的机关只有法院，其他任何机关均无权接受。《意大利民法典》规定了接受限定继承的继承人接受享有遗产清单利益方式继承的声明必须在公证人员或者在初审法院书记员面前作出。在瑞士，继承人的限定继承责任是通过官方清算实现的，继承人必须向主管官厅提出公示财产清单的申请。综观以上大陆法系国家的限定继承立法中接受限定继承之意思表示机关的规定，可以发现其主管机关一般只有法院，除法院之外，《意大利民法典》规定还可以是公证人员。考虑到我国的实际情况，一方面法院工作任务繁重，案多人少的矛盾已经被提及了很多年，现有法院可能无力承担包括限定继承在内的继承事务。另一方面，被继承人死亡之后的遗产继承并不一定都要经过法院处理，受我国传统观念的影响，继承事务一般被认为是一个家庭的内部事务，被继承人的近亲属可能不愿其继承事务诉诸法院。[②] 而且，从时间和金钱成本上说，经过法院处理可能意味着限定继承事务需要花费较长的时间及较多的金钱。因此，我国由法院作为接受继承人限定继承意思表示的机关可能不十分合适。而公证机关的工作范围为其接受继承人之限定继承意思表示提供了可能，这是因为公证机关的本职工作就是证明一定的事实存在，继承人接受限定继承的意

---

① 英美法系国家实行间接继承制度，遗产在继承开始后并不归属于继承人所有，而是在清偿了遗产债务之后的剩余部分方归继承人所有，故继承人无须在继承开始后作出接受限定继承的意思表示，继承人的限定继承责任是间接继承制度的自然结果。

② 我国古代持续存在的“耻于诉讼”的影响在短期内可能难以完全消除。

思表示恰恰与公证机关可以证明之事实存在的本职工作相符合。[①]

由此，笔者建议，我国公证机关作为接受继承人限定继承意思表示主管机关是比较理想的选择。[②]

（三）构建我国遗产清册制度

主要大陆法系国家，除继承人表示接受限定继承而由官方进行清算的瑞士之外，一般均规定继承人在接受限定继承的意思表示作出后，必须忠实可靠地制作遗产清册，唯有如此，继承人所作出的限定继承之意思表示方能生效，这就是作为有条件限定继承制度之条件的遗产清册制度。有鉴于此，我国在完善限定继承制度的设计时，应当规定继承人必须在法定的时间内如实制作遗产清册，其限定继承的意思表示才产生效力。至于法律所规定的制作遗产清册的期限，因继承人接受限定继承的前提条件是忠实可靠的遗产清册的制作，制作并提交遗产清册是限定继承人的必需义务，故继承人必须在法律所规定的该期间内制作完成，并提交给有关机关。大陆法系国家一般将该期间规定为 3 个月以内，并且是在继承开始后开始计算继承人制作遗产清册的起算点，例如，《法国民法典》规定忠实、准确的遗产清册应当在继承开始后的 3 个月内完成。

由此，笔者建议，继承人制作遗产清册的期限以 2 个月为宜，其起算点应当是继承人知道或应当知道其具有继承权时开始计算。如果继承人确有正当原因无法在该期间内制作完成遗产清册的，可以向有关机关申请延长。[③]

---

① 参见陈苇、宋豫主编：《中国大陆与港、澳、台继承法比较研究》，群众出版社 2007 年版，第 437 页；张玉敏：《继承法律制度研究》，法律出版社 1999 年版，第 302 页。

② 应当注意的是，公证机关非为国家机关，而是事业单位，其能够接受继承人限定继承意思表示并予以登记的权力从何而来是一个值得继续研究的问题，本书限于主旨，不在此做过多的论述。

③ 张义华：《财产继承中债权人权利的保护》，载《法律适用》2005 年第 5 期。

（四）构建我国违反忠实可靠制作遗产清册的后果

继承人违反忠实可靠地制作遗产清册的主要表现是，其在制作遗产清册时故意漏记遗产以将该漏记之遗产隐匿侵吞为其个人所有，或者虚构本不存在的债务以诈害债权人等。因继承人违反忠实可靠地制作遗产清册之义务最终都将会导致危及债权人的利益，法律必须对继承人违反忠实可靠地制作遗产清册之义务予以规制，即通过规定继承人违反忠实可靠地制作遗产清册义务时的后果，来引导继承人在制作遗产清册时诚实守信地尽一个善良人的注意义务，法律所规定的该违反后果就是对继承人予以惩处。现代大陆法系国家，对继承人违反忠实可靠地制作遗产清册的后果一般是通过取消继承人限定继承的资格，转而责令继承人必须对遗产债务负担无限清偿责任而实现。如《法国民法典》第 801 条规定了继承人故意隐匿遗产，或者违反诚实信用原则故意漏记等不实记录行为的，就会丧失遗产清册利益。《德国民法典》第 2005 条规定了当继承人编制的遗产清册不正确时，应当对遗产债务负无限责任。《意大利民法典》第 494 条的规定与此类似。①

由此，笔者建议，对违反忠实可靠地制作遗产清册义务后果规定为：当继承人违反忠实可靠地制作遗产清册义务的，应当取消其限定继承的资格，责令其承担无限继承责任。对继承人违反忠实可靠地制作遗产清册义务的行为可以采取列举加概括的方式，即继承人在制作遗产清册时有故意隐匿遗产的行为，或者虚构本不存在的债务，或者其他侵害遗产行为的，应当承担无限继承责任。

① 《意大利民法典》第 494 条规定："在遗产清单中故意隐瞒属于被继承人的财产或者在遗产清单中谎称不存在的债务的继承人丧失遗产清单利益。"

第二节　我国遗产管理制度的现状、不足与完善[①]

无论是主要大陆法系国家还是英美法系国家都详细规定了于继承开始后的遗产管理制度，尤其是主要大陆法系国家，继承人选择限定继承后的遗产管理制度作为同属大陆法系之我国的参照更为直接。[②] 与之相比，我国缺乏完善的遗产管理制度，令遗产债务清偿以及遗产继承等程序进行中出现了诸多背离之处。未来我国应当借鉴国外先进的立法，构建我国的遗产管理制度。

一、我国遗产管理制度的现状与不足

大陆法系之遗产管理制度是有条件的限定继承得以顺利进行的必备要素，它实现了对继承人和遗产债权利益的双重保护。大陆法系在有条件的限定继承下尚且如此，而我国实行了无条件的限定继承制度，继承者只享受遗产利益而不承担遗产义务，在这种情况下，我国本应当效仿英美法系的间接继承制度，从而在继承开始后通过第三人担任遗产管理人之遗产管理制度实现继承人财产与遗产的彻底分离，遗憾的是我国既没有效仿英美法系构建遗产管理制度，也没有借鉴大陆法系在有条件的限定继承下的遗产管理制度，其所暴露的不足之处在所难免。

---

① 因遗产债务的清偿也属于遗产管理的内容之一，遗产债务的清偿制度不足与完善制度本应当列于本节的内容予以论述，但是由于遗产债务清偿的重要性，本节不再论述遗产债务清偿的不足与完善，而在下一节中作专门论述。

② 继承开始后，大陆法系国家原属于被继承人的一切财产均转归继承人占有，但在遗产分割前，遗产产权归属仍处于不稳定状态。因此确定遗产管理人，界定其地位、义务与职责，保证遗产保值、增值，与债权人的利益息息相关，现代许多大陆法系国家的继承法均有遗产管理制度的规定。英美国家因其信托制度相当发达，遗产管理制度自然十分完善；大陆法系国家由于继承社会化日趋明显，也十分重视遗产管理的规定。齐树洁、林兴登：《论继承法对债权人利益的保护》，载《厦门大学学报》（哲学社会科学版）1998 年第 3 期。

（一）我国遗产管理人资格与选任制度的现状与不足

1. 遗产管理人资格的现状与不足。我国《继承法》对遗产管理人资格没有明确的规定，所谓的遗产管理人是通过对遗产的占有实现的，即“存有遗产（占有遗产——笔者注）的人，应当妥善保管遗产”。依此规定，占有遗产的人就是遗产管理人，如果遗产被多人“存有”，则每个人都是其所“存有”的遗产管理人，如此，遗产管理人的数量可能处于不确定状态。这不仅不利于遗产的有效管理，更重要的是，因对遗产管理人的资格没有规定，“存有”遗产的人是否适合遗产管理，以及是否能够实现遗产管理的目的都未可知。举例来说，未成年人、不诚信人及在监狱服刑的人虽然占有遗产，但其显然不适合充当遗产管理人，规定由其充当遗产管理人显然可能会对遗产造成损害，从而可能损害遗产债权人的利益。[①] 因而，遗产管理人资格的规定是实现遗产管理的先决条件，但我国法律中缺失遗产管理人资格的规定，导致了事实上占有遗产的人对遗产的侵吞现象屡见不鲜。

2. 遗产管理人选任的现状与不足。如前所述，我国《继承法》规定了占有遗产之人就具有遗产管理人的当然资格，遗产管理人也就不需要经过选任程序。这种遗产占有人为当然遗产管理人的规定具有很大的缺陷，因为对于继承人、遗产债权人来说，其可能并不了解占有遗产之人是否适合担任遗产管理人，当其不适合担任遗产管理人时，继承人和遗产债权人的利益就可能受损，故遗产管理人的非选任产生之当然主义凸显了我国在这方面的不足。[②]

---

① 王歌雅：《论继承法的修正》，载《中国法学》2013 年第 2 期；王歌雅：《俄罗斯联邦继承法私权守望与价值追求》，载《俄罗斯中亚东欧研究》2009 年第 5 期。

② 遗产管理人制度是限定继承制度的必然要求，限定继承一方面使继承人的责任限定于其继承的遗产，实现了对继承人的公平，另一方面则给继承人利用限定继承制度逃避债务创造了条件，为此在遗产与继承人的财产之间设立防火墙。而这道防火墙可以通过遗产管理人制度建立。王利明主编：《中国民法典学者建议稿及立法理由 人格权编·婚姻家庭编·继承编》，法律出版社 2005 年版，第 487 页。

（二）我国公示催告制度的现状与不足

公示催告制度是指遗产管理人在继承人接受限定继承之后的某个期限内，不仅将继承人为限定继承的行为通过一定的方式告知债权人，而且令债权人应当在该期限内向遗产管理人申报其债权。如果债权人未在该规定的期限内申报，则其债权可能成为劣后债权，或者永久无法获得清偿。我国《继承法》第23条①也有相应的通知之规定，然而，我国《继承法》所规定的通知存在以下问题：

其一，继承开始后，知道被继承人死亡的继承人所通知的对象是其他继承人及遗嘱执行人，没有规定对遗产债权人的通知。该条规定所反映出的问题是我国《继承法》以遗产的继承而非遗产债务的清偿作为立法首先考量的关注点，对继承人及遗嘱执行人的通知是为了继承人能够及时地参加继承而获得遗产，即使继承人接受了限定继承之后亦如此。然而，遗产债权人可能并非与被继承人一同生活，其并不知道被继承人已经死亡的事实，② 自然也就无法及时地主张以遗产对其债务的清偿。换言之，我国《继承法》所规定的通知中并不包括遗产债权人及遗产债务人是其不足之处。其二，我国《继承法》规定的通知义务主体是知道被继承人死亡的继承人，以及当继承人中无人知道被继承人死亡或者知道被继承人死亡而不能通知的，通知义务主体是被继承人生前所在单位或者住所地的居民委员会、村民委员会。但在我国无条件限定继承制度下，很难保证继承人不作出故意不履行通知义务的情况。由此，将可能导致侵害其他遗产权利人的情况出现。其三，既然已经规定了继承人及被继承人生前所在单位或者住所地的居民委员会、村民委员会作为通知义务人，就应当同时规定以上主体履行通知义务的期

① “继承开始后，知道被继承人死亡的继承人应当及时通知其他继承人和遗嘱执行人。继承人中无人知道被继承人死亡或者知道被继承人死亡而不能通知的，由被继承人生前所在单位或者住所地的居民委员会、村民委员会负责通知。”

② 付翠英：《遗产管理制度的设立基础和体系架构》，载《法学》2012年第8期。

间，然而，我国《继承法》仅仅规定通知义务人应当及时地通知，且不说缺乏通知义务人故意不及时履行通知义务的后果，单说该法所规定的及时本身就语意模糊，正是因为“及时”的模糊性才无法保证通知的及时性。其四，对于通知的方式没有规定，到底是采用电话通知、邮件通知，抑或是公告通知？我国《继承法》对此并没有规定，这应当是公示催告制度的另一疏漏。

（三）我国遗产管理人权利义务制度的现状与不足

限定继承的重要内容之一就是遗产管理，在继承人接受限定继承的意思表示发生法律效力后，由选定的遗产管理人对遗产进行接管，以使遗产避免遭受不当侵害和毁损。[①] 遗产管理人对遗产进行的管理是依据法律的规定进行，即应当明确遗产管理人必须为哪些行为、可以为哪些行为，以及不得为哪些行为，这就需要法律对遗产管理人之管理的权利义务关系作出明确的规定。但我国法律规定了占有遗产之人对遗产进行事实上的管理，并且规定了任何人不得侵吞或者争抢，[②] 但在此情形下，对遗产管理人具体的权利义务关系则缺乏明确的规定，无法评价遗产占有人是否尽到了遗产管理的职责。我国《继承法》解释第45条也规定了有关遗产管理的内容，但此内容仅仅是在继承纠纷发生后而诉至法院的情况下，如果法院明知有继承人存在但却无法通知的，则需要为其所保留的遗产确定遗产保管人或保管单位。且不说该规定是否为真正意义上的遗产管理，单说该规定的内容同样没有具体规定保管人或保管单位所应当具有的权利义务。其实，我国继承法律所规定的遗产占有人、保管人或保管单位对遗产管理与现代大陆法系和英美法系国家的遗产管理并非同一概念，我国法律所规定的遗产占有人、保管人或保管单位对遗产的管理职责充其量仅仅是对所占有遗产的保管而已，

---

① 付翠英：《遗产管理制度的设立基础和体系架构》，载《法学》2012年第8期。

② 我国《继承法》第24条规定：“存有遗产的人，应当妥善保管遗产，任何人不得侵吞或者争抢。”

并不涵盖遗产的清点、遗产债务的公示催告、遗产债务的清偿等一系列内容。[①] 事实上，在遗产占有人相当分散的情况下，对于遗产统一的公示催告、遗产债务的清偿等也不大可能实现。而现代大陆法系和英美法系国家的遗产管理则不仅仅是指对遗产的保管，还涵盖了所有与遗产处理有关的事务，包括清点遗产、有限的遗产处分、登记造册、清偿债务、分配剩余遗产等。由此可见，我国《继承法》中事实上并没有遗产管理人权利义务关系的规定，但因在限定继承制度下遗产管理人的权利义务是遗产管理人进行有效遗产管理的前提，故未来在立法中应当予以规定。

二、构建我国遗产管理制度

（一）构建我国遗产管理人资格与选任制度

1. 构建我国遗产管理人资格制度。公司清算人是公司解散或破产并最终消灭其资格过程中的事务执行人，因公司清算人是公司清算的重要内容，各国法律对公司清算人资格的规定较为详细，一般分为清算人的积极资格和消极资格。积极资格一般是指公司清算人是否具有某类专门的知识，以及法人是否可以担任清算人，消极资格一般是指当某人出现法律禁止担任清算人的情形时，其不得被选任为清算人。对于积极资格中法人可否充当清算人的问题，英美法系国家一般规定清算人由自然人担任，但在某些特殊情形下，法人也可以担任清算人。[②] 大陆法系国家中，法国、德国均允许法人担任清算人。对于清算之专门知识，一般在法院选任的清算人中会作此要求，以保障清算的质量和效率。而在非法院组织的清算中，对清算人专门知识的要求较为宽松，一般并不作此要求。清算人资格的消极条件一般规定为未成年人、精神病人、受破产宣告者、在

---

① 付翠英：《遗产管理制度的设立基础和体系架构》，载《法学》2012 年第 8 期。

② 依据《美国标准示范公司法》的规定，在法院判决公司解散的，清算人可以由公司法人担任。See *Model Business Corporation Act*（2002） §14. 32.

刑法执行期间的犯罪人以及被法院判决剥夺清算人资格者等。

笔者建议，因遗产管理人对遗产的管理与清算人对公司财产的管理并无实质性差异，我国的遗产管理人资格可以参照公司清算人资格的要求设计，即遗产管理人的资格分为积极资格与消极资格。对于遗产管理人的积极资格而言，法人和自然人均可以担任遗产管理人。[①] 遗产管理人的消极条件，规定为未成年人、精神病人、受破产宣告者、在刑法执行期间的犯罪人以及被禁止从事遗产管理业务者等不适宜管理遗产者不得担任遗产管理人。

2. 构建我国遗产管理人选任制度。继承人所为的接受限定继承意思表示发生法律效力后，大陆法系国家对遗产管理人的选任略有不同。[②] 如《德国民法典》对遗产管理人的选任上根据继承方式的不同而存在较大的差异，即在继承人接受继承前由法院选任遗产保佐人管理遗产；在继承人承认继承后，由其担任遗产管理人；在其申请遗产管理命令或申请遗产破产后，由其以外的第三人担任遗产管理人。[③]《日本民法典》规定，在继承人承认继承或放弃继承前后，都由继承人担任遗产管理人，即使其接受限定继承后亦为如此，只有继承人不能管理，不能胜任，根据有关人员的申请，[④] 家

① 当然，也有学者建议遗产管理人应有专业知识，其凭借自身对财产管理的专业经验和技能，可以大大提高遗产清理和分配的效率，并有可能促进遗产的保值和增值，从而使继承人和其他遗产利害关系人获得更大的收益。付翠英：《遗产管理制度的设立基础和体系架构》，载《法学》2012 年第 8 期。

② 非限定继承制度中，综观世界各国遗产管理人的选任制度，一般通过以下三种方式进行：一是由遗嘱执行人担任遗产管理人。被继承人在死亡前留有的有效遗嘱中指定了遗嘱执行人的，由遗嘱执行人担任遗产管理人。二是由继承人担任遗产管理人。当被继承人没有留有遗嘱，或虽留有遗嘱，但在遗嘱中没有指定遗嘱执行人，或虽指定遗嘱执行人，但遗嘱执行人不愿担任遗产管理人或者遗嘱执行人不适合担任遗产管理人的，由继承人担任遗产管理人。当存在数名继承人时，由共同继承人推选出一人担任遗产管理人。三是继承人不能共同推选出一名继承人担任遗产管理人的，由法院指定第三人担任遗产管理人。

③ 参见《德国民法典》第 1959、1960、1975 条等规定。

④ 一般为利害关系人或检察官。

庭法院才另行选任遗产管理人。[①] 在我国，由于受无条件限定继承制度及由此带来的继承人侵害遗产事件普遍发生的影响，许多人或许认为，既然继承人已经明确表示限定继承，遗产管理人就应当从非继承人中选任。未来我国构建有条件限定继承制度以后，这种担心就不复存在，因为在继承人担任遗产管理人，存在漏记遗产、虚构本不存在的债务等诈害债权人的情况时，继承人的限定继承的权利被剥夺，转而适用无条件继承。这也是在继承人明确表示接受限定继承后，有学者仍然建议直接由继承人担任遗产管理人之原因。[②] 笔者赞同学者由继承人担任遗产管理人之建议，因为我国自古以来就有“家事不外扬，财产不外漏”的传统观念，被继承人遗留的财产在当今可以被归为隐私之范畴，由继承人担任遗产管理人可以最大限度地避免遗产数量为外界之与遗产其他不相关人所知悉，这与我国传统的思想观念相吻合。况且，继承人作为被继承人之近亲属，一般首先知悉被继承人死亡，并首先接触遗产，在我国社会民众之继承习惯上，一般均由继承人担任遗产管理人。故笔者认为，限定继承生效后，在遗产管理人的选人上，首先由继承人担任遗产管理人较为适宜。[③] 当存在数位继承人时，由各继承人共同作为遗产管理人，或共同协商确定其中一人或数人担任遗产管理人。当各继承人无法协商一致或均存在不适宜担任遗产管理人之情形时，由法院选任遗产管理人。

由此，笔者建议，未来我国在遗产管理人的选任上，考虑到有条件限定继承构建以后，可以由继承人担任遗产管理人。当存在数位继承人时，由各继承人共同作为遗产管理人，或共同协商确定其

① 参见《日本民法典》第918、926、952条等规定

② 参见史尚宽：《继承法论》，中国政法大学出版社2000年版，第284页。

③ 当然，如果被继承人所立有效遗嘱中指定了遗产管理人，且该指定的遗产管理人符合法律规定之条件并同意担任遗产管理人的，应首先由该被指定之人担任遗产管理人。但因本书所探讨的是在限定继承生效后之遗产管理人的选任问题，也就意味着，其前提条件是不存在遗嘱指定管理人或所指定的遗产管理人不符合法律规定之情况。

中一人或数人担任遗产管理人。当各继承人无法协商一致，或继承人为未成年人、破产人等不适合担任遗产管理人时，由法院选任遗产管理人。

（二）构建我国公示催告制度

公示催告是由继承人、遗产管理人或法院通过催告的方式及时确定遗产债务的数额，从而为后续的遗产债务清偿及遗产的继承作出合理的安排。无论是当代大陆法系国家和地区之继承人接受限定继承之后，抑或是英美法系国家的间接继承，均详细规定了公示催告制度，如我国台湾地区的“民法”第1157条[①]之规定，其公示催告的义务主体为法院，所进行的公示催告期间为3个月以上，应催告之人为被继承人之债权人。与此相类似的是《德国民法典》第1970条[②]之规定，以及《瑞士民法典》第582条[③]的规定等。借鉴其他国家的公示催告制度，我国《继承法》应当作以下制度完善：

1. 构建我国公示催告的对象。对于催告对象，各国法律的规定不尽相同，如《日本民法典》规定为应催告之人为所有遗产债权人及受遗赠人，《德国民法典》规定为遗产债权人，《瑞士民法典》规定为债权人、债务人及保证债权人。对于遗产债权人的催告，各国法律都规定为必须催告的对象，此当无异议。但对于遗产债务人是否也为催告的对象，各国规定的差异较大。笔者认为，公示催告的目的在于明晰遗产之债权债务关系，实施有效的遗产管理，保障遗产债务清偿的顺利进行，并将清偿债务之后的剩余遗产交付给继承人所有，故将所有与遗产具有利害关系之人都作为公示

① 其规定：“继承人依前条第二项规定呈报法院时，法院应依公示催告程序公告，命被继承人之债权人于一定期限内报明其债权。前项一定期限，不得在三个月以下。”

② “遗产债权人可以被以公示催告程序的方式催告申报其债权。”

③ “主管厅官，在制作财产清单的同时，应采用适当的公告方式，催告被继承人的债务人、债权人以及担保权利人，在规定的期限内，提出其债权及债务……本条的期限最少应规定为一个月，自第一次公告时开始计算。”

催告的对象，有利于实现遗产债务的清偿与继承之目的。相比之下，《瑞士民法典》所规定的公示催告的对象较为合理，应予以采纳。由此，笔者建议，我国法律的公示催告对象应规定为遗产债权人、保证债权人、遗产债务人、继承人等所有与遗产具有利害关系的人。

2. 构建我国通知义务人制度。对于通知义务人，各国的规定也不一样，有的规定为法院，也有的规定为遗产管理人，我们认为，公示催告作为遗产管理的内容之一，应当由遗产管理人作为催告的义务主体。当然，如果债权债务关系简单或遗产数额较少而没有设立遗产管理人时，可由继承人作为通知义务主体。

3. 构建我国公示催告期间制度。综观世界主要国家对于公示催告期间之规定，《日本民法典》[①] 规定为不得少于 2 个月，《瑞士民法典》[②]、《韩国民法典》[③] 的规定亦同。虽然我国《继承法》没有公示催告期间的规定，但我国《民事诉讼法》第 92 条规定了对下落不明者公告送达的期限为 60 日，以及其第 219 条规定了对票据相关权利人公示催告的期限不少于 60 日。考虑到国外的相关立法，以及我国法律之间的衔接，笔者建议我国《继承法》对于公示催告的期间也规定为不得少于 2 个月，该期间应当在公示催告上予以明确，该期间的起算点为公告之日起计算。

4. 构建我国公示催告方式制度。对于公示催告的方式，有学者建议可以采用张贴纸质公告的方式，或者通过报纸、网站等媒体上进行公告。[④] 但我们认为，采取张贴纸质公告及在报纸、网站等

① 参见《日本民法典》第 927 条之规定。

② 参见《瑞士民法典》第 582 条之规定。

③ 《韩国民法典》第 1032 条规定："限定承认人应于表示限定承认之日起五日内，向一般继承债权人及受遗赠人，公告限定承认之事实，催告于一定期间内申报其债权或受赠。其期间需为两个月以上。"参见金玉珍译：《韩国民法典》，载《私法》2004 年第 1 期。

④ 吴国平：《遗产继承中债权人利益保护问题研究》，载《政法论丛》2013 年第 2 期。

媒体进行公告并不是非此即彼的关系，虽然我国《继承法》中没有规定公示催告的方式，但因我国司法实践中对于下落不明者的公告通常都在《人民法院报》等报纸上进行，并同时将该公告在法院的公告栏中予以张贴。由此，笔者建议，为了更好地达到公示催告债权人的效果，可以将采用张贴纸质公告与在报纸、网站等媒体进行公告同时进行。

（三）构建我国遗产管理人权利义务制度

在大陆法系国家，继承人接受限定继承后，有的规定由继承人担任遗产管理人，也有的规定由法院选定遗产管理人，但无论是哪一种规定所产生的遗产管理人，法律都明确了其权利义务关系。如《德国民法典》限定继承下遗产管理人的权利义务主要是其第1985条“遗产管理人的义务和责任”的规定，[①] 结合《德国民法典》第1979条、第1980条[②]之规定，遗产管理人的主要义务是对遗产进行管理，对遗产债务进行清偿，且因过失对债权人造成损害的，应当为此承担损害赔偿责任。遗产管理人的权利主要是对遗产有限的处分权及遗产管理报酬的请求权等。[③]《法国民法典》规定限定继承下的继承人具有管理遗产的义务，其主要义务包括向债权人与

① 该条规定：“（1）遗产管理人必须管理遗产，并从遗产中清偿遗产债务。（2）遗产管理人也向遗产债权人对遗产管理负责任。准用第1978条第2款和第1979条、第1980条的规定。”

② 《德国民法典》第1979条主要是对继承人在接受限定继承前的遗产管理费用作为对遗产的债权请求权，其第1980条规定：“（1）继承人已知悉遗产支付不能或负债过度的，必须不迟延地申请开始遗产支付不能程序。继承人违反该项义务的，对因此而发生的损害向债权人负责任。在确定遗产充足性时，因遗赠和负担而发生的债务仍不予考虑。（2）基于过失而不知道支付不能或负债过度，与知道支付不能或负债过度相同。继承人虽有理由认为存在不明遗产而不申请对债权人的公示催告的，尤其视为过失；程序费用对遗产状态为过巨的，公示催告是不必要的。”

③ 参见《德国民法典》第1987条“遗产管理人的报酬”之规定。

受遗赠人提出管理账目,[①] 对遗产管理中的严重错误承担责任,[②] 按照法律规定的方式处理动产、不动产及清偿债务等。[③] 英国遗产代理人的主要义务是：收集遗产并编制财产清册，在遗产管理期间管理遗产，清偿债务和税收征缴人负担的债务，将剩余财产分配给继承人等。[④] 美国遗产管理人的主要义务是收集被继承人的遗产和债权，制作遗产目录，清偿被继承人的债务，将剩余遗产分配给继承人，在所有程序进行完毕后，向法院呈交遗产清册账目。并且，遗产管理人需要对失职行为造成的遗产损失负责。[⑤] 我国有学者亦对遗产管理人的义务提出了自己的建议，认为其义务主要是制作遗产清单、公示催告遗产债权人、保全和管理遗产、追偿遗产债务、

---

① 《法国民法典》第 803 条规定：“享有遗产清册利益的继承人负责管理属于遗产的财产，并且应当向债权人与受遗赠人提出管理账目。”

② 参见《法国民法典》第 804 条之规定。

③ 《法国民法典》第 805 条规定：“享有遗产清册利益的继承人只能在公务助理人员的协助下，按照惯例进行揭示与公告之后，以公开拍卖的形式出卖遗产中的动产。如享有遗产清册利益的继承人提交此种财产的原物时，仅对因其懈怠所引起的财产贬值与损坏承担责任。”第 806 条规定：“享有遗产清册利益的继承人只有按照程序法规定的形式，始能出卖属于遗产的不动产；在抵押权债权人通知存在其抵押权时，享有遗产清册利益的继承人应当向该债权人转交出卖不动产的价金。”第 807 条规定：“如债权人或其他利害关系人有此要求，享有遗产清册利益的继承人有义务就包括在遗产清册中的动产的价值以及不动产价金中未移交给抵押权债权人的部分，提供有支付能力的可靠保证人。享有遗产清册利益的继承人如不提供此种保证，动产予以出卖，其价金以及不动产价金中未移交给抵押债权人的部分应予提存，以用于清偿遗产上的债务。”第 808 条规定：“如有债权人提出异议，享有遗产清册利益的继承人仅得按照法官规定的顺序与方式进行清偿。如没有债权人提出异议，享有遗产清册利益的继承人得随债权人与遗赠受领人出面提出请求，依次清偿之。”

④ 参见陈苇主编：《外国继承法比较与中国民法典继承编制定研究》，北京大学出版社 2011 年版，第 662 页脚注①。

⑤ 陈苇主编：《外国继承法比较与中国民法典继承编制定研究》，北京大学出版社 2011 年版，第 663 ~ 664 页。

制定清偿方案和清偿遗产、提交与公示管理账目等。[①] 笔者认为，该建议较为全面，涵盖了遗产管理人在整个遗产管理过程中应当具有的管理义务，但考虑到本书的写作目的，遗产管理人在限定继承中的义务之范围与其在整个遗产管理过程中的义务范围会略有不同，其在限定继承制度中的义务应主要为：接受继承人之限定继承的意思表示、接受继承人所制作之遗产清册、公示催告遗产相关利益人、管理遗产、按照法定顺序清偿遗产债务、向继承人交付清偿债务后之剩余遗产等。遗产管理人在管理遗产过程中不仅负有相关义务，还拥有相应的权利，这些权利主要是有限的遗产处分权即遗产管理的报酬请求权等。

由此，笔者建议，我国对遗产管理人的权利义务及责任作如下规定，即遗产管理人的义务主要是接受继承人之限定继承的意思表示、接受继承人所制作之遗产清册、公示催告遗产相关利益人、管理遗产、按照法定顺序清偿遗产债务、向继承人交付清偿债务后之剩余遗产等。其权利主要为有限的遗产处分权及遗产管理报酬请求权等。当遗产管理人因故意或过失造成遗产损害的，其对该损害承担赔偿责任。

第三节　遗产债务清偿制度的现状、不足与完善

在限定继承制度下，遗产债务的清偿是以遗产为限，包括继承人在内的其他任何人都没有对未获清偿的遗产债务另行清偿的责任，这与历史早期概括继承下的清偿制度形成鲜明的对比。然而，历史早期的概括继承制度也并非一蹴而就，因为继承人需要对他人

---

① 陈苇、石婷：《我国设立遗产管理制度的社会基础及其制度构建》，载《河北法学》2013 年第7 期；杨立新、杨震：《〈中华人民共和国继承法〉修正草案建议稿》，载杨立新、刘德权、杨震：《继承法的现代化》，人民法院出版社 2013 年版，第 17 页。

的债务负责本身就很荒诞，即使此处的他人是继承人的近亲属。[①]这也就意味着，只有债务人自己对其所欠之债负责。但这种理念终究没有发展成为罗马法的遗产债务清偿原则的原因是在家父权利体系下，被继承人的人格在继承人身上的延续。由此，被继承人的债务理应由继承人清偿，并进而发展出了概括继承原则。在强大的家族及家父权力之上的理念下，个人仅对自己债务负责清偿的理念终究没有成为被继承人死亡之后债务清偿的原则。但是这并没有阻止对继承人责任限制的追求，一是令共同继承人承担按份责任而非连带责任，二是赋予继承人以放弃继承的方式免除对被继承人债务的清偿责任。然而，这两种方式均没有达到应有的预期，是限定继承制度的出现彻底改变了遗产债务清偿的方式。大陆法系国家遂对此予以继受，并发展完善了遗产债务清偿制度。由于我国《继承法》是特殊历史阶段下的产物，其所规定的遗产债务清偿制度中存在诸多不足之处，最为典型的是对遗产债务清偿顺序的规定。

一、我国遗产债务清偿制度的现状与不足

（一）我国遗产债务范围制度的现状与不足

我国1985年制定的《继承法》并没有对遗产债务的范围作统一的明确界定，关于遗产债务的范围只是散见于各个具体的法律规定中，如我国《继承法》第14条规定了酌分遗产债务，[②] 第16条规定的遗赠债务，[③] 第19条规定的必留份债务，[④] 第33条规定的

---

① “从罗马法遥远的起源时期起，债务人的财产就早已被视为其债权人的担保，债权人只应当在财产的范围内获得清偿。”［意］彼得罗·彭梵德：《罗马法教科书》，黄风译，中国政法大学出版社1992年版，第426页。

② 对继承人以外的依靠被继承人扶养的缺乏劳动能力又没有生活来源的人，或者继承人以外的对被继承人扶养较多的人，可以分给他们适当的遗产。

③ 公民可以立遗嘱将个人财产赠给国家、集体或者法定继承人以外的人。

④ 遗嘱应当对缺乏劳动能力又没有生活来源的继承人保留必要的遗产份额。

被继承人生前税款和债务。[①] 由此，我国《继承法》规定的遗产债务范围主要是酌分遗产债务、遗赠债务、必留份债务、被继承人生前的税款和债务。但我国该遗产债务范围的规定存在不足之处，主要表现为：

1. 从体例上说，我国被继承人生前的税款和债务是指被继承人生前债务，但缺少继承开始时所产生的债务以及继承开始后所产生的债务与之对应的立法规定。

2. 被继承人生前的税款和债务之规定较为笼统，司法实践中的可操作性不强，尤其是对哪些债务是被继承人生前的个人债务不甚明确。正因如此，我国学界对此纷纷进行了自己的解读，如有的学者认为该个人债务应当是完全个人生产、生活所需的债务，以及虽然有些债务是家庭生活所需，但该部分债务应当由被继承人负担一部分或全部。[②] 然而，该界定不但缩小了个人债务的范围，在实际操作中也存在很多的模糊之处，即证明哪些债务是个人生产、生活所需，哪些债务是家庭需要应由被继承人个人负担之一部分或全部并非易事，如此界定给司法实践带来困扰几成定局。不仅如此，我们还需要反思是否仅仅是税款以及个人或家庭生产、生活所需之债务，才能界定为被继承人生前的个人债务。在税款以及个人或家庭生产、生活所需之外，还存在大量可以被认定为被继承人生前个人债务的情况，如被继承人生前的侵权行为之债、不当得利之债、无因管理所生债务、合同债务等。

3. 没有规定特留份债务，虽然我国法律规定特留份债务应当属于继承开始时所产生的债务，但该特留份是对弱势群体的特别保护，不是为了限制遗嘱自由而设定，两者的性质并不相同，缺少特

---

① 继承遗产应当清偿被继承人依法应当缴纳的税款和债务，缴纳税款和清偿债务以他的遗产实际价值为限。超过遗产实际价值部分，继承人自愿偿还的不在此限。

② 郭明瑞、房绍坤、关涛：《继承法研究》，中国人民大学出版社 2003 年版，第 339 页。

留份债务的规定应当是法律的疏漏。[①]

4. 缺少继承开始后产生的债务规定。例如，遗产管理费用、遗赠费用、遗嘱执行费用等是属于继承开始后所产生的费用，[②] 该费用对于遗产债务的清偿、遗产的继承等必不可少，是为了全体遗产相关人的利益而产生，[③] 该债务也应当由遗产进行清偿，即应当纳入遗产债务的范围。

（二）我国遗产债务清偿顺序制度的现状与不足

限定继承中，包括继承人制作的遗产清册、遗产管理人对遗产的清点及公示催告等行为，均是为了两个最重要的目的而存在：一是为了实现对遗产债权人的债权之清偿，二是为了实现对清偿所有债务之后剩余遗产在各继承人之间的分配。这一点能够从限定继承的内涵中得到反映，即限定继承为继承人以所继承的遗产为限承担遗产债务的清偿责任，清偿所有债务之后的剩余遗产归继承人所有。因接受限定继承之继承人不以其个人财产对遗产债务负责偿还，用于清偿债务的责任财产其实只是被继承人死亡时留下的遗产，如果遗产债务大于被继承人所遗留之遗产的，在遗产债务的清偿制度中，清偿顺序之规定对遗产债权人的权利影响最大，顺序之先后可能决定着遗产债权人之债权能否获得清偿，或者说能否获得足额清偿。既然遗产债务清偿顺序的作用是如此重要，各国继承法律制度无论是基于客观价值判断还是基于政策衡量，都将其作为立

---

① 当然，权利人有放弃权利的自由，特留份权利人放弃特留份权利似无不许之理，但这并不能作为否定继承法对特留份债务规定的理由，法律的该漏洞仍然需要被弥补。参见松本恒雄：《日本民法典继承编若干问题之探讨——扶养制度在日本继承法中的定位》，白出博之、陶盈译，杨立新、杨震：《〈中华人民共和国继承法〉修正草案建议稿》，载杨立新、刘德权、杨震：《继承法的现代化》，人民法院出版社 2013 年版，第 61 页。

② 陈苇主编：《外国继承法比较与中国民法典继承编制定研究》，北京大学出版社 2011 年版，第 556 页。

③ 又称为共益费用。参见蒙冬梅：《论遗产债务的清偿》，载《广西师范学院学报》2006 年第 4 期。

法的重点予以考虑。然而，也许是在当时特殊的社会背景下，我国的经济发展水平不高决定了被继承人对外所欠债务有限，遗产债务的清偿顺序并没有作为立法考量的重点。换言之，我国并没有关于遗产债务清偿顺序的统一规定，其所规定的有限的几种遗产债务之清偿也散见于继承法律制度中，① 如我国《继承法》第33条②之规定仅仅是明确了遗产对税款和债务的清偿责任，但对于何者优先并没有做出规定。随后，在《继承法》第34条③中也仅仅表明，税款和债务应当优先于遗赠获得清偿，其顺序排于遗赠之前。结合司法解释关于必要的遗产份额（必遗份）的规定④可以看出，必遗份之顺序应当在遗产债务的清偿顺序之前。由此，我国继承法律制度中所能够得出的遗产债务的清偿顺序为必要的遗产份额、税款和债务、遗赠债务。而对于此债务之外的其他遗产债务均没有规定，⑤

---

① 这种笼统分散性的规定不利于继承纠纷的解决。参见陈苇、王歌雅：《改革开放三十年中国继承法制建设回顾与展望》，载《杭州师范大学学报》（社会科学版）2009年第5期。

② “继承遗产应当清偿被继承人依法应当缴纳的税款和债务，缴纳税款和清偿债务以他的遗产实际价值为限。”

③ “执行遗赠不得妨碍清偿遗嘱人依法应当缴纳的税款和债务。”

④ 这主要是《最高人民法院关于贯彻执行〈中华人民共和国继承法〉若干问题的意见》第61条之规定：“继承人中有缺乏劳动能力又没有生活来源的人，即使遗产不足清偿债务，也应为其保留适当遗产……”

⑤ 正是由于我国继承法律制度对遗产债务清产顺序规定的不足，有学者试图从其他法律制度中找寻我国遗产债务清偿顺序的规定，如参照《企业破产法》第109条之规定，并列出了相应的清偿顺序（参见陈苇主编：《外国继承法比较与中国民法典继承编制定研究》，北京大学出版社2011年版，第555页）。然而，以《企业破产法》清偿顺序的规定推断我国遗产债务的清偿顺序本身就不太可取，因为我国《企业破产法》的适用对象是破产企业而非遗产，纵然遗产也可能存在资不抵债而具有破产原因，但因我国立法并没有确认遗产的破产能力，遗产债务的清偿顺序无法以《企业破产法》的规定为依据。况且，遗产不一定具有破产原因，以破产制度下的清偿顺序作为遗产债务的清偿顺序会存在逻辑上的矛盾。也许学者得出的该遗产债务清偿顺序的本意是借鉴破产制度下的债务清偿顺序之理念，但问题是，每一部法律的立法价值取向不同，所规定的清偿顺序必定有所不同，且破产制度所规定的破产债务可能并不属于遗产债务，无法真正起到参照作用，未来的立法还需要参照国外对遗产债务的清偿顺序，结合我国的国情确定我国遗产债务的清偿顺序。

这造成了我国继承法律制度对遗产债务清偿顺序规定的不足。

二、构建我国遗产债务清偿制度

（一）构建我国遗产债务范围制度

针对遗产债务范围界定的不足，笔者建议，应当进行如下完善：

1. 在体例上，应当将遗产债务划分为被继承人个人生前债务、继承开始时所产生的债务以及继承开始后所产生的债务。

2. 明确被继承人生前的债务，可以通过列举加概括性的规定指出被继承人生前债务的范围，如其生前的借款、欠付工人的工资等合同债务、侵权行为之债、无因管理债务及不当得利之债。

3. 如果我国继承法今后设立特留份制度，应将特留份债务纳入遗产债务之内，以完善遗产债务的范围。

4. 可以通过列举加概括性规定的方式，明确继承开始时产生的债务为遗产债务，这些债务如遗赠债务、特留份债务等。

5. 可以通过列举加概括性规定的方式，明确继承开始后产生的债务为遗产债务，这些债务如公告费用、遗产管理费用、遗嘱执行费用、诉讼费用等。

（二）构建我国遗产债务清偿顺序制度

因遗产债务清偿顺序在限定继承制度下的重要性，大陆法系国家或以专门的条文集中规定，或通过与其他条文结合的方式分散规定，但无论是何种立法体例，均对遗产债务清偿顺序作出了详细规定。[①] 然而，我国由于对遗产债务范围规定的不足，导致了许多遗

---

① 如《法国民法典》所规定的遗产债务的清偿顺序为继承费用、有优先权的债务、扶养费和赡养费、普通债务、特留份债务、遗赠债务。《德国民法典》规定的遗产债务的清偿顺序为：遗产管理费、财产目录制作费、有优先权的债务、扶养费、普通债务、特留份债务、遗赠。《日本民法典》规定的遗产债务的清偿顺序为：继承费用、特别贡献份额之债、有优先权的债务、普通债务、特留份债务、遗赠债务、对特别关系人的继承财产分与。参见陈苇主编：《外国继承法比较与中国民法典继承编制定研究》，北京大学出版社 2011 年版，第 508、514、524 页。

产债务并没有被纳入到清偿顺序中。由此，笔者建议，未来我国对遗产债务的清偿顺序应当作如下设计：

第一顺序为继承费用，包括丧葬费、遗产管理费、公示催告费等费用。将丧葬费列为第一顺序是该费用为了维护公序良俗的需要。纵然按照传统理念，继承人作为被继承人的近亲属对其有安葬义务，但这仅仅是道德上的义务，既然法律已经要构建遗产债务的清偿顺序，就应当将这种本由继承人负担的道德上的义务上升为法律层面而由遗产负担，防止继承人不负担该道德义务时，所可能导致被继承人丧葬事宜的停滞。大陆法系的瑞士、英美法系的美国与英国等均将其列入遗产债务的范围之内，并首先由遗产负担。而我国既然已经明确该费用由遗产负担，其排在第一顺序是因为对被继承人进行丧葬是出于维护公序良俗的需要。对于遗产管理费、公示催告费等继承费用是为了遗产相关人的利益而发生，即为共益费用，该费用的产生对维护遗产的增值保值，维护遗产债务清偿及遗产继承秩序至关重要，应当列为第一顺序。[①] 否则，被继承人死亡之后的遗产将处于无人管理的混乱状态，最终可能会损害所有遗产相关人的利益。第二顺序为有优先权的债务，包括具有抵押、质押、留置等担保物权之优先权债务。抵押、质押、留置等优先权债务几乎在所有的民法体系中都优先于普通债务受到清偿，继承法亦为民法体系的组成部分，应遵循该债务清偿的基本原则。且该优先权债务为物权担保债务，物权一般应当优先于债权而存在，将该优先权债务列为第二顺序是市场交易安全与秩序价值在继承法中的体现。第三顺序为维护依靠被继承人扶养之人的生存所需费用，包括必遗份、为维护生存所需的酌给遗产债务等。依靠被继承人扶养之人的生存所需是人类生存权的体现，几乎在所有法律关系领域，生

① 参见陈苇：《我国遗产债务清偿顺序的立法构建》，载《法学》2012 年第 8 期；杨立新、杨震：《〈中华人民共和国继承法〉修正草案建议稿》，载杨立新、刘德权、杨震：《继承法的现代化》，人民法院出版社 2013 年版，第 18 页。

存权都优先于发展权，将该费用列为第三顺序，正是出于此考量。第四顺序为劳动工资性质债务及侵害人身权债务。因为工资收入是为了维持劳动者家庭生活所必需的费用，如果其工资性质的债务得不到清偿，最终将会危及劳动者家庭的生存权。[①] 而侵害他人人身权可能会使他人的劳动能力减弱，最终危及劳动者的生存。第五顺序为遗赠扶养协议债务。虽然该债务与普通债务一样存在相应的对价，但在我国目前的社会保障体系和保障制度尚不完善的情况下，将该债务列于普通债务之前，有助于鼓励扶养人积极履行扶养义务。第六顺序为普通债务。普通债务需要支付对价的债务，相较于其他无偿取得的债务，该债务应当具有优先性。第七顺序为税款。因为税款虽然是公法上的债务，但其取得的方式是国家依靠行政手段取得的，并不需要支付相应的对价，即使是公法上的债务也不具有优先于私法上债务的理由。恰恰相反，税款取得后并没有特定的受益人，而普通债务的受益人却明显存在，相比而言，普通债务的清偿对债权人来说意义更为重大。[②] 第八顺序为对被继承人尽较多扶养义务的酌分遗产债务。该债务虽然与遗赠扶养协议债务具有一定的相似性，但因遗赠扶养协议债务属于法定债务而具有强制性，而对被继承人尽较多扶养义务的酌分遗产债务是属于道德性义务而无强制性之要求，故其应当列于遗赠扶养协议债务之后。而其与特留份债务相比，因对被继承人尽较多扶养义务之人所尽较多义务，相比其他所尽较少义务之人而言，该债务应列入特留份债务之前，以鼓励此行为，弘扬尊老爱幼的社会道德风尚。第九顺序为特留份债务。在现代国家的立法中，虽然被继承人的遗嘱自由受到法律的保障，但其遗嘱自由也同样受到一定的限制，特留份债务即为现代

---

① 姜大伟：《我国遗产债务清偿顺序探析》，载《湖北社会科学》2012 年第 10 期。

② 也有学者持不同意见，主张将税款债务的清偿放在继承费用之后。参见杨立新、杨震：《〈中华人民共和国继承法〉修正草案建议稿》，载杨立新、刘德权、杨震：《继承法的现代化》，人民法院出版社 2013 年版，第 18 页。

国家最为常见的限制方式。[①] 被继承人对遗产的处分之遗赠行为不得侵害特留份权利人的权利，否则该遗赠不能产生相应的效果。第十顺序为遗赠债务。

第四节　结　　论

我国继承法律制度对限定继承的规定存在诸多不足，主要表现在：遗产债务范围规定不完整、不系统，未将许多应当由遗产清偿的债务纳入遗产范围；仅规定继承人无论在何种情况下均需负担限定继承责任，缺乏有条件限定继承制度；仅规定遗产处理制度，不能全面地涵盖遗产管理；缺乏遗产债务清偿顺序的具体规定。针对这些不足，应当以以下方式予以应对：将所有应当由遗产清偿的债务纳入遗产债务的范围；构建有条件限定继承制度，其条件为在法定期间内作出接受限定继承的意思表示，并在接受限定继承意思表示作出后，在法律规定的期间内将忠实可靠地制作完成的遗产清册提交；构建完善的遗产管理制度，从遗产管理人的选任开始，明定遗产管理人的资格，明确其权利义务关系；构建完善的遗产债务清偿制度，按照法定的顺序清偿遗产债务，以实现遗产债权人的公平清偿；将清偿所有债务之后的剩余遗产交付予继承人。

---

① 陈苇、罗芳：《特留份制度的比较研究——兼论对我国特留份制度的构建》，载《昆明理工大学学报·社科（法学）版》2008 年第 5 期；杨立新、和丽军：《对我国继承法特留份制度的再思考》，载《国家检察官学院学报》2013 年第 4 期；骆东升、刘耀东：《论遗嘱继承中的特留份法律制度》，载《东北大学学报》2013 年第 5 期；GL. Certoma, *The Law of suecession in New South Wales*, (*third edition*), New South Wales: LB. C. Information services, 1997, p. 17; Joseph Dainow, *Forced Heirship in French Law*, Louisiana Law Review, Vol. 2(1940), pp. 669 – 683.

参考文献

一、中文类

（一）专著类

1. 费安玲：《罗马继承法研究》，中国政法大学出版社 2000 年版。

2. 程维荣：《中国继承制度史》，东方出版中心，2006 年版。

3. 刘素萍：《继承法》，中国人民大学出版社 1988 年版。

4. 杨怀英、赵勇山等著：《滇西南边疆少数民族婚姻家庭制度与法的研究》，法律出版社 1988 年版。

5. 张玉敏主编：《继承法教程》，中国政法大学出版社 1998 年版。

6. 谢邦宇主编：《罗马法》，北京大学出版社 1990 年版。

7. 曲可伸：《罗马法原理》，南开大学出版社 1988 年版。

8. 周枏：《罗马法原论》（上、下册），商务印书馆 2001 年版。

9. 江平、米健：《继承法基础》，中国政法大学出版社 2004 年版。

10. 周枏：《罗马法提要》，法律出版社 1988 年版。

11. 李卓：《中日家族制度比较研究》，人民出版社 2004 年版。

12. 邢铁：《家产继承史论》，云南大学出版社 2000 年版。

13. 李秀清：《日耳曼法研究》，商务印书馆 2005 年版。

14. 陈苇主编：《当代中国民众继承习惯调查实证研究》，群众出版社 2008 年版。

15. 陈苇主编：《婚姻家庭继承法学》，法律出版社 2002 年版。

16. 张玉敏：《继承法律制度研究》，法律出版社 1999 年版。

17. 林秀雄：《继承法讲义》，元照出版有限公司 2005 年版。

18. 刘悦：《中国财产继承制度研究》，中国海关出版社 2003 年版。

19. 陈棋炎：《亲属、继承法基本问题》，三民书局 1980 年版。

20. 陈棋炎、黄宗乐、郭振恭：《民法亲属新论》，三民书局 1987 年版。

21. 信春鹰、李湘如：《台湾亲属和继承法》，中国对外经济贸易出版社 1991 年版。

22. 史尚宽：《继承法论》，中国政法大学出版社 2000 年版。

23. 刘春茂主编：《中国民法学·财产继承》，中国人民公安大学出版社 1990 年版。

24. 戴炎辉、戴东雄：《中国继承法》，三民书局，1957 年版。

25. 薛宁兰、金玉珍主编：《亲属与继承法》，社会科学文献出版社 2009 年版。

26. 陈苇主编：《外国继承法比较与中国民法典继承编制定研究》，北京大学出版社 2011 年版。

27. 李飞主编：《当代外国破产法》，中国法制出版社 2006 年版。

28. 付翠英：《破产法比较研究》，中国人民公安大学出版社 2004 年版。

29. 王艳华：《破产法学》，郑州大学出版社 2009 年版。

30. 杨遂全主编：《亲属与继承法论》，四川大学出版社 2005 年版。

31. 张平华、刘耀东：《继承法原理》，中国法制出版社 2009 年版。

32. 刘春茂、刘文：《继承法通论》，四川人民出版社 1985 年版。

33. 巫昌祯主编：《婚姻与继承法学》（修订本），中国政法大学出版社 2001 年版。

34. 陈苇主编：《婚姻家庭继承法学》，群众出版社 2012 年版。

35. 夏吟兰主编：《民法学卷五婚姻家庭继承法》，中国政法大学出版社 2004 年版。

36. 夏吟兰主编：《婚姻家庭与继承法学原理》，中国政法大学出版社 1999 年版。

37. 杨立新、刘德权、杨震主编：《继承法的现代化》，人民法院出版社 2013 年版。

38. 郭明瑞、房绍坤、关涛：《继承法研究》，中国人民大学出版社 2003 年版。

39. 贺卫方：《司法的理念与制度》，中国政法大学出版社 1998 年版。

40. 何怀宏：《契约理论与社会正义》，中国人民大学出版社 1993 年版。

41. 孙国华：《市场经济是法制经济》，天津人民出版社 1995 年版。

42. 谢鹏程：《基本法律价值》，山东人民出版社 2000 年版。

43. 张文显：《二十世纪西方法哲学思潮研究》，法律出版社 1996 年版。

44. 马俊驹、余延满：《民法原论》（下册），法律出版社 2007 年版。

45. 张文显主编：《法理学》，高等教育出版社 2007 年版。

46. 卓泽渊：《法的价值论》（第二版），法律出版社 2006 年版。

47. 李仁玉、刘凯湘：《契约观念与秩序创新——市场运行的法律、文化思考》，北京大学出版社 1993 年版。

48. 江山:《法的自然精神导论》,法律出版社 1997 年版。

49. 高全喜:《法律秩序与自有正义——哈耶克的法律宪政思想》,北京大学出版社 2003 年版。

50. 韩世远:《合同法总论》,法律出版社 2004 年版。

51. 王利明:《合同法研究》(第二卷),中国人民大学出版社 2003 年版。

52. 韩明德、石茂生主编:《法理学》,郑州大学出版社 2004 年版。

53. 陈苇、宋豫主编:《中国大陆与港、澳、台继承法比较研究》,群众出版社 2007 年版。

54. 房绍坤等著:《中国民事立法专论》,青岛海洋大学出版社 1995 年版。

55. 李双元、温世扬主编:《比较民法学》,武汉大学出版社 1998 年版。

56. 杨立新、朱呈义:《继承法专论》,高等教育出版社 2006 年版。

57. 王蜀黔:《中俄继承法比较研究》,贵州人民出版社 2007 年版。

58. 杨立新、刘德权、杨震主编:《继承法的现代化》,人民法院出版社 2013 年版。

59. 龙翼飞:《比较继承法》,吉林人民出版社 1996 年版。

60. 罗鼎:《民法继承论》,三民书局,1956 年版。

61. 郭明瑞、房绍坤:《继承法》,法律出版社 1996 年版。

62. 王利明主编:《中国民法典学者建议稿及立法理由 人格权编·婚姻家庭编·继承编》,法律出版社 2005 年版。

63. 陈棋炎、黄宗乐、郭振恭:《民法继承新论》,三民书局,1983 年版。

64. [英] 梅因:《古代法》,沈景一译,商务印书馆 1996 年版。

65. ［法］古郎士：《希腊罗马古代社会研究》，李玄伯译，中国政法大学出版社 2005 年版。

66. ［意］彼得罗 · 彭梵德：《罗马法教科书》，黄风译，中国政法大学出版社 1996 年版。

67. ［意］桑德罗 · 斯奇巴尼：《婚姻 · 家庭和遗产继承》，费安玲译，中国政法大学出版社 2001 年版。

68. ［意］朱塞佩 · 格罗索：《罗马法史》，黄风译，中国政法大学出版社 1994 年版。

69. ［美］哈罗德 · J. 伯尔曼：《法律与革命——西方法律传统的形成》，贺卫方等译，中国大百科全书出版社 1993 年版。

70. ［美］汤普逊：《中世纪经济社会史》，耿淡如译，商务印书馆 1984 年版。

71. ［英］埃德温 · 坎南编著：《亚当 · 斯密关于法律、警察、岁入及军备的演讲》，陈福生、陈振骅译，商务印书馆 1997 年版。

72. ［英］巴里 · 尼古拉斯：《罗马法概论》（第二版），黄风译，法律出版社 2004 年版。

73. ［意］桑德罗 · 斯奇巴尼：《遗产继承》，费安玲译，中国政法大学出版社 1995 年版。

74. ［英］彼得 · 斯坦、约翰 · 香德：《西方社会的法律价值》，王献平译，中国法制出版社 2004 年版。

75. ［美］理查德 · A. 波斯纳：《法理学问题》，苏力译，中国政法大学出版社 2002 年版。

76. ［古希腊］亚里士多德：《尼各马可伦理学》，邓安庆译，中国社会科学出版社 1990 年版。

77. ［美］R. M. 昂格尔：《现代社会中的法律》，吴玉章、周汉华译，中国政法大学出版社 1994 年版。

78. ［美］约翰 · 罗尔斯：《正义论》，何怀宏、何包钢、廖申白译，中国社会科学出版社 1988 年版。

79. ［英］丹宁勋爵：《法律的正当程序》，李克强、杨百揆、刘庸安译，群众出版社 1984 年版。

80. ［美］E. 博登海默：《法理学、法哲学与法律方法》，邓正来译，中国政法大学出版社 1998 年版。

81. ［英］洛克：《政府论》（下），叶启芳、瞿菊农译，商务印书馆 1964 年版。

82. ［法］孟德斯鸠：《论法的精神》（上），孙立坚等译，陕西人民出版社 2001 年版。

83. ［美］迈克尔·D. 贝勒斯：《法律的原则——一个规范的分析》，张文显等译，中国大百科全书出版社 1996 年版。

84. ［英］弗里德里希·奥古斯特·哈耶克：《致命的自负》，冯克利、胡晋华等译，中国社会科学出版社 2000 年版。

85. ［美］阿弗里德·马歇尔：《经济学原理》（上），朱志泰译，商务印书馆 1983 年版。

86. 雷纳·弗兰克：《德国继承法》，中国政法大学出版社 2015 年版。

87. ［德］K·茨威格特、H. 克茨：《比较法总论》，潘汉典、米健、高鸿钧、贺卫方译，法律出版社 2003 年版。

88. ［罗马］查士丁尼：《法学总论——法学阶梯》，张企泰译，商务印书馆 1989 年版。

89. ［古罗马］盖尤斯：《法学阶梯》，中国政法大学出版社 1996 年版。

90. ［美］彼得·哈伊：《美国法律概论》，沈宗灵译，北京大学出版社 1998 年版。

91. ［澳］肯·马蒂、马克·波顿：《澳大利亚继承概要》，陈苇等译，西南政法大学外国家庭法及妇女理论研究中心 2007 年版。

（二）论文类

92. 杜江涌：《解读与重构：继承中的财产移转机制研究——以“和谐社会”理念为视角》，载《云南行政学院学报》2006 年第 3 期。

93. 李莉：《神话谱系演化与古代社会变迁》，吉林大学 2014 年博士学位论文。

94. 何越：《古罗马妇女在遗产继承中的权利及其社会地位》，载《社会科学战线》2012 年第 6 期。

95. 徐厚朴、张权：《试析中国封建社会继承制度》，载《理论观察》2008 年第 5 期。

96. 付春扬：《从宗祧制度的废除看法律变迁之诸因素》，载《法学评论》2009 年第 4 期。

97. 魏琼：《〈新巴比伦法典〉民事规范源流考》，载《当代法学》2009 年第 6 期。

98. 崔连仲：《古代印度种姓制度》，载《辽宁大学学报》（哲学社会科学版）1987 年第 1 期。

99. 赵立行：《〈摩奴法典〉中的继承制度探析》，载《复旦大学学报》（社会科学版）2010 年第 6 期。

100. 李宏：《西方遗嘱继承理念变迁及规律》，载《法律科学（西北政法大学学报）》2010 年第 5 期。

101. 张中秋、王朋：《中西长子继承制比较研究》，载《南京大学法律评论》1997 年秋季号。

102. 赵德芹：《中世纪西欧贵族财产实行长子继承制的原因新探》，载《重庆文理学院学报》（社会科学版）2009 年第 2 期。

103. 戴启秀：《从古希腊古罗马神话看德国法律的起源与发展》，载《德国研究》2009 年第 2 期。

104. 马新彦、黄海洲：《英美法遗产信托制度研究——兼论我国遗产继承制度的完善》，载《求是学刊》2014 年第 1 期。

105. 陈志坚：《对中世纪英国财产继承制度的考察》，载《首都师范大学学报》（社会科学版）2009 年第 3 期。

106. 陈碰有：《英国遗嘱继承制度研究》，载《厦门大学法律评论》2001 年第 2 期。

107. 张卫：《澳大利亚自然人破产法律制度研究》，载《海南大学学报》（人文社会科学版）2002 年第 2 期。

108. 王蜀黔、付海英：《俄罗斯继承法综述》，载《法律适用》2004 年第 6 期。

109. 鄢一美：《俄罗斯民法典中继承法律规范的新变化》，载《比较法研究》2004 年第 2 期。

110. 王歌雅：《俄罗斯联邦继承法私权守望与价值追求》，载《俄罗斯中亚东欧研究》2009 年第 5 期。

111. 杜江涌：《比较法视野下的遗产范围制度研究》，载《河北法学》2010 年第 4 期。

112. 陈苇、魏小军：《论我国遗产范围立法的完善》，载《河南财经政法大学学报》2013 年第 6 期。

113. 谭启平、冯乐坤：《遗产处理制度的反思与重构》，载《法学家》2013 年第 4 期。

114. 金锦城、陈颖彦：《财产继承转移机制研究》，载《行政与法》2002 年第 8 期。

115. 张义华：《财产继承中债权人权利的保护》，载《法律适用》2004 年第 5 期。

116. 齐树洁、林兴登：《论继承法对债权人利益的保护》，载《厦门大学学报》（哲学社会科学版）1998 年第 3 期。

117. 张淞纶：《财产权利的对抗力规范——从继承中的财产法规则谈起》，载《政法论坛》2013 年第 1 期。

118. 王丽丽：《财产继承中债权人利益保护问题的法律思考》，载《宁夏社会科学》2012 年第 5 期。

119. 张玉敏：《财产继承中债权人利益的保护》，载《现代法学》1997 年第 2 期。

120. 夏吟兰：《特留份制度之伦理价值分析》，载《现代法学》2012 年第 5 期。

121. 许莉：《我国〈继承法〉应增设特留份制度》，载《法学》2012 年第 8 期。

122. 吴国平：《我国遗产特留份制度之立法构建》，载《法治研究》2011 年第 6 期。

123. 陈苇、罗芳：《特留份制度的比较研究——兼论对我国特留份制度的构建》，载《昆明理工大学学报·社科（法学）版》2008 年第 5 期。

124. 杨立新、和丽军：《对我国继承法特留份制度的再思考》，载《国家检察官学院学报》2013 年第 4 期。

125. 李宏：《继承制度的效率价值探析》，载《法学杂志》2011 年第 9 期。

126. 徐国栋：《再论人身关系》，载《中国法学》2002 年第 4 期。

127. 杜江涌：《遗产债务制度研究》，西南政法大学 2006 年博士学位论文。

128. 冯乐坤：《限定继承的悖理与我国〈继承法〉的修正》，载《政法论丛》2014 年第 5 期。

129. 蒙冬梅：《论遗产债务的清偿》，载《广西师范学院学报》2006 年第 4 期。

130. 贺平：《遗产债权人利益保护之制度构建》，载《福建江夏学院学报》2012 年第 4 期。

131. 付翠英：《遗产管理制度的设立基础和体系架构》，载《法学》2012 年第 8 期。

132. 曹秀君：《财产继承中债权人利益的保护》，载《河北经贸大学学报》（综合版）2006 年第 2 期。

133. 吴国平：《遗产继承中债权人利益保护问题研究》，载《政法论丛》2013 年第 2 期。

134. 陈苇、石婷：《我国设立遗产管理制度的社会基础及其制度构建》，载《河北法学》2013 年第 7 期。

135. 陈苇：《我国遗产债务清偿顺序的立法构建》，载《法学》2012 年第 8 期。

136. 姜大伟：《我国遗产债务清偿顺序探析》，载《湖北社会科学》2012 年第 10 期。

137. 杨立新：《对修正〈继承法〉十个问题的意见》，载《法律适用》2012 年第 8 期。

138. 王肃元：《法定继承制度的重塑》，载《法学》，2003 年第 11 期。

139. 陈苇、杜江涌：《我国法定继承制度的立法构想》，载《现代法学》2002 年第 3 期。

140. 邓宏光：《论我国〈民法典〉对限定继承之制度选择》，载《社会科学家》2005 年第 6 期。

141. 林艳琴：《法定继承人范围和顺序的完善——以俄罗斯继承法为视角》，载《比较法研究》2009 年第 3 期。

142. 冯乐坤：《继承制度与社会保障制度的协调——兼论法定继承制度的重新构建》，载《当代法学》2004 年第 4 期。

143. 陈苇、王歌雅：《改革开放三十年中国继承法制建设回顾与展望》，载《杭州师范大学学报》（社会科学版）2009 年第 5 期。

144. 许勤、魏嶷：《概括继承、限定继承及其他——关于财产继承制度的经济分析》，载《学术月刊》2001 年第 8 期。

145. 何丽新、谢美山、熊良敏、刘新宇：《民法典草案继承法编修改建议稿》，载《厦门大学法律评论》2004 年第 7 辑。

146. 王洪友、廖斌：《关于我国继承选择制度的立法构想》，载《学术界》2008 年第 2 期。

147. 房绍坤：《关于继承法修改的三点建议》，载《法学论坛》2013 年第 2 期。

148. 郭明瑞、张平华：《海峡两岸继承法比较研究》，载《当代法学》2004 年第 3 期。

149. 李铁：《继承程序的立法完善》，载《法学论坛》2013 年第 2 期。

150. 孙毅：《继承法修正中的理论变革与制度创新——对〈继

承法修正草案建议稿〉的展开》，载《北方法学》2012 年第 5 期。

151. 杨培景：《略论财产继承中的债务清偿》，载《河南师范大学学报》（哲学社会科学版）2005 年第 3 期。

152. 王歌雅：《论继承法的修正》，载《中国法学》2013 年第 6 期。

153. 王薇：《论市民社会与继承制度的走向》，载《甘肃政法学院学报》2005 年第 3 期。

154. 任江：《论我国〈继承法〉遗产范围的重构——兼评杨立新、杨震教授〈“继承法”修正草案建议稿〉遗产范围规制》，载《河南财经政法大学学报》2013 年第 5 期。

155. 张玉敏：《论限定继承制度》，载《中外法学》1993 年 2 期。

156. 骆东升、刘耀东：《论遗嘱继承中的特留份法律制度》，载《东北大学学报》（社会科学版），2013 年第 5 期。

157. 陈汉：《限定继承刍议》，载《苏州大学学报》（法学版）2014 年第 4 期。

158. 麻昌华：《遗产范围的界定及其立法模式选择》，载《法学》2012 年第 8 期。

159. 王丽萍：《债权人与继承人利益的协调与平衡》，载《法学家》2008 年第 6 期。

二、外文类

160. Alison Clark & Paul Kohler, *Property Law: Commentary and Materials*, Cambridge: Cambridge University Press, 2005.

161. David D. Friedman, *What Economics Has To Do With Law and Why It Matters*. California: Sanra Clara Press, 2004.

162. Gamer B. A. ed., *Black Law's Dictionary*, *8th* edition, New York: West Group, 2004.

163. Joseph Biancalana, *The Fee Tail and the Common Recovery in*

Medieval England, Cambridge: Cambridge University Press, 2001.

164. Andrew Iwobi, *Essential Succession* (*second edition*), London: Cavendish Publishing Limited, 2001.

165. Gareth Miller, *International Aspects of Succession*, London: Ashgate, 2000.

166. Marijan Pavcnid and Louis E. Wolcher, *A Dialogue on Legal Theory between a European Legal Philosopher and His American Friend*, Texas International Law Journal, Vol. 35, No. 3, 2000.

167. Andrew Halkyard, *Hong Kong Estate duty: A Brueprint For Reform*, Hong Kong Law Journal, 2000.

168. David A. Thomas, *Anglo – American Land Law: Diverging Developments from a Shared History*, Part I: The Shared History., 34 Real Property, Probate and Trust Journal 143, Spring, 1999.

169. GL. Certoma, *The Law of Suecession in New South Wales*, (*third edition*), New South Wales: LB. C. Information services, 1997.

170. John H. Langbein, *The Contractarian Basis of the Law of Trusts*, 105 Yale Law Journal L(1995).

171. Richard A. Posner, *Economic Analysis of Law*, New York: Little, Brown and Company, 1992.

172. Osborne M. J. and A. Rubinstei, *Bargaining and Markets*, San Diego: Academic Press, 1990.

173. Jesse Dukeminier, Robert H. Sitkoff, James Lindgren, *Wills, Trusts, And Estates*(1987).

174. R. Dworkin, *Taking Rights seriously* (*revised edtion*), Poston: *Harward* University Press, 1987.

175. William B. Stoebuck, *Dale A. Whitman: The Law of Property*, Oxford: Oxford University Press, Oxford, England, 1982.

176. C. Perelman Justice, *Law and Argument*, London: D. Reidel Puldblshing Company, 1980.

177. Charles Donahue, Jr., *What Causes Fundamental Legal Ideas—Marital Property in England and France in the Thirteenth Century*, 78 Mich. L. Rev. 59, 1979 – 1980.

178. Matthew Hale, *The History of the Common Law of England*, Chicago and London: the University of Chicago Press, 1971.

179. P. S. Cohen, *The Modern Social Theory*, London: London Press, 1968.

180. Hans Kelsen, *General Theory of Law and State*, Cambridge: Cambridge, Press, 1949.

181. Joseph Dainow, *Forced Heirship in French Law*, Louisiana Law Review, Vol. 2(1940).

182. William S., Sorley, *The Moral Life*, Cambridge: Cambridge University Press, 1911.

三、其他类

（一）法典类

183. 世界著名法典汉译丛书编委会编著：《汉穆拉比法典》，法律出版社 2000 年版。

184. 迭朗善译，马香雪转译：《摩奴法典》，商务印书馆 1995 年版。

185. 罗结珍译：《法国民法典》，法律出版社 2010 年版。

186. 黄文煌译：《埃及民法典》，厦门大学出版社 2010 年版。

187. 陈卫佐译：《德国民法典》（第三版），法律出版社 2010 年版。

188. 杜景林、卢谌译：《德国支付不能法》，法律出版社 2002 年版。

189. 费安玲、丁玫译：《意大利民法典》，中国政法大学出版社 2004 年版。

190. 殷生根、王燕译：《瑞士民法典》，中国政法大学出版社

1999 年版。

191. 王爱群译：《日本民法典》，法律出版社 2014 年版。

192. 金玉珍译：《韩国民法典》，载《私法》2004 年第 1 期。

193. 赵秉志总编：《澳门民法典》，中国人民大学出版社 1999 年版。

（二）法律法规类

194. 最高人民法院《关于贯彻执行民事政策法律若干问题的意见》（1984）。

195. 《中华人民共和国继承法》（1985）。

196. 最高人民法院《关于贯彻执行〈中华人民共和国继承法〉若干问题的意见》（1985）。

197. 最高人民法院《关于继承开始后继承人未表示放弃继承遗产又未分割的可按析产案件处理的批复》（1987）。

198. 最高人民法院《关于贯彻执行〈中华人民共和国民法通则〉若干问题的意见（试行）》（1988）。

199. Uniforn Probate Code (amended in 2006), USA.

200. *Model Business Corporation Act* (2002), USA.

201. Administration of Estates Act 1925 (amended in 1996), UK.

202. Intestates' Estate Act 1952 (amended in 1995), UK.

203. Law Reform (Succession) Act 1995, UK.

204. *Corner V. Shaw* (1983), UK.

205. Inheritance (Provision for Family and Dependants) Act 1975, UK.

206. *Goldstein V. Salvation Army Assurance society* (1917), UK.

（三）草案类

207. 杨立新点校：《大清民律草案·民国民律草案》，吉林人民出版社 2002 年版。

后 记

本书是在我博士论文基础上稍加修改而成的。从开始写论文的那一刻起，我就梦想着有朝一日能够写写致谢该是多么幸福和快乐的一件事情，这不仅是对我完成论文写作的一种期许，更是对内心情愫的表达，毕竟有太多的人需要感谢、感激和感恩。提起笔来，我心潮澎湃，记忆的闸门突然被打开了，过往发生的那一幕幕画面犹如昨日重现。天凉好个秋，事情往往经历过才知道其中的酸甜苦辣，再多的欢愉或苦楚都已经成为往事，可以尘封。

在这里，首先要特别感谢我的导师陈苇教授。我从硕士生到博士生的学习期间，跟随恩师多年，她不仅教给我许多做人的道理，还不断培养我的写作能力。每每回忆往事，常常感动于恩师无微不至的关怀，也常常感动于恩师严谨的治学态度和精益求精的科学精神。本书的写作更是得到了她的悉心指导，是她以一名学者独具的慧眼和敏锐的思维洞悉了国内限定继承制度系统性研究的空白，反复论证文章的写作提纲和写作主旨，仔细推敲文章的用词、结构等合理性，使文章结构不断完善，内容不断充实。学习恩师做人之宽广胸怀、学术之求真务实的精神，将使我受益终身。另外，感谢恩师的爱人陈叔叔对我的关心、勉励。

感谢民商法学院的赵万一教授、刘云生教授、谭启平教授、石慧荣教授、汪世虎教授、孙鹏教授、王洪教授、曹兴权教授、徐洁教授、张力教授、张华贵副教授、朱凡副教授、杜江涌副教授、李俊副教授、胡苷用副教授等对本书写作的指导。感谢重庆工商大学的宋豫教授提出的宝贵意见。感谢中南财经政法大学董邦俊教授的关心与鼓励。

感谢韩玉斌博士后的鼓励与帮助；感谢冉启玉、曹贤余、曹贤信、于林洋、马钰凤、罗杰、李欣、石雷、段伟伟、姜大伟、杜志红、石婷、韩玉斌、张庆林、张鑫、王巍、陈钊、董思远等诸位博士（生）师兄师姐师弟师妹的鼓励与帮助；感谢张志媛、任丁、李子瑾、何文骏、郭逢兵、陈建、侯艳芳、卢秀平、孙双双、陈钊、罗西贝贝、杨云、吴奇慧、司艳露、吕珊珊、强米米、赵孟亚、林英等诸位硕士生师弟师妹的帮助；感谢冯乐坤、林贵文、胡建、张潜伟、石江水、谢九华、何骧、王晓利、张飞飞、娄永涛、王海燕、谢雪凯、赵吟、陈杰、高达等同届好友的鼓励与帮助。

感谢江苏省连云港市中级人民法院的薛剑祥院长、李江蓉副院长、高旭明副院长、顾长洲副院长、葛梦阳主任、孙玉专委、田勇专委、吴玲专委、周庆忠局长的大力支持、鼓励与帮助，他们的支持成全了我读博的梦想；感谢李青春主任的支持、鼓励与帮助，他的支持使我的博士论文得以顺利完成，在研究室有种家的温暖和感动；感谢刘刚庭长的关心与帮助，他高尚而正直的品格深深影响、感动着我；感谢我的同事们、朋友们。

于此，还要特别感谢我的妻子的付出与支持，没有她我无论如何都完成不了博士论文的写作。从我 2010 年准备考博开始，她就将所有家务独自扛在肩上。2011 年我在校上课，她身怀六甲在照顾自己的同时，还每天对我嘘寒问暖。2012 年随着宝贝女儿的降生，她又无怨无悔地独自承担起照顾女儿的职责，在这里感谢她无私的付出。在我熬夜写作的日日夜夜是她无微不至的关心与照顾，才能使我在焦躁之余拥有了一份属于我的宁静。感动之余，仍记得自己曾说过，博士论文完成后辍笔半年多陪陪她和女儿；博士论文完成后，准备当牛做马感谢她的付出。自知亏欠她的太多，无以弥补，论文得以完成的功勋有她的一大半。在这里道一声：老婆，你辛苦了！感谢生我养我的父母，我人生的每一步都有他们无私的奉献，感谢他们的默默支持。感谢我岳父岳母对我的学业和家庭的帮助。感谢我的女儿黎欣然，依然清晰记得我在书房写作过程中，她将圆圆的小脸和鼻子贴在玻璃门上喊“爸爸开门”，怎奈每每都不能如她所愿，可她还那么执著，每每想及于此，尽是愧疚与心酸；依然清晰记得我在书房写作过程中，她妈妈做好饭后，她兴奋地跑来喊我吃饭的场景，她知道这时候是我开门迎接她的时刻。是她给我带来了无尽的快乐，宝贝女儿，爸爸爱你！

最后，亦衷心感谢群众出版社的诸位编辑老师为本书的出版所做的辛勤编辑出版工作。

任无限的感情在有限的笔墨中流淌！应感谢的人太多太多，需铭记，于此真诚地对他们说一句，谢谢！

喜欢夜，也许是从博士论文的写作开始，它给人幽静、深邃与祥和，远离喧嚣，感受心远地偏。

黎乃忠

2016 年 10 月 1 日于连云港

附 录

西南政法大学外国家庭法及妇女理论研究中心简介（中英文对照）

学术顾问（以姓氏笔画为序）：丁中平、王建华、张淑钰、李春茹、陈彬、谢晓曦

主　　任：陈　苇

副 主 任：张华贵、朱　凡

秘 书 长：杜江涌

副秘书长：胡苷用

2003年12月至2004年12月，西南政法大学民商法学院博士生导师陈苇教授受国家留学基金资助，由国家教育部公派出国留学，作为访问学者到澳大利亚悉尼大学法学院进修家庭法一年。她回国后于2005年1月向学校提出了建立“西南政法大学外国家庭法及妇女理论研究中心”的书面申请。2005年4月1日，西南政法大学校长办公会议批准同意该研究中心成立。

本“研究中心”的工作宗旨是：通过整合本校婚姻家庭法及妇女理论方面的科研与教学资源，联合校内外其他单位与部门的相关人员，以西南政法大学为依托，开展中外学术交流，着力研究现阶段中外婚姻家庭继承法及妇女领域的重大理论和实践课题，为我国婚姻家庭继承法的完善及妇女理论的发展提供有益的借鉴经验，为我国立法机关提出相关建议，为司法部门提供法律咨询服务，争取多出科研成果，出精品科研成果，为创建国内一流、国际知名的西南政法大学而努力。

本“研究中心”的主要任务包括：1. 开展中外学术交流；2. 提供专业咨询服务；3. 进行学术前沿理论和司法实务问题研究；

4. 培养婚姻家庭继承法及妇女理论的学术人才；5. 组织开展学术讲座等，以期造就一批在本学科领域有一定影响的学术骨干和后备学术带头人。

本“研究中心”的学术研究平台，为促进学术研究和学术交流，陈苇教授自2005年起先后创办、主编出版《家事法研究》学术论文集刊和“家事法研究学术文库”丛书，截至2013年底九年期间，已出版《家事法研究》（2005年卷至2010年卷）学术论文集刊六卷和“家事法研究学术文库”丛书著作九部。这些论文集和著作，着力研究婚姻家庭继承法领域的前沿理论和司法实务热点难点问题，在我国学术界和实务界已产生了良好的社会影响。必须说明，为进一步扩大《家事法研究》的学术影响，在2009年中国婚姻家庭法学研究会常务理事会上，经陈苇教授提出申请，该研究会常务理事一致同意，夏吟兰会长宣布自2010年起《家事法研究》改由学会主办。但由于2010年该学会将出版“2009年中国婚姻家庭法学研究会年会论文集”，故夏会长委托陈苇教授继续主编出版《家事法研究》（2010年卷）。即从2011年起《家事法研究》改由中国婚姻家庭法学研究会主办，成为该学会的会刊。为继续推进婚姻家庭继承法领域前沿理论和司法实务问题的研究，本“研究中心”决定打造新的学术研究和交流平台，自2012年起陈苇教授担任主编，负责遴选出版“家事法研究学术文库”丛书，每年计划出版1~3本，由国家级出版社出版。同时，本“研究中心”继续与杨晓林律师组建的家事法律师团队合作，在“西南政法大学外国家庭法及妇女理论研究中心”网页——学习园地之“学术前沿”栏，发表婚姻家庭继承法领域的前沿理论和司法实务热点难点问题的最新研究成果，以期实现学术研究与立法、司法的良性互动，促进中外学术研究和学术交流。

本“研究中心”的团队成员，以西南政法大学民商法学院婚姻家庭继承法和妇女理论研究所的人员为基础，并聘请校内外的专家、学者担任学术顾问和特约研究员而组成。

Appendix

Introduction of the Research Center on Foreign Family Law and Women's Theory of Southwest University of Political Science and Law, China

Academic Consultants: DING Zhongping, WANG Jianhua, ZHANG Shuyu, LI Chunru, CHEN Bin, XIE Xiaoxi

Director: CHEN Wei

Deputy Director: ZHANG Huagui, ZHU Fan

Academic Secretary: DU Jiangyong

Deputy Academic Secretary: HU Ganyong

Introduction

Professor CHEN Wei, the doctor tutor of the Civil and Business Law School of Southwest University of Political Science and Law, China [hereinafter refers to SWUPL], studied family law in the Law School of Sydney University, Australia from Dec. 2003 to Dec. 2004 with the sustentation of "STATE SCHOLARSHIP FUND AWARD". In Jan. 2005, some days after came back to China, she presented the application for establishing "Research Center on Foreign Family Law and Women's Theory of SWUPL, China". On Apr. 1st 2005, the President's Working Office of SWUPL approved her application.

The aim of the Research Center is to develop academic exchange between China and foreign countries, put emphasis on grand important theory and practice problems of family law and women's theory by associating the researching and teaching resources of SWUPL with relevant personnel of other units and departments. All of that we have done and will do have some important meaning: (1) may provide the valuable experiences for the perfection of the laws of family and succession in China and the development of women's theory, (2) may provide relevant suggestions to Chinese legislature, and (3) may provide legal advices to judicial practice departments. We hope that SWUPL will be top ranking internally and famous internationally with our efforts.

The assignments of the Research Center including: (1) developing academic exchange between China and foreign countries in relevant fields; (2) providing professional consultation service; (3) strengthen academic research; (4) training some academic adepts of family law and women's theory; (5) giving academic lectures. We hope that some adepts and reserve academic leaders with certain influence in family law field would be brought up.

The academic research platforms of the Research Center: In order to promote the academic research and exchanges, Professor Chen Wei, director of the Research Center, has founded and edited the publication of the Periodical of Research on Family Law and the Works of Researches on Family Law early or late since 2005. By the end of 2013, 6 volumes of the Periodical of Research on Family Law (Volumes 2005 to 2010) and 9 Works of Researches on Family Law have been published during the nine years. These papers and books, focusing on the frontier theory research on Marriage, Family and Inheritance Law and the judicial practice issues, have had good social affluence in the academic circle and practice circle of China. It is noteworthy that, in order to further expand the academic influence of the Periodical, in the Executive Council of Society of Marriage and Family Law of China (SMFLC) in 2009, upon Professor Chen Wei's proposal, the Executive Council agreed and President Xia Yinlan announced that the Periodical of Research on Family Law was edited by SMFLC after 2010. As SMFLC would publish the papers submitted to the Annual Meeting of SMFLC in 2009, President Xia Yinlan authorized Professor Chen Wei to edit the publication of the Periodical of Research on Family Law (Volume2010) in 2010. The Periodical was edited by SMFLC and became its Society Journal from 2011. In order to continue to advance the theoretical research and judicial practice in the field of Marriage, Family and Inheritance Law, the "Research Center" decided to build a new platform for academic research. 1 – 3 of the Works of Researches on Family Law which will be selected and edited by Professor Chen Wei for publication each year by the national publishing press since 2012. At the same time, the "Research Center" continues to cooperate with the Family Law Lawyer Team built by Lawyer Yang Xiaolin. On the webpage of "Foreign Family Law and Women's Theory Research Center of SWUPL" —"Academic Frontier" of Study Column, the latest research achievements on the frontier theory of Marriage, Family and Inheritance Law and judicial practice issues are published to realize the benign interaction between academic research, legislation and justice and promote the academic research and exchanges between China and foreign countries.

The personnel of the Research Center is mainly composed of scholars from the Marriage, Family and Succession Law and Women's Theory Research Institute of the Civil and Business Law School of SWUPL, China. We also invite some famous experts and scholars around the whole country to be the consultants and special research fellows. They are the members of the Research Center too.

西南政法大学外国家庭法及妇女理论研究中心 2006～2012 年已出版书目

《外国婚姻家庭法比较研究》（2006 年出版）

《中国大陆与港、澳、台继承法比较研究》（2007 年出版）

《当代中国民众继承习惯调查实证研究》（2008 年出版）

《改革开放三十年（1978～2008）中国婚姻家庭继承法研究之回顾与展望》（2010 年出版）

《中国婚姻家庭法立法研究》（第二版）（2010 年出版）

《外国继承法比较与中国民法典继承编制定研究》（2011 年出版）

《当代中国内地与港、澳、台婚姻家庭法比较研究》（2012 年出版）

《加拿大家庭法汇编》（2006 年出版）

《澳大利亚家庭法》（2008 年修正）（2009 年出版）

《美国家庭法精要》（第五版）（2010 年出版）

《澳大利亚法律的传统与发展》（第三版）（2011 年出版）

《家事法研究》2005 年卷（2006 年出版）

《家事法研究》2006 年卷（2007 年出版）

《家事法研究》2007 年卷（2008 年出版）

《家事法研究》2008 年卷（2009 年出版）

《家事法研究》2009 年卷（2010 年出版）

《家事法研究》2010 年卷（2011 年出版）

图书在版编目（CIP）数据

限定继承制度研究/黎乃忠著. —北京：群众出版社，2017.2
（家事法研究学术文库）

ISBN 978-7-5014-5605-5

Ⅰ.①限… Ⅱ.①黎… Ⅲ.①继承法—研究—中国
Ⅳ.①D923.54
中国版本图书馆 CIP 数据核字（2016）第 278200 号

限定继承制度研究

黎乃忠　著

出版发行：群众出版社
地　　址：北京市西城区木樨地南里
邮政编码：100038
经　　销：新华书店
印　　刷：北京泰锐印刷有限责任公司

版　　次：2017 年 2 月第 1 版
印　　次：2017 年 2 月第 1 次
印　　张：7.25
开　　本：880 毫米×1230 毫米　1/32
字　　数：195 千字

书　　号：ISBN 978-7-5014-5605-5
定　　价：35.00 元

网　　址：www.qzcbs.com
电子邮箱：qzcbs@sohu.com

营销中心电话：010-83903254
读者服务部电话（门市）：010-83903257
警官读者俱乐部电话（网购、邮购）：010-83903253
法律分社电话：010-83905745